旅游法律纠纷答疑100例

LÜYOU FALÜ JIUFEN DAYI 100 LI

黄恢月 著

中国旅游出版社

前　言

《旅游法》颁布实施已一年有余，时至今日，对于《旅游法》的理解仍有分歧，对于《旅游法》的争论远未结束，这样的分歧和争议，促成了《旅游法》研究的深入和拓展。

本书所称的旅游法，并没有局限于《中华人民共和国旅游法》的范畴，是广义的旅游法概念。这是因为现有的旅游行业法律法规的外延受限，但在旅游纠纷的实际处理中，涉及的法律法规远不是旅游行业的法律法规所能涵盖的，还需要大量应用《民法通则》、《合同法》、《价格法》、《侵权责任法》、《消费者权益保护法》等。所以，在引用法条时，也就较为广泛。

和以往出版的一些旅游法文章和著作相比，本书的立足点在于旅游法的实际应用。毕竟法律最后的落脚点在于实践，如何运用旅游法律法规的规定，解决旅游行业的实际问题，保护旅游业和旅游者的合法权益，进而推进旅游业健康持续的发展，才是立法者的真正用意所在。

本书精选了旅行社操作实务中常见的纠纷100例，出于类型化的需要，划分为旅游合同篇、购物自费篇、合同履行篇和规范管理篇，旅游合同签订规范作为附录。这些文章的共同特点就是，以通俗的语言、详尽的分析方式，提出解决矛盾和问题的见解和思路。同时，在每一个案例分析前，列出有针对性的法条，以备查验，寓通俗性、实用性和工具性为一体。

本书适合旅行社从业人员学习，并应用于服务纠纷的防范和处理中，为旅行社释疑解惑；适合旅游质监人员在处理服务纠纷时作为重要参考，妥善解决服务纠纷；适合大专院校师生阅读，拓展其实践视野；当然也可以为广大旅游者参加旅游团和解决纠纷提供指导。

目 录

前 言 ··· 1

旅游合同篇 ·· 1

- 001 旅游合同有哪几种类型？ ··· 3
- 002 包价旅游合同中旅行社有哪些责任？ ······························· 5
- 003 代办旅游合同中旅行社有哪些责任？ ······························· 9
- 004 自由行合同拆分为代办合同就没有风险了吗？ ················ 12
- 005 旅行社使用合同文本的注意事项有哪些？ ······················· 14
- 006 旅游合同应当包括的主要内容有哪些？ ·························· 16
- 007 为什么旅游合同必须是书面形式？ ································· 19
- 008 什么时候签订包价旅游合同为妥？ ································· 21
- 009 网络预订如何签订包价旅游合同？ ································· 24
- 010 如何签订既有境内游又有境外游的旅游合同？ ················ 26
- 011 旅行社如何防范口头约定风险？ ···································· 29
- 012 旅行社如何利用现代科技手段维权？ ····························· 31
- 013 为什么旅游合同是附解除条件的合同？ ·························· 34
- 014 为什么签订旅游合同时必须一诺千金？ ·························· 37
- 015 为什么旅游者必须向旅行社交纳旅游团款？ ···················· 39
- 016 旅游合同中双方需要承担哪些合同义务？ ······················· 42
- 017 为什么旅游合同的成立不需要特别的合同形式？ ············· 45
- 018 签合同和收团款主体不一致时合同关系如何判断？ ·········· 48
- 019 旅游合同是否成立应当如何判断？ ································· 51

020 如何判断旅游合同是否有效? ………………………………… 54
021 为什么合同不成立旅行社损失就难挽回? …………………… 57

购物自费篇 …………………………………………………………… 61

022 为什么说《旅游法》没有禁止旅游购物和自费项目? ……… 63
023 为什么旅游购物和自费项目不能纳入旅游行程单中? ……… 65
024 旅游者在行程中购物都应由旅行社负责吗? ………………… 67
025 纯玩团就不可以有旅游购物和自费项目吗? ………………… 70
026 为什么自费项目被取消后旅行社仍然需要承担责任? ……… 72
027 旅行社是否可以组织购物一日游? …………………………… 76
028 商品质量低劣应当由谁承担举证责任? ……………………… 78
029 商品价格高是否可以成为旅游者退货的理由? ……………… 80
030 旅游者认为强迫消费,为什么需要旅行社承担举证责任? … 82
031 旅游者无条件退货真的无条件吗? …………………………… 84
032 为什么旅行社举证以书面形式最为合适? …………………… 86
033 如何全面准确理解《旅游法》第三十五条规定? …………… 89

合同履行篇 …………………………………………………………… 93

034 中国法律对出境旅游具有约束力吗? ………………………… 95
035 行程调整与旅游者受到损害是否存在因果关系? …………… 98
036 旅行社如何向旅游者承担精神损害赔偿? …………………… 100
037 约定赔偿与规定不一致时旅行社如何赔偿? ………………… 102
038 不可抗力期间旅游者有哪些注意义务? ……………………… 105
039 旅行社知道不可抗力和人为因素的不同后果吗? …………… 107
040 旅行社是否要为不可抗力导致包机取消担责? ……………… 109
041 旅游者拒绝返程,导游和领队怎么办? ……………………… 112
042 旅行社可以有效预防旅游者滞留不归吗? …………………… 114
043 旅行社是否应当为代办合同中旅游者人身伤害负责? ……… 117
044 旅行社是否需要为第三人的侵权承担责任? ………………… 120
045 旅行社如何向特殊旅游者群体收费? ………………………… 122
046 旅行社是否应为旅游者自由活动时受到伤害负责? ………… 125

047　旅行社如何为旅游者代订旅游车？……………………………… 127
048　免费旅游是否可以成为旅行社拒绝赔偿的理由？……………… 130
049　免费旅游是否可以成为旅行社规避行政责任的借口？………… 132
050　赠送服务是否可以被旅行社随意取消？………………………… 134
051　旅行社如何防范预订的客房被饭店擅自取消？………………… 136
052　旅行社知道"定金"的法律含义吗？…………………………… 139
053　旅行社如何承担行程延误的赔偿责任？………………………… 141
054　旅游者出团前解除合同就不需要承担责任吗？………………… 143
055　旅行社擅自解除旅游合同如何承担责任？……………………… 146
056　旅行社可以放弃对旅游者违约责任的追究吗？………………… 148
057　旅游者可以要求旅行社退还全额团款吗？……………………… 150
058　旅游者要求旅行社返还三倍旅游团款合理吗？………………… 153
059　旅行社的单方声明能够免除旅行社的责任吗？………………… 155
060　旅行社是否应承担行程调整的不利后果？……………………… 157
061　旅行社处理"尾单"属于不合理低价吗？……………………… 159
062　旅游者以非实名制为由拒绝乘车是否合理？…………………… 162
063　如何界定旅行社拒绝履行合同义务？…………………………… 164
064　如何界定旅行社服务中的擅自行为？…………………………… 167
065　旅游合同条款约定不明有利于旅行社吗？……………………… 170
066　旅行社要为旅游者的行李物品损害担责吗？…………………… 173
067　旅行社组织旅游者出游价格必须统一吗？……………………… 177
068　没有书面旅游合同当事人就不承担责任了吗？………………… 179
069　导游应为保管物遗失承担赔偿责任吗？………………………… 182
070　旅行社宣称提供豪华游服务合适吗？…………………………… 184
071　旅游者拒绝下车的理由成立吗？………………………………… 186
072　驾驶员可以擅自抛弃旅游者遗留的物品吗？…………………… 188
073　旅游者应当如何保障自身安全？………………………………… 190
074　公共交通包含包机、专列等交通工具吗？……………………… 193

规范管理篇 ………………………………………………………………… 198

075　旅行社有义务提醒旅游者购买意外保险吗？…………………… 199

076	旅游保险服务中旅行社有哪些注意事项？	201
077	旅行社是否可以要求旅游者承担额外的业务损失？	204
078	旅行社可以向旅游者收取出境游保证金吗？	206
079	旅行社如何应对出境游保证金管理问题？	208
080	旅行社要为业务员扣留出境游保证金担责吗？	211
081	组团社对旅游者有哪些安全保障义务？	213
082	地接社对旅游者有哪些安全保障义务？	215
083	履行辅助人对旅游者有哪些安全保障义务？	217
084	组团社如何掌控地接社的服务质量？	220
085	地接社是否有办法防范组团社拖欠团款？	222
086	旅游者可以申请旅行社质保金赔偿吗？	224
087	旅行社质保金扩大使用范围带来怎样的后果？	227
088	旅游者可以转让自己的旅游权利吗？	229
089	旅行社可以转让自己的服务义务吗？	231
090	旅游服务纠纷中举证的基本原则是什么？	234
091	签证过期可以要求出境游补出境游吗？	236
092	护照出错是旅游者扩大损失的理由吗？	238
093	护照出错旅行社能够鼓动旅游者出境吗？	240
094	对护照的审核只是旅行社的义务吗？	242
095	旅行社需要为导游的职务行为承担责任吗？	244
096	旅行社组团国内旅游必须委派导游吗？	247
097	旅行社聘用的导游受地域和劳动关系的限制吗？	250
098	组团社委托代理社收客民事责任由谁承担？	252
099	旅游者是否可以成为文明旅游的践行者？	255
100	旅行社是否可以成为文明旅游的推动者？	257

附录　旅游合同签订规范 ………………………………… 261
后　　记 ………………………………………………………… 286
主要参考书目 …………………………………………………… 287

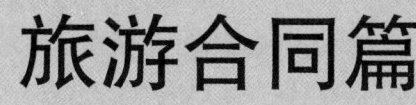

旅游合同篇

001 旅游合同有哪几种类型？

相关案例

胡先生和李先生分别外出旅游，也都通过同一家旅行社的服务完成了旅游行程。在旅游行程中，这两位旅游者在旅游期间都遇到了一些烦心事，后向旅行社要求赔偿时，得到的赔偿结果却是不同的。胡先生参加了旅行社团队旅游，地接社安排的饭店降低标准，组团社向胡先生做出了赔偿。而李先生有旅游经验，不愿意参团旅游，仅仅请旅行社代订了机票，并指定饭店请旅行社预订，饭店服务差强人意，交涉未果，李先生要求旅行社对饭店服务予以赔偿被拒绝，向旅游主管部门投诉也未获得支持。李先生就不明白，同样的情况，同一家旅行社，为什么胡先生可以得到赔偿，而自己却是投诉无门。

相关法律规定

1.《旅游法》第一百一十一条规定，包价旅游合同，是指旅行社预先安排行程，提供或者通过履行辅助人提供交通、住宿、餐饮、游览、导游或者领队等两项以上旅游服务，旅游者以总价支付旅游费用的合同。

2.《合同法》第四百零六条规定，有偿的委托合同，因受托人的过错给委托人造成损失的，委托人可以要求赔偿损失。无偿的委托合同，因受托人的故意或者重大过失给委托人造成损失的，委托人可以要求赔偿损失。

3.《最高人民法院关于审理旅游纠纷案件适用法律若干问题的规定》第二十五条规定，旅游经营者事先设计，并以确定的总价提供交通、住宿、游览等一项或者多项服务，不提供导游和领队服务，由旅游者自行安排游览行程的旅游过程中，旅游经营者提供的服务不符合合同约定，侵害旅游者合法权益，旅游者请求旅游经营者承担相应责任的，人民法院应予支持。

4.《旅游法》第七十四条规定，旅行社接受旅游者的委托，为其代订交通、住宿、餐饮、游览、娱乐等旅游服务，收取代办费用的，应当亲自处理委托事务。因旅行社的过错给旅游者造成损失的，旅行社应当承担赔偿责任。

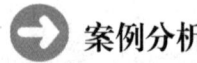

案例分析

一、旅游合同的类型

旅游合同可以有几种不同归类。从旅游合同的形式上分，可以将旅游合同分为书面旅游合同形式和口头旅游合同形式；从旅游合同的内容上分，在《旅游法》颁布实施之前，可以把旅游合同分为包价旅游合同、自由行旅游合同和代办旅游合同。有关自由行旅游合同的规定可以参照《最高人民法院关于审理旅游纠纷案件适用法律若干问题的规定》第二十五条的规定。《旅游法》颁布实施之后，自由行旅游合同归入包价旅游合同中，不再成为一种独立的旅游合同类型，旅游合同分为包价旅游合同和代办旅游合同。本文关注的是从内容上看旅游合同的分类。

二、传统的自由行旅游合同已经消失

对照《旅游法》第一百一十一条规定可以看出，所谓的包价旅游合同，必须满足三个条件。第一，旅游产品由旅行社事先设计，没有旅游者的参与，旅游者根据自己的需求选择旅游产品。第二，旅行社提供两项以上服务，不论该服务是旅行社直接提供，还是由履行辅助人提供。第三，旅游者以总价支付给旅行社。只要满足上述三个条件，该旅游合同就是包价旅游合同。而对照旅行社所提供的自由行旅游服务，与包价旅游合同的要求完全一致，因为旅行社目前所谓的自由行，也就是旅行社所称的"机加酒"模式，实质上是小包价旅游合同，是瘦身版的包价旅游合同，旅行社事先设计产品，为旅游者提供了两项服务，旅游者以总价形式支付给旅行社。

三、自由行旅游合同的复活之路

针对如此现状，是否意味着自由行旅游服务就彻底退出了旅行社服务的历史舞台。回答是否定的。仔细研究包价旅游合同就不难发现，要打破现有自由行旅游服务的尴尬局面，唯一的切入点，就是旅行社调整自由行模式，必须从旅游产品设计入手，由旅游者参与设计，甚至是旅游者直接设计，旅行社真正

按照旅游者的需求提供服务，也就是说，设计者为旅游者，服务者为旅行社，旅游者点菜，旅行社服务。至于服务是两项还是多项，团款的支付方式是总价还是单项，都不会成为旅行社经营自由行旅游服务的障碍。从这个意义上来说，只要旅行社经营模式改变，提供的服务符合真正自由行的含义，自由行旅游合同依然存在，而且会给旅行社带来惊喜，成为旅行社新的经济增长点。

四、不同旅游合同责任不同

区分旅游合同为包价旅游合同和代办旅游合同，目的不仅是为了区分合同本身，而是为了阐明旅行社和旅游者签订不同旅游合同，所承担的责任不同。或者说，旅游者和旅行社签订不同类型的旅游合同，维权途径不完全一致。就包价旅游合同而言，只要旅行社及其履行辅助人服务有过错，不论该过错是违约还是侵权，组团社就是服务过错的最终承担者，当然，旅游者也可以直接向责任人主张权利。可以说，包价旅游合同就是组团社承担合同范围内的全部责任。在代办旅游合同责任中，旅行社承担的责任较轻，旅行社只要为代办服务的过错承担责任，比如旅游者要求预订四星级饭店，旅行社却为旅游者预订了三星级饭店，旅行社就要承担违约责任。又如，旅行社按照旅游者的要求预订了机票，但航班临时取消，旅行社就不承担责任。所以，上述案例中两位旅游者都是饭店服务权益受损，旅行社承担的责任不同，原因就是旅行社和旅游者之间存在不同的合同关系。

总之，旅游合同的分类意义，并不在于合同分类的本身，而是通过合同的分类，明确各类旅游合同中旅行社应当承担的不同责任，为旅行社如何规避法律责任进行指导，从而更好地保护旅行社的合法权益。

002 包价旅游合同中旅行社有哪些责任？

相关案例

吴先生参加旅行社组织的旅游团旅游，由于地接社的原因，预订的客房降低了标准,由四星级饭店降为三星级,吴先生等旅游者要求旅行社按照欺诈的赔偿标准予以赔偿,旅行社只愿意按照违约来赔偿,双方分歧大,最后诉诸人民法院。

相关法律规定

1. 《合同法》第一百零七条规定,当事人一方不履行合同义务或者履行合同义务不符合约定的,应当承担继续履行、采取补救措施或者赔偿损失等违约责任。

2. 《旅游法》第七十条规定,旅行社不履行包价旅游合同义务或者履行合同义务不符合约定的,应当依法承担继续履行、采取补救措施或者赔偿损失等违约责任;造成旅游者人身损害、财产损失的,应当依法承担赔偿责任。旅行社具备履行条件,经旅游者要求仍拒绝履行合同,造成旅游者人身损害、滞留等严重后果的,旅游者还可以要求旅行社支付旅游费用一倍以上三倍以下的赔偿金。由于旅游者自身原因导致包价旅游合同不能履行或者不能按照约定履行,或者造成旅游者人身损害、财产损失的,旅行社不承担责任。

3. 《侵权责任法》第六条规定,行为人因过错侵害他人民事权益,应当承担侵权责任。

4. 《合同法》第一百一十三条规定,当事人一方不履行合同义务或者履行合同义务不符合约定,给对方造成损失的,损失赔偿额应当相当于因违约所造成的损失,包括合同履行后可以获得的利益,但不得超过违反合同一方订立合同时预见到或者应当预见到的因违反合同可能造成的损失。

案例分析

旅行社和旅游者签订了包价旅游合同,由于是组团社或者履行辅助人没有为旅游者提供约定服务,或者提供的约定服务不完全,或者安全保障义务履行不周全,引起旅游者权益受损,组团社都必须向旅游者做出赔偿。那么,在赔偿过程中,组团社应当承担哪些赔偿责任?

一、有损害就必须有赔偿

只要组团社没有按照旅游合同约定提供服务,如擅自漏游景点等;或者虽然提供了服务，但旅行社提供的服务不符合旅游合同约定，如降低服务标准等；或者有侵权行为，如交通事故等，造成旅游者人身财产的损失，旅游者向组团社或者履行辅助人提出赔偿，假如履行辅助人不愿意承担赔偿责任，或者没有能力承担赔偿责任，组团社就应当为旅游者遭受的经济损失承担责任，如果发生严重的人身伤害，只要责任方是旅行社，组团社或者侵权人社还可能要向旅游者承担精神损害赔偿。

二、有约定就必须有赔偿

如果旅游合同有约定在先，即使组团社的违约行为没有给旅游者造成损失，只要组团社有违约行为存在，就应当按照约定赔偿。比如合同约定，只要调整饭店，旅行社就应当承担总团款5%的违约金。假如旅行社擅自调整了住宿点，实际上并没有给旅游者造成损失，但旅行社也必须按照约定赔偿违约金。因为违约责任的承担以旅行社的违约行为为前提，而违约行为是否给旅游者造成损失则在此不问。又比如合同约定，组团社解除旅游合同就应当赔偿总团款的10%，如果组团社解除合同，即使旅游者没有损失，组团社仍然要支付违约金。

三、员工的承诺代表法人

在为旅游者提供服务的过程中，不论法人、计调还是导游领队，只要是旅行社的员工，在旅游服务过程中向旅游者做出的承诺，等同于法人的承诺。不论对于服务内容的承诺，还是对于赔偿数量的承诺，只要承诺了，就必须兑现。因为他们的承诺不是个人行为，而是职务行为，旅行社法人不得以是员工行为予以拒绝。比如导游在行程中和旅游者达成协议，返程后向每一位旅游者赔偿500元，以弥补住宿标准降低，法人必须按照导游的承诺赔偿旅游者。至于导游的行为是否适当，是旅行社内部的管理问题，与是否应当向旅游者做出赔偿无关。

四、组团社承担直接损失

组团社只为旅游者的直接损失承担责任，对于间接的损失不承担赔偿责任。比如由于旅行社的原因导致行程延误半天，旅行社要承担的责任是赔偿旅游者半天的误工费等相关损失，至于由于延误半天造成旅游者不能签订其他商业合同的损失，旅行社不必承担。虽然《合同法》等法律明确规定，但在实际操作中，旅行社经常要面对少数旅游者的漫天要价，虽然少数旅游者的要求与法律的规定不相符，但旅行社必须无奈面对。

五、欺诈必须多倍赔偿

欺诈的前提是：旅行社有欺诈的主观故意、旅行社实施欺诈行为、旅游者因欺诈而陷入错误、旅游者因错误而做出了意思表示。只有同时满足这四个条件，旅行社的行为才构成欺诈，否则就是违约。违约和欺诈有较为严格的区别。不能因为旅行社服务出现差错，就一概认定为欺诈，这是不符合法律规定的。如果旅行社的服务定性为违约，旅行社则按照《合同法》或者旅游合同的约定进行赔偿。如果旅行社的服务构成欺诈，则按照新的《消费者权益保护法》的规定，旅行社最高应当赔偿旅游者接受服务费用的三倍；赔偿的金额不足500元的，为500元。

六、不可抗力、突发事件免责要具体而论

不可抗力包括自然和人为因素，以自然灾害如恶劣天气而言，属于不可抗力范畴，但这样的自然灾害是否可以提前预见和避免成为关键。假如天气预报已经发出警报，旅行社能够采取而不采取防范措施，任其影响旅游行程，这样的恶劣天气本身属于不可抗力范畴，但对于旅行社而言不属于不可抗力，旅行社不能免责，因为旅行社已经预见到，或者只要采取相关措施，就能够避免损害的发生，或者降低损害程度。同样，旅行社应对突发事件是否担责，主要要看旅行社是否已经尽到了注意义务、尽到了合理限度范围内的注意义务，尽到了，旅行社就不承担责任，否则就要承担责任。

七、组团社不承担旅游者人为扩大的损失

所谓旅游者的人为扩大损失，是指只要旅游者理性处理，就可以避免损失的发生或者降低损失，而旅游者却放任或者加大损失的发生。这样的损失就属于人为扩大的损失。最为典型的就是，当旅行社违约，旅游者要求赔偿，假如不能满足旅游者的赔偿要求，旅游者拒绝登机返程，导致机票作废、旅游者滞留费用。在这个纠纷中，存在两个法律关系，第一，旅行社的违约关系；第二，由于旅游者滞留产生的旅游者违约关系。显然，这是两个不同性质的法律关系。按照法律规定，旅行社应当承担违约责任，但滞留费用应当由旅游者自行承担。

八、严重侵权责任有精神损害赔偿

按照法律规定,旅行社的违约行为固然需要旅行社做出赔偿,但这些赔偿不包含精神损害赔偿,只是对违约行为承担经济赔偿责任。所以,旅游者在违约责任的追究中,如漏游景点,要求旅行社承担精神损害赔偿责任缺乏依据。精神损害赔偿存在于侵权责任中,损害较轻的侵权行为,可以借助赔礼道歉、消除影响等方式加以弥补,比如交通事故导致旅游者手臂轻微擦伤,就不存在精神损害赔偿。只有较为严重的侵权行为,旅游者才可以得到精神损害赔偿。精神损害的赔偿及其数额确定,通常由人民法院决定。

九、组团社为履行辅助人的行为负责

按照《旅游法》的规定,组团社必须为履行辅助人的所有过错行为负责。在旅游行程中,组团社不仅要为自己的过错负责,还必须为履行辅助人的过错负责,这些过错包括履行辅助人的违约行为和侵权行为,比如饭店的违约、景区未履行安全保障义务,给旅游者造成的损失,履行辅助人愿意承担责任固然可行,但如果履行辅助人不愿意承担责任,或者没有能力承担赔偿责任,组团社应当为此承担责任。总之,在旅游服务全程中,组团社及其履行辅助人的过错,组团社应当概括承受。

003 代办旅游合同中旅行社有哪些责任?

相关案例

案例一:舟山某旅行社受上海旅游者的委托,帮助其购买普陀至东极岛的往返船票、从舟山返程至上海的汽车票,旅行社按照旅游者的要求办理了购票事务。旅游者到达舟山后,旅行社派人把票送到旅游者住宿的酒店,旅游者核对无误后付款。旅游者在东极岛旅游期间,突遇天气变化,无法按期返回舟山本岛,当然也无法按期乘坐长途汽车返回上海。旅游者向旅行社提出,要求旅行社赔偿从舟山返程至上海的长途汽车票额。

案例二： 张先生由于商务活动需要前往哈瓦那，委托杭州某旅行社代为购买上海经停莫斯科抵达哈瓦那的单程机票。旅行社按照张先生的要求购买了机票，并经张先生核实。张先生乘坐飞机前往哈瓦那，在经停莫斯科时被遣返，张先生回到杭州后要求旅行社赔偿全额机票损失。

 相关法律规定

1. 《旅游法》第七十四条规定，旅行社接受旅游者的委托，为其代订交通、住宿、餐饮、游览、娱乐等旅游服务，收取代办费用的，应当亲自处理委托事务。因旅行社的过错给旅游者造成损失的，旅行社应当承担赔偿责任。

2. 《合同法》第四百零六条规定，有偿的委托合同，因受托人的过错给委托人造成损失的，委托人可以要求赔偿损失。无偿的委托合同，因受托人的故意或者重大过失给委托人造成损失的，委托人可以要求赔偿损失。

 案例分析

一、代办旅游合同的性质

代办旅游合同本质上是委托合同，就是旅行社接受旅游者的委托，按照旅游者的要求，为旅游者提供相关的旅游服务，和包价旅游合同相比，法律关系较为简单，承担的责任也较轻。比如旅游者需要在外地住宿，委托旅行社为其在目的地预订饭店，然后旅行社从中获取服务费。上述两个案例中，一个共同的特点，就是旅行社接受了旅游者购买交通票的委托，旅行社和旅游者之间形成了单项委托合同关系。旅行社的义务就是按照委托人的委托，做好委托事宜。如果旅行社没有按照旅游者的委托要求，办理好购票事宜，旅行社就应当承担违约责任；如果给旅游者造成直接经济损失，还要赔偿旅游者的损失。

二、代办旅游服务责任的承担

两个案例中，均是旅游者委托旅行社购买交通票，旅行社按照旅游者的要求妥善办理了委托事宜，交通票按照约定交到了旅游者手上，且都经过旅游者核对无误。这表明旅行社已经按照旅游者的委托，完成了购买交通票的委托，当旅游者支付交通票款项、旅行社收取票款时，旅行社和旅游者的权利义务都已实现和履行，旅行社和旅游者的委托合同关系就此终止。换句话说，从旅行社交付交通票，旅游者经过核对并支付票款时开始，旅行社和旅游者之间已经没有任何法律关系了。至于船是否按时开，飞机是否晚点或者取消，旅游者是否被遣返，都和旅行社没有任何关系，旅游者要维权，要赔偿，只能向交通提供者主张权利。总之，旅游者要求旅行社赔偿从舟山返回上海长途汽车费用、上海前往哈瓦那的机票款，都缺乏法律依据，旅行社可以拒绝赔偿。

三、旅行社应重视代办旅游服务

随着个性化旅游的兴起，特别是年轻人成为旅游主体后，参加旅游团队旅游的比例会不断下行，个性化旅游必将蓬勃发展，代办旅游服务一定会成为旅游服务中主力之一。在新的形势下，代办旅游服务应当受到旅行社的特别重视，而且旅行社也不应当拘泥于代办旅游服务。有专家曾经提出，"旅行社服务"的概念应当更改为"旅行服务"。旅游者外出旅游、经商、参会，旅行社都可以凭借服务介入其中。因为旅行社有广泛的人脉、专业的素养，特别擅长为外出者提供交通、住宿、餐饮、游览等方面的服务。旅行社要在做好组团服务的同时，积极参与代办服务，为旅游者提供专业的服务。代办服务利润不薄，风险较低，是值得旅行社下功夫深入研究的方向。

四、代办旅游合同提倡使用书面形式

虽然《旅游法》和《旅行社条例》只要求包价旅游合同必须以书面形式，对代办旅游合同没有形式上的要求，但在实际操作中，旅行社以签订书面代办旅游合同为宜。书面形式可以多种多样，不必拘泥于一种形式。比如外地旅游者电话委托订票订房，旅行社完全可以将旅游者的要求编辑成短信、微信或者微博等，约定双方的权利义务和违约责任，要求旅游者最后以短信、微信或者微博等方式予以确认，这样的确认具有相当的证据效力，比起仅仅是电话确认要强得多，既方便，又实用。

004 自由行合同拆分为代办合同就没有风险了吗?

 相关案例

高先生看到旅行社自由行旅游广告，到旅行社门市咨询后，决定参加该自由行旅游行程。在自由行行程中，旅行社提供了往返机票预订加目的地酒店预订两项服务，在签订合同时，旅行社提供了两份委托代办的书面合同。高先生提出，仅仅是两项服务，除了将机票预订改为酒店预订外，其他部分的内容完全相同，为什么需要签订两份合同？门市业务员说是公司的规定，高先生将信将疑，回家后还是向旅游主管部门提出了自己的疑问，希望得到旅游主管部门的解释。

 相关法律规定

1. 《旅游法》第三十六条规定，旅行社组织团队出境旅游或者组织、接待团队入境旅游，应当按照规定安排领队或者导游全程陪同。

2. 《旅游法》第七十四条规定，旅行社接受旅游者的委托，为其代订交通、住宿、餐饮、游览、娱乐等旅游服务，收取代办费用的，应当亲自处理委托事务。因旅行社的过错给旅游者造成损失的，旅行社应当承担赔偿责任。

3. 《旅游法》第一百一十一条规定，包价旅游合同，是指旅行社预先安排行程，提供或者通过履行辅助人提供交通、住宿、餐饮、游览、导游或者领队等两项以上旅游服务，旅游者以总价支付旅游费用的合同。

案例分析

一、旅行社声称的自由行合同的本质

现在许多旅行社大量开展出境旅游自由行业务，即旅行社所谓的"机加酒"业务,由于这些产品是旅行社事先设计打包,整体出售给旅游者的,按照《旅游法》的规定,旅行社开展的"机加酒"业务属于包价旅游合同的范畴,其实质是小包价旅游服务,而不是旅行社所声称的自由行合同。按照上述法条的规定,旅行社为旅游者办理港澳台自由行业务时,必须委派领队,假设一对新婚夫妇到香港度假,仅需要旅行社为其办理预订机票和酒店,其余由他们自己操办。按照《旅游法》的规定,旅行社不仅要为他们办理业务,还必须委派领队,这就意味着这对夫妇要额外支付旅游团款,用于支付旅行社委派的领队的交通食宿等费用,这样的操作模式是难以得到旅游者认可的。只要开办自由行的国家和地区,旅行社在作业时都会遇到这样的问题。

二、什么是真正的自由行合同服务

旅行社目前操作的自由行服务,基本上都是小包价服务。旅行社要想在旅游中推广真正意义上的自由行服务,就必须按照《旅游法》第七十条的规定,把旅游产品和线路的设计权让位于旅游者。也就是说,旅行社根据旅游者的需求和设计的线路,为旅游者提供相应的服务,即当下流行的所谓的定制服务。在这个过程中,旅行社可以提供建议和意见,提供旅游目的地的背景资料,或者提供产品和服务,供旅游者自己选择和组合,产品组合的最后决定权在旅游者。而不是按照现在的做法,旅行社事先设计好一些自由行产品,供旅游者选择,但旅游者对于选择的线路享有调整、变更的权利。

三、旅行社目前的操作能规避经营风险吗?

目前旅行社在自由行业务操作时,把所谓的自由行合同拆分为委托代办合同,即将"机票加酒店"的业务拆分,然后分别签订委托代订酒店合同、委托代订机票合同,以规避本法条的强制性规定。这样的操作从表面上看,旅行社规避了所谓自由行的操作,但事实上,只要将旅行社发布的自由行广告、委托代办合同等基本材料结合起来,仍然可以清楚地看出,旅行社仅仅是借用了委托代办合同的形式,实施的是所谓自由行合同业务的实质,旅行社提供的仍然是包价旅游合同服务。并不会因为形式上签订了委托代办合同,旅行社就可以规避包价旅游合同风险,旅游主管部门仍可以按照《旅游法》的规定,追究旅行社没有委派领队所产生的行政责任。

当然,旅行社如此操作,可以规避旅行社部分民事责任。有些旅行社不仅将自由行合同拆分为委托代办合同，而且要求参加自由行的旅游者主动申请放弃领队服务。如果旅游者按照旅行社的要求，申请放弃领队服务，这样做当然给旅行社和旅游者都带来一定的好处。对于旅游者的好处是，可以不为旅行社委派领队支出费用；对于旅行社的好处是，旅游者不得由于旅行社没有委派领队，而主张旅行社承担与之相应的民事责任，因为旅游者出团前已经主动放弃了领队服务。出现这样的情形，是旅行社无可奈何的表现，也并不符合立法者的原意。

005 旅行社使用合同文本的注意事项有哪些？

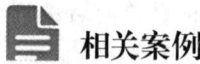
相关案例

韩先生到旅行社门市报名参团，门市业务员给韩先生提供了旅行社自制的合同文本，要求和韩先生签订旅游合同。韩先生对于旅行社业务较为熟悉，对于旅行社要求他签订自制旅游合同文本表示不解，坚持要求旅行社提供的旅游合同为国家旅游局和工商总局共同制定的推荐文本。旅行社只有自制的旅游合同文本，韩先生最后虽然签订了旅行社自制的旅游合同文本，但心里一直犯嘀咕，电话向旅游主管部门咨询，旅行社的行为是否合适。

相关法律规定

1. 《旅游法》第五十八条规定，包价旅游合同应当采用书面形式。

2. 《消费者权益保护法》第二十六条规定，经营者不得以格式条款、通知、声明、店堂告示等方式，作出排除或者限制消费者权利、减轻或者免除经营者责任、加重消费者责任等对消费者不公平、不合理的规定，不得利用格式条款并借助技术手段强制交易。格式条款、通知、声明、店堂告示等含有前款所列内容的，其内容无效。

3. 《旅行社条例》第二十九条规定，旅行社和旅游者签订的旅游合同约定不明确或者对格式条款的理解发生争议的,应当按照通常理解予以解释;对格式条款有两种以上解释的,应当作出有利于旅游者的解释;格式条款和非格式条款不一致的,应当采用非格式条款。

 案例分析

旅行社组团旅游,或者组织自由行旅游,或者为旅游者代办某项服务,归根结底是旅行社和旅游者之间建立了一种合同关系,旅行社和旅游者按照合同的约定,履行各自的义务,实现各自的权利。在使用合同文本时,应当特别注意有关事宜。

一、旅游合同必须是书面形式

这里所谓的旅游合同为包价旅游合同,包价旅游合同必须是书面形式,是法律明确规定的。至于其他旅游合同,如委托代办旅游合同是否需要是书面形式,法律没有做强制性规定,由旅行社和旅游者协商解决。一些旅行社存在重口头形式、轻书面形式的倾向,尤其是在委托代办合同中,更是如此。等到处理纠纷阶段,旅行社才会意识到书面形式的重要性,但为时已晚。

二、旅游合同的选择

正如案例中韩先生所说的那样,国家旅游局和工商总局的确制定了旅游合同文本,各省市旅游主管部门也制定了旅游合同文本,但不论哪个部门出台的旅游合同文本,都是推荐性旅游合同文本,都不具备强制性。换句话说,旅行社可以使用,也可以不使用,主动权在旅行社。同时,政府部门推荐旅游合同文本,和旅行社使用自制旅游合同文本并不矛盾,决定权在旅行社。虽然如此,笔者还是倾向旅行社尽可能使用行政部门推荐的旅游合同文本,可以为旅行社解决很多后顾之忧。

三、旅游合同的内容必须公平和完备

旅游合同是旅行社和旅游者确立权利义务关系的协议,如果旅行社使用自制的旅游合同文本,旅行社作为格式合同的提供者,一定要注意旅游合同内容的公平性和完整性。从公平性角度说,就是旅游合同没有故意增加旅游者的义

务,或者减少旅行社的义务,或者制定出限制旅游者权利的条款等。从完备性角度说,旅行社要根据《旅游法》和《旅行社条例》的规定,把所有旅游权利义务都纳入旅游合同中,避免被旅游主管部门以内容缺项为由实施行政处罚。

四、旅游合同内容必须清晰

旅行社在约定内容时,喜欢使用一些较为模糊的语言,即使现有的一些服务难以量化,又使旅行社受限于业务能力,还有就是一些旅行社自认为不能把权利义务约定得太清楚,否则旅行社没有任何变通的余地。不论何种原因,只要旅行社没有把服务要素量化,最后总是对旅行社不利。因为只要出现两种以上的解释,就会做出有利于旅游者的解释,这在《合同法》和《旅行社条例》中都有相似的规定,因此明明白白服务最为重要。

006 旅游合同应当包括的主要内容有哪些?

相关案例

何先生准备参加旅行社组织的旅游团,到旅行社门市咨询,得到的回答并不令他满意。何先生希望门市明确告诉他在旅游目的地的吃、住等具体情况,而门市业务员告诉他,行程中的饭店都是四星级饭店,餐饮标准一样,饭店和餐馆等服务单位的具体名称目前不是很清楚,但不会让何先生吃亏。何先生反问,旅行社服务有很多规定,为什么不能更加明确。业务员说旅行社服务很特殊,无法完全按照规定来做。何先生向旅游主管部门咨询,业务员的答复是否符合规定。

相关法律规定

1. 《消费者权益保护法》第八条规定,消费者享有知悉其购买、使用的商品或者接受的服务的真实情况的权利。消费者有权根据商品或者服务的不同情况，要求经营者提供商品的价格、产地、生产者、用途、性能、规格、等级、主要成分、生产日期、有效期限、检验合格证明、使用方法说明书、售后服务，或者服务的内容、规格、费用等有关情况。

2.《旅游法》第五十八条和《旅行社条例》第二十八条有相关的规定。

3.《旅游法》第六十条规定，旅行社委托其他旅行社代理销售包价旅游产品并与旅游者订立包价旅游合同的，应当在包价旅游合同中载明委托社和代理社的基本信息。旅行社依照本法规定将包价旅游合同中的接待业务委托给地接社履行的，应当在包价旅游合同中载明地接社的基本信息。

案例分析

一、这里所谈的旅游合同为包价旅游合同

旅游合同通常包括包价旅游合同和委托代办合同，但这里对于旅游合同内容的要求，特指包价旅游合同。因为旅游法律法规仅对包价旅游合同的内容做出了特别规定，其他诸如委托代办合同的内容，可以按照《消费者权益保护法》、《合同法》等规定，由旅游者和旅行社对合同形式和内容进行约定即可，旅游法律法规没有强制性的规定。

二、旅游合同的组成部分

旅游合同必须是书面形式。通常情况下，旅游合同应当包含书面的合同文本、书面的旅游行程单和书面的注意事项三个部分，和法律规定的旅行社必须明确告知权利义务、履行告知义务相吻合。至于这三个部分的内容是整合在一份文档中，还是分头制作成三份文档，由旅行社根据需要自己决定。如果没有这三部分内容的话，我们就可以初步判断，旅游合同内容不完整。

三、旅游合同的具体内容

1. 关于旅游合同文本　旅行社可以根据自己的实际制定旅游合同文本，也可以采用旅游管理部门和工商管理部门共同制作的文本。采取什么形式的旅游合同文本并不重要，重要的是旅游合同文本是否全面概括了旅行社和旅游者之间的权利义务，制定的条款是否平等地保护旅行社和旅游者的合法权益，违约责任的设定是否公平而且全面。

2. **关于旅游行程单** 旅游行程单是旅游合同的核心部分，是旅行社和旅游者双方权利义务的集中体现，旅行社如何提高服务、提供服务的档次与级别，旅游者得到多少服务、何种服务，都集中反映在旅游行程单上。一般而言，旅游纠纷的发生，大多也是集中于旅游行程单的具体落实，以及对于旅游行程单的理解分歧等方面。

3. **关于注意事项** 制作书面的旅游注意事项，旅行社的主要目的是，一方面明确告知义务的具体内容，另一方面是想证明，的确已经履行了告知义务，而且这些告知义务有据可查。这既是法律法规的规定，也是旅行社服务的需要，更是解决旅游纠纷的重要证据。如果仅仅是口头告知，虽然旅行社也履行了告知义务，但并不能取得预期的效果。

旅行社特别要注意的是，作为旅游合同重要组成的合同文本、行程单、注意事项等内容，必须得到旅游者的签名，否则就没有任何意义，等同于没有签订书面旅游合同。一旦纠纷发生，旅行社的一切努力都将付诸东流。

四、法律对包价旅游合同内容规定不一致的处理

法律法规对于旅游合同内容规定并不完全一致，出台时间有先后，位阶有高低，总的原则是，在签订旅游合同时，如果《旅游法》和《旅行社条例》规定有矛盾的，以《旅游法》规定为准，比如《旅行社条例》规定，旅游行程安排中的购物和自费项目必须有明确的约定，但《旅游法》则规定，旅行社提供包价旅游服务时，不得指定购物和自费项目，两者之间的规定是矛盾的，在此情况下，以《旅游法》的规定为准。有关购物和自费项目的约定必须做技术上的处理，即通过另纸补充合同的约定来完成，而不是直接纳入旅游合同。如果《旅游法》和《旅行社条例》规定的内容不矛盾、不冲突，都应当被纳入包价旅游合同中。

五、合同内容不完备的行政责任

按照《旅行社条例》的规定，如果旅游合同中内容不完备，由旅游行政管理部门责令改正，处 2 万元以上 10 万元以下的罚款；情节严重的，责令停业整顿 1 个月至 3 个月的行政处罚。

007 为什么旅游合同必须是书面形式？

 相关案例

洪先生随单位同事前往内蒙古旅游，旅游行程中有一个观看摔跤表演项目。洪先生以前参加过业余摔跤训练，在观看表演的过程中，要求和表演者进行摔跤比赛，全陪、地陪、同事以及摔跤表演者都劝他放弃摔跤念头，但洪先生坚持要和表演者摔跤，结果在表演过程中身体受到伤害。旅行社立即送洪先生到医院就医，全陪整理事件经过，并请相关人员签字证明。洪先生以没有签订书面旅游合同为由，要求旅行社赔偿3万元，否则要举报旅行社，旅行社迫于压力向洪先生做出了赔偿。

 **相关法律规定**

1.《合同法》第十条规定，当事人订立合同，有书面形式、口头形式和其他形式。法律、行政法规规定采用书面形式的，应当采用书面形式。当事人约定采用书面形式的，应当采用书面形式。

2.《旅游法》第五十八条规定，包价旅游合同应当采取书面形式。

3.《旅行社条例》第二十八条规定，旅行社为旅游者提供服务，应当与旅游者签订旅游合同。

案例分析

一、法律规定的要求

上述规定囊括了有关旅游合同形式的法律规定，但上述法律规定，仅仅是法律层面的规定，也仅仅是行政部门对于旅行社经营规范的要求，这是旅行社服务的外在要求。相对于《合同法》而言，《旅游法》和《旅行社条例》是特殊法，旅行社应当遵循特殊法的规定，因此，虽然《合同法》中有关口头合同形式的规定，但旅行社在经营中必须遵守有关旅游合同形式的特殊规定，即旅游合同必须是书面形式。当然，这里所规定的旅游合同书面形式，主要是指包价旅游合同的形式，没有规定委托代办合同必须是书面形式。但笔者认为，即使是单项委托服务合同，书面合同形式仍然是旅行社的首选。

二、服务特点的需要

旅游合同之所以不适用口头形式，虽然从法理上已经证明，旅行社服务不能采用口头旅游合同形式，但归根结底是旅行社服务的特点所决定的。因为旅行社的服务是预期服务，旅游合同关系成立至履行合同尚存一段时间，如果单凭当事人的记忆，难免出现信息偏差。旅行社服务缺乏实物样品的比对，更多的是旅行社的口头和旅游行程的书面描述；旅行社的服务涉及面广且杂，一条旅游线路，涉及的服务并不仅仅局限于旅游"食、住、行、游、购、娱"六要素，只有书面形式才能固定双方的权利义务。结合旅行社服务的这些特点可以断定，旅行社服务不适用即时清结的口头形式，这是旅行社服务的内在要求，只有白纸黑字才能说得清楚。试想，如果旅行社组织团队外出旅游，仅凭双方的记忆，要顺利完成旅游服务，会出现多少障碍？

三、权益保护的必要

按照《合同法》第四十一条和《旅行社条例》第二十九条的规定，当旅行社和旅游者就服务品质、服务档次等就格式条款的内容发生争议时，通常情况下要做出有利于旅游者的理解。旅游法律法规要求旅行社以书面形式签订合同，若旅行社不签订书面旅游合同，当双方就服务内容发生争议时，应当由旅行社承担举证责任。如果旅行社不能举证服务内容，即使旅行社的观点符合客观事实，也应当按照有利于旅游者的原则来处理纠纷。

如果旅游者不愿意签订书面旅游合同，举证责任应当由旅行社来承担。理由是，《旅游法》、《旅行社条例》等要求旅行社和旅游者签订书面旅游合同，既然旅行社认为是旅游者不愿签订书面旅游合同，自然就应当由旅行社来举证。如果旅行社不能举证未签订书面旅游合同的原因是旅游者，旅行社就必须承担相应的行政责任，旅游主管部门就必须主动对旅行社实施行政处罚。

因此，即使没有法律法规的强制性规定，旅行社和旅游者都应当具有书面旅游合同意识。签订书面旅游合同，并不是为了应付旅游主管部门的要求，而是为了保障旅行社和旅游者双方的合法权益。不论旅行社服务的外在要求，还是内在需求，都指向旅行社服务应当采用书面旅游合同形式。

008 什么时候签订包价旅游合同为妥？

相关案例

旅游者到旅行社的门市报名参团，全额旅游团款交纳后，旅游者要求和旅行社签订书面旅游合同。旅行社仅给旅游者提供了参考行程，并告诉旅游者，旅游合同的签订要等一下，等到所有服务环节全部确定后，会通知旅游者来签旅游合同。如果旅游者嫌麻烦，也可以到机场集合时再签旅游合同。旅游者不能接受的是，自己已经全额支付团款，为什么旅行社不签合同？假如旅行社现在的承诺在将来的合同中有变化，自己就要吃亏。所以向当地旅游主管部门咨询。

相关法律规定

1.《合同法》第三十三条规定，当事人采用信件、数据电文等形式订立合同的，可以在合同成立之前要求签订确认书。签订确认书时合同成立。

2.《旅游法》第五十九条规定，旅行社应当在旅游行程开始前向旅游者提供旅游行程单。旅游行程单是包价旅游合同的组成部分。

案例分析

一、法律法规没有明确规定

翻遍我国现有的法律法规，包括《旅游法》、《旅行社条例》、《合同法》等，除了上述规定和包价旅游合同的签订有关外，都没有对包价旅游合同的签订时间做出明确规定。以《合同法》为例，该法是专门规范合同行为的法律，对于合同双方当事人的地位、合同的成立、生效、变更、解除和违约责任都有明确的规定，唯独对何时应当签订合同，没有给出明确的答案。由此可见，立法者认为合同双方当事人何时签订合同，应当由双方当事人协商决定，无须由法律来规定，因为个人是自己利益最大的维护者，只要双方当事人协商一致，随时可以签订包价旅游合同。

二、全额团款支付后旅游者要求签订合同要求合理

1. 从签订合同目的看旅游者的要求　不仅是签订包价旅游合同，事实上也包括所有民事合同的目的，都是为了明确合同双方当事人在合同事务中权利义务的分配。在包价旅游合同中，旅游者和旅行社被赋予了不同的权利义务：旅行社的权利是按约向旅游者收取旅游团款，义务是向旅游者提供约定的服务；旅游者的义务是按约向旅行社交纳旅游团款，权利是得到旅行社提供的约定服务。经过双方的讨价还价，最后确定这些权利义务。按照《旅游法》的规定，确定这些权利义务就需要签订书面形式，而不是其他形式。旅游者要求签订书面的包价旅游合同符合法律法规的规定。

2. 从旅游服务的特点看旅游者的要求　从旅游服务的特点看，与"即时清结"交易不同的是，旅行社服务的交易具有滞后性、无形性，权利的实现和服务的体验同步。从这个意义上说，旅行社给予旅游者的服务承诺，仅仅停留在旅行社的承诺本身，服务品质究竟如何，只有等旅游者接受服务时才能知晓。因为这样的要求，至少有了旅行社的事先承诺，如果支付了全额团款，仍然不知道将来的服务，旅游者不放心是可以理解的。因此，旅游者要求在支付旅游团款时，和旅行社签订书面的旅游合同，是合情合理的。

3. 从权利获得层面看旅游者的要求　旅游者已经交纳了全额旅游团款，已经履行了全部的合同义务，就有权利知道旅游服务的具体内容和标准，旅行社既然已经收取了旅游团款，权利一实现，就有履行旅游合同的义务，也有向旅游者提前告知权利义务的义务。这在《消费者权益保护法》等法律中已经明确，经营者在为消费者提供服务时，应当明码标价，让消费者明明白白消费。因此，从法律规定看，旅游者要求在交纳全额团款时，和旅行社签订包价旅游合同一点也不过分。

4. 从旅行社服务特点看旅游者的要求　按照旅行社的操作实务，在发布旅游线路广告时，旅行社往往是根据以往经验，或者地接社提供的线路，初步确

定旅游行程，在旅行社的收客初始阶段也是如此。只有等到团队基本成形，各个服务环节也逐渐得到最终确认。由于旅行社有较为固定的供应商，旅行社的初始承诺通常能够兑现，旅行社给予旅游者的参考行程和最终行程也大致吻合。基于上述原因，旅行社一直沿用固有的操作模式，旅游者支付了全额团款后，旅行社一般很少直接和旅游者签订纸质书面旅游合同，而是延后签订，导致旅游者要求难以满足。如果采用电子合同形式，只要旅行社向旅游者发出了要约，旅游者的点击确认即为承诺，电子包价旅游合同成立且签订。

5. 从旅游合同的组成看旅游者的要求　旅行社在出团前的任何时段，和旅游者签订包价旅游合同都会被法律认可。理由是我们所说的包价旅游合同，内容大致由三部分组成：第一部分是包价旅游合同文本，既可以是推荐文本，也可以是自制文本；第二部分是旅游行程，明确旅游服务的核心要素，这是包价旅游合同的重点，因为旅行社和旅游者的权利义务主要集中于此；第三部分为温馨提示，承载着旅行社告知义务的内容。这些内容共同构成包价旅游合同，只有这三部分内容都得到了旅游者的签字认可，才能说包价旅游合同不仅成立，而且已经签订。既然《旅游法》规定旅游行程提供的截止时间为出团前，也可以说出团前是包价旅游合同签订的最后期限，那么旅游者的要求没有被满足也无可厚非。

三、何时签订包价旅游合同

1. 就目前的法律规定看，旅行社和旅游者何时签订书面旅游合同，并无明确的强制性规定，但只要双方达成协议随时可以签订包价旅游合同，旅行社不能以行业特点为由，拒绝及时与旅游者签订书面旅游合同。同时，旅游者要求及时签订书面旅游合同，是对旅行社服务提出了更高的要求，旅行社应积极呼应旅游者的要求。

2. 包价旅游合同签订的时间，是从旅行社和旅游者达成出游协议开始，到团队出团前这个时间段的任何时候。虽然旅游者在团款全额交付后希望立即与旅行社签订书面合同的要求合理，但在实务操作中，由于旅行社业务操作的特殊性，旅游者交纳了全额团款后，旅游合同的签订往往会有所滞后。当然，经过双方协商，在出团前，甚至是抵达机场后双方再签订书面包价旅游合同，也未尝不可，但旅游行程开始后，或者行程结束后再补签书面包价旅游合同是不妥的。

3. 解决上述矛盾的基本原则，第一，需要旅行社和旅游者双方的协商，这是因为旅游者的需求和旅行社的操作存在落差，这是不争的事实，但并不是不可逾越的鸿沟。第二，需要旅行社的诚信，旅游者之所以坚持签订合同，部分原因是对旅行社的诚信度有疑问。如果旅行社能够以服务感动旅游者，出现问题多为旅游者着想，相信旅游者对于书面旅游合同签订的时间也不会太在意、太坚持。签订完善的书面旅游合同，目的就是为了保障旅游者的合法权益。

009 网络预订如何签订包价旅游合同？

相关案例

旅行社来电咨询，《旅游法》等法律法规要求旅行社和旅游者必须签订书面旅游合同，旅行社比较习惯纸质书面旅游合同的签订，但由于《旅游法》提及网络旅行社的经营，而且现在很多旅游者，特别是年轻旅游者，很时兴通过网络预订旅游服务，交易在网上实施，旅游团款的支付也在网上实现。旅行社总是难免有些担心：第一，由于电子签名不像我们的书面签名，见不到本人真实签字，电子数据包价旅游合同是否合法有效？第二，电子数据包价旅游合同签订时，有哪些注意事项？第三，电子数据包价旅游合同签订后，重新再签订纸质书面包价旅游合同是否可行？

相关法律规定

1. 《旅游法》第五十八条规定，包价旅游合同应当采取书面形式。

2. 《合同法》第十一条规定，书面形式是指合同书、信件和数据电文（包括电报、电传、传真、电子数据交换和电子邮件）等可以有形地表现所载内容的形式。

3. 《电子签名法》第四条规定，能够有形地表现所载内容，并可以随时调取查用的数据电文，视为符合法律、法规要求的书面形式。

4. 《合同法》第三十六条规定，法律、行政法规规定或者当事人约定采用书面形式订立合同，当事人未采用书面形式但一方已经履行主要义务、对方接受的，该合同成立。

 案例分析

一、网络预订包括旅游合同形式

上述规定是目前我国法律法规对于旅游合同形式最为权威的规定，既明确要求旅行社的包价旅游合同必须是书面形式，又规定了旅游合同成立的基本要求，还规定了包价旅游合同的基本内容。但上述法律法规都没有对网络预订如何签订包价旅游合同做出要求，即使如此，网络预订包价旅游服务时，同样必须签订书面旅游合同形式，只不过这种书面形式可能是电子数据形式，而非纸质包价旅游合同形式。当然，如果旅游者和旅行社签订了电子数据旅游合同，要求旅行社提供纸质的书面旅游合同也未尝不可。

二、书面包价旅游合同的形式

书面包价旅游合同包括纸质包价旅游合同和电子包价旅游合同。

1. 纸质包价旅游合同　在大众心目中，所谓的书面形式，就是纸质合同，白纸黑字。在日常生活中，以合同书最为常见，比如时下我们旅行社最为常用的出境旅游合同、境内旅游合同等。

2. 电子包价旅游合同　书面合同就是纸质合同，这样的理解，在互联网出现前基本准确，而随着互联网的日益普及，书面合同就是纸质合同显然以偏概全。《合同法》第十一条就规定，书面形式是指合同书、信件和数据电文（包括电报、电传、传真、电子数据交换和电子邮件）等可以有形地表现所载内容的形式。因此，除了合同书、信件之外，电子合同已成为书面合同的重要组成部分。

在实际应用中，纸质包价旅游合同和电子包价旅游合同各有所长，各有其短，合法有效。但纸质包价旅游合同有形可见，老少皆宜，且使用习惯；电子包价旅游合同便捷、环保，但电子签名存在非实名制，合同当事人身份举证难。

三、规范的包价旅游合同特征

从某种意义上说，采用纸质旅游合同或者电子旅游合同，形式上并不重要，关键的问题是，不论何种包价旅游合同形式，必须将《旅游法》、《旅行社条

例》规定的旅游合同内容纳入其中。只要能够把旅游合同内容规范地纳入合同形式中，电子合同和纸质合同都会被认可；如果包价旅游合同内容不规范、不完善，使用纸质或者电子包价旅游合同中的任何一种形式，都只是徒有虚名而已，和法律法规的规定相去甚远。

四、旅行社网络签约注意事项

1. 网上正式签订电子包价旅游合同　旅行社在网上提供了完整的旅游行程和服务，只要旅游者点击确认，就表明旅行社和旅游者之间签订了电子包价旅游合同。该电子包价旅游合同不仅具备了内容上的条件，也具备了形式上的条件。旅行社和旅游者之间不再需要签订另外形式的合同，旅游者也可以打印电子包价旅游合同的行程单，用于对照和监督旅行社的服务之需。

2. 网上达成签订纸质包价合同意向　虽然旅游者在网上已经支付了旅游团款，但双方约定另行签订纸质包价旅游合同，这样的约定也未尝不可。等到出团前或者到机场签订纸质包价旅游合同，也没有违反《旅游法》的相关规定。最为理想的状态是，旅游者交纳了全额团款，旅行社就应当与之签订书面的包价旅游合同。

有一点必须明确，不论上述哪种签约形式，只要旅游者在网上支付了旅游团款，旅行社接受了，旅行社和旅游者之间的旅游合同关系即告成立，不论是否已经完整地签订了电子包价旅游合同、纸质包价旅游合同。因为签订完整的纸质或者电子包价旅游合同，仅仅是《旅游法》等对于包价旅游合同形式上的要求，不能以有这样的规定为由，认为没有签订书面的包价旅游合同，就否定旅行社和旅游者之间合同关系的存在。

010 如何签订既有境内游又有境外游的旅游合同？

📄 相关案例

某旅行社咨询，广深珠港澳这样的旅游线路，既包含境内旅游，又包含出境旅游，这样的旅游线路，在《旅游法》的背景下，不知如何签订书面旅游合同。因为按照目前总体操作模式，书面旅游合同分为境内旅游合同、出境旅游合同、台湾游旅游合同、边境旅游合同等形式，这是按照旅游线路的空间布局所设定的旅游合同。现在的问题是，若旅行社推出的一条旅游线路中，既有境内旅游，又有出境旅游，或者含有边境旅游，旅行社应当和旅游者签订何种旅游合同？由于法律没有明确规定，旅游主管部门的推荐旅游合同文本中也没有这样的类型，所以旅行社不知如何处理为好。

 相关法律规定

1. 《旅游法》第五十七条规定，旅行社组织和安排旅游活动，应当与旅游者订立合同。
2. 《旅游法》第五十八条规定，包价旅游合同应当采用书面形式。
3. 《旅行社条例》第二十八条规定，旅行社为旅游者提供服务，应当与旅游者签订旅游合同。

 案例分析

一、签订旅游合同的目的

任何旅游合同的签订，其最终目的都是为了明确旅行社和旅游者双方权利义务关系，如明确旅游行程中"食、住、行、游、购、娱"六要素的档次与等级、旅游者如何向旅行社交纳旅游团款、若旅行社没有按照约定提供服务将如何承担违约责任、旅游者放弃旅游权利将如何处理等。一旦发生纠纷，旅游合同为处理旅游纠纷提供依据，因为在旅游纠纷处理中，除了旅行社和旅游者的陈述及相关证据外，最为重要的是看旅游合同内容，从而判断究竟是旅行社违约还是旅游者没有履行注意义务。因此，不论出境旅游、境内旅游，还是境内旅游和出境旅游合二为一，都必须签订旅游合同。

二、如何签订旅游合同

根据既有境内游又有境外游线路的特点，上述哪一种合同形式都不合适，因为这样的线路既不是纯粹的出境旅游，也不是纯粹的境内旅游，而是一种混合形式，不能简单套用某个类别的旅游合同。旅行社签订此类书面旅游合同时，可以采取两种方式：第一种，旅行社和每一位旅游者签订两份书面旅游合同，一份为境内旅游合同，另一份为出境旅游合同；第二种，旅行社采用一份综合性的"旅游合同"，该合同由旅行社自制，既有境内旅游内容，又有出境旅游内容，这样可以避免第一种方式中签订两份旅游合同的烦琐，并降低旅行社的经营成本。

三、旅行社如何面对主管部门的监管

对于旅游合同的审查和监管，目前至少涉及三个部门：旅游主管部门、工商主管部门和人民法院。旅游主管部门监管的是旅行社是否采用了书面旅游合同，且该书面旅游合同内容是否完备，如果旅行社自制的旅游合同能够解决这两个问题，旅游主管部门不必监管。工商主管部门监管的重点是，旅行社的自制合同文本是否经过其审查备案，从这个意义上说，如果旅行社擅自使用自制文本，而不经过其备案，工商主管部门是可以对其监管的。至于人民法院，只要有旅游者或者旅行社将对方诉至法院，人民法院关注的是，旅游合同的权利义务的分配是否公平，旅行社是否有霸王条款等，即对旅游合同的监管是对旅游合同内容的监管，至于旅游合同是否为书面形式则不关注。虽然人民法院不在意旅游合同形式，但如果旅行社或者旅游者不能提供相关书面合同和证据，胜诉的把握就会大大降低。

四、如何委派导游和领队

团队旅游委派导游和领队，是旅行社为旅游者提供服务的重要方式。《旅游法》第三十六条规定，旅行社组织团队出境旅游或者组织、接待团队入境旅游，应当按照规定安排领队或者导游全程陪同。从《旅游法》层面上说，旅行社组织安排既有境内游又有境外游线路，在境内段，组团旅行社是否安排全陪服务并没有明确的规定，但在境外段，则明确规定组团旅行社必须委派领队随团服务。所以，旅行社在操作境内外合一的旅游团队时，可以不委派导游，但必须委派领队，因为领队既可以在境外为旅游者提供领队服务，也可在境内为旅游者提供向导（不一定是导游）等服务。

011 旅行社如何防范口头约定风险？

 相关案例

旅行社向旅游主管部门咨询，旅行社按照黄先生的要求，为他预订了外地的客房，并提前支付了房费。当旅行社通知黄先生客房已经预订，请他来旅行社交费时，黄先生突然变卦，拒绝接受客房预订服务，又拒绝支付已经产生的费用。旅行社感到很无助，要找旅游者理论，但由于是口头约定，旅行社也不能出示书面凭证，旅行社该如何处理。

 相关法律规定

1.《合同法》第十条规定，当事人订立合同，有书面形式、口头形式和其他形式。法律、行政法规规定采用书面形式的，应当采用书面形式。当事人约定采用书面形式的，应当采用书面形式。

2.《最高人民法院关于民事诉讼证据的若干规定》第五条规定，在合同纠纷案件中，主张合同关系成立并生效的一方当事人对合同订立和生效的事实承担举证责任；主张合同关系变更、解除、终止、撤销的一方当事人对引起合同关系变动的事实承担举证责任。

案例分析

一、旅行社需要反思和改进

旅游者口头预订，事后不接受服务，又不承担费用，如拒绝接收口头预订的机票、客房等，旅行社要求旅游者承担损失，旅游者不愿意承担，旅行社只好自己买单。这样的情形时常会发生，旅行社要多反省自身问题。旅游市场的秩序失范有目共睹，部分旅游者非理性维权也客观存在，旅行社在抱怨旅游者的同时，要从自身经营中找原因、找差距，反思旅行社的合同意识，改进服务操作流程，防止此类损失的再度发生。因为按照法律规定，如果此类纠纷再度发生，旅行社仍然需要继续承担损失，归根结底是旅行社无法强有力证明旅行社和旅游者之间合同关系的存在。

二、口头约定不适合旅行社服务

按照《合同法》的相关规定，合同既可以是书面形式，也可以是口头形式，不论何种形式的合同，都具有同等法律效力，法律也给予同等的保护。当旅游者口头要求旅行社帮助购买机票，或者提供其他服务，只要旅行社按照旅游者的要求做出承诺，则表明旅行社和旅游者之间达成了协议，双方的合同关系宣告成立。口头合同虽然合法，但取证难度很大，只要一方不承认所说的话，另一方就会陷入被动，主张赔偿权利的一方难以取证，损失就会产生。口头约定不适合旅行社的服务，上述案例中旅行社的损失即为活生生的案例。同时，按照《旅游法》和《旅行社条例》的规定，旅行社没有签订书面旅游合同违法，将受到相应的行政处罚。

三、旅行社如何避免此类损失

不论包价旅游合同、自由行合同还是单项委托合同，旅行社要尽可能使用书面形式，以确保旅行社遭遇尴尬。书面合同的核心内容是，明确旅行社和旅游者双方的权利义务，即旅游者需要得到什么样的服务；旅游者需要支付多少价款，如何支付价款；如果旅游者取消服务将承担怎样的责任。同样明确，旅行社会为旅游者提供什么服务，包括食、住、行、游、购、娱等要素的具体量化和档次；如果旅行社没有提供服务将承担怎样的责任，如果旅行社的服务缺斤短两，又将如何承担责任等。宁可先小人后君子，而不是先君子后小人。

四、借助科技手段保留证据

如果条件不允许，或者旅游者通过电话预订服务，完整的书面合同形式不能完成，旅行社门市接待人员可以利用科技手段，将旅游者提出的服务内容、服务费用等化为文字形式，通过短信、QQ或者微信等方式发送给旅游者，请旅游者以电子文档形式做出确认。只要旅游者给予确认，表明旅行社旅游者合同关系成立。如果旅游者事后拒绝接受服务，或者拒绝支付费用，电子文档就将成为纠纷处理的有力证据。如果有了这样的证据，旅游者要拒绝承担旅行社的损失也很难。当然，在具体实施过程中，旅行社门市人员要掌握技巧，不能要求旅游者主动提供电子文档等信息，而是门市人员将确认内容编辑好发给旅游者，旅游者只要简单确认即可。

五、建议旅行社事先约定违约金

旅行社要求旅游者承担实际损失，就必须有充分的证据证明，而不能由旅行社单方面说了算，旅行社的损失有时还真的难以计算。所以不如旅行社事先设置违约金，这样的方式便于计算，因为违约金的支付并不以旅行社的损失为前提，而是以旅游者的违约行为为前提。只要旅游者有违约行为发生，不论是否给旅行社造成损失，旅行社都可以直接向旅游者收取违约金。

012 旅行社如何利用现代科技手段维权？

相关案例

案例一： 旅行社为杭州旅游者母女三人（两个女儿为未成年人）办理美国游签证，上海领馆签证官要求在未成年旅游者的护照上签上监护人的姓名，送签人未经授权就代为签字。由于旅游者被拒签，旅行社要求旅游者承担签证费用，旅游者愿意承担签证费，但要求旅行社为擅自在护照上签字承担责任。旅行社最后答应为他们重新办理护照。

案例二： 旅游者通过电话要求旅行社帮助预订从杭州飞往北京的机票，旅行社预订完毕，要求旅游者支付票款，旅游者以旅行社尚未最后确定行程为由拒绝支付，旅行社感到很委屈，多次讨要未果，最后只能自己掏钱垫付。

相关法律规定

1.《合同法》第十条规定,当事人订立合同,有书面形式、口头形式和其他形式。

2.《合同法》第十一条规定,书面形式是指合同书、信件和数据电文(包括电报、电传、传真、电子数据交换和电子邮件)等可以有形地表现所载内容的形式。

 案例分析

一、类似纠纷吃亏的是旅行社

与上述案例类似的情形在今天的旅行社仍然时时上演,虽然形态不完全相同,但有一点是肯定的,就是此类纠纷的处理,最后吃亏的往往是旅行社,理由很简单,就是旅行社举证困难。当旅行社要求旅游者支付相关服务费用时,如果旅行社不能提供足够的证据,证明合同关系的存在、损失的存在、事先得到旅游者的授权,旅游者就可以拒绝承担责任。即使旅行社将旅游者告上法院,由于旅行社没有证据证明自己的主张,旅行社也无法保证自己能够胜诉。当然,我们并不否认,在一些特殊情况下,即使旅行社想和旅游者签订纸质书面旅游合同,或者是条件不允许,或者是时间不允许,旅行社无法和旅游者达成纸质书面协议,在这些时候,现代科技手段就成为旅行社保护自己权益最好的办法之一。

二、旅行社合适的操作方法

在案例一中,由于护照是旅游者个人财产,且每一个国家对于办理签证的要求各不相同,比如美国要求未成年人的护照上有监护人的签名,而去其他一些国家办理签证时就不需要。在不在护照上签名,应当按照有关国家的要求做。如果送签人得知领馆的要求,可以采取两种方式处理:第一,电话告诉旅游者,请他(她)来上海领馆签名;第二,请他(她)委托送签人代为签名。

在案例一中,如果旅游者愿意从杭州来上海自己签名,当然没有任何问题,也不会产生纠纷,被拒签后向旅行社交纳签证费顺理成章。如果旅游者委托旅行社送签人代为签名，就有个讲究，仅凭电话委托是存在一定风险的，假如旅游者事后不认可已经委托，旅行社是很难举证的。因此，为了稳妥起见，旅行社送签人接受旅游者电话委托后，还需要让旅游者书面委托。旅行社送签人完全可以借助短信方式，请旅游者予以委托签名的确认。如果有旅游者委托签名的确认，就可以避免旅游者事后不认账现象的发生。

案例二也是涉及旅行社是否有确认的问题。即旅行社在为旅游者购买机票前，是否得到旅游者对出行方案的确认，如果没有得到确认，旅行社购买机票的行为莽撞，和旅游者无关，后果由旅行社承担。假如已经得到旅游者的确认，但旅行社不能出示书面凭证，事后旅游者否认已经确认，虽属于旅游者不诚信的问题，旅行社理应为此要求旅游者承担机票费用，但旅行社的做法被旅游者钻了空子，旅行社也无能为力。

案例二中，旅行社业务员接到旅游者的电话后，正确的做法和案例一相似，编辑好旅游者需求的短信，由旅游者来确认，短息内容包括旅游者的全名，需要旅行社预订的杭州至北京的往返航班、航班时间、航班费用，是否含有保险等以及旅行社的名称和业务员的姓名。同时提示旅游者机票一经预订不得退票、机票和机票费用的交付方式等由旅游者短信确认。只要旅游者确认，旅行社完全可以理直气壮地要求旅游者支付机票款项。

三、旅行社的注意事项

有人可能会质疑短信确认的法律效力。按照我国法律的规定，书面合同形式既包括纸质的书面合同，也包括数据电文形式，因此上述质疑大可不必。只要是有形表现，都被认为书面形式，其效力当然也都被法律所认可。

除了上文谈到的短信，旅行社业务人员也可以通过QQ、微博、微信等现代科技手段，确认旅行社和旅游者之间的权利义务。从旅游投诉受理的层面看，只要双方当事人认可，旅游主管部门就会认定短信等科技手段的合法性。但在旅游纠纷的诉讼阶段，律师可能会就当事人身份的真实性提出异议，那就需要通过科技的手段，论证当事人的身份。因为有些时候当事人的名字非本名，一方当事人名字为千里冰封，另一方当事人名字为万里雪飘。

短信、QQ、微博、微信等现代科技手段，特别适用于代办旅游服务中，因为旅行社和旅游者可能都会认为标的小，无须大动干戈，签订书面合同太麻烦、太费事，用科技手段来确认合同关系是再好不过了。在做这样的确认时，由旅行社根据旅游者的需要，来编辑双方权利义务的内容，然后由旅游者来确认，而不是让旅游者来编辑内容，由旅行社来确认。

即使在包价旅游合同中，短信、QQ、微博、微信等现代科技手段也同样适用。虽然《旅游法》规定包价旅游合同是书面形式，但旅游合同签订后，旅行社和旅游者之间仍然存在对合同内容进行变更的可能性。在这种情况下，以纸质的书面形式来变更当然是最为理想的，但在万不得已的情况下，科技手段的确认不失为纸质书面协议的补充和补正。

013 为什么旅游合同是附解除条件的合同？

相关案例

旅游者到旅行社门市交纳了部分旅游团款，用于办理出境游签证，并约定出境游的大致时间。随着时间的推进，旅游者为出境游做着各项准备工作。在出团前几天，旅行社通知旅游者，由于旅游者被拒签，出境游行程必须取消，旅行社扣除签证费用外，将退还剩余费用。旅游者坚持要么参加旅游团，要么旅行社向旅游者做出赔偿。因为在许多消费者眼里，尤其是已经签订旅游合同的消费者眼里，只要旅游合同签订了，就意味着双方权利义务确定了，就等着在约定的时间前往机场、码头随团出发，突然取消行程是旅游者不能接受的。

相关法律规定

1. 《合同法》第四十五条规定，当事人对合同的效力可以约定附条件。附生效条件的合同，自条件成就时生效。附解除条件的合同，自条件成就时生效。当事人为自己的利益不正当地阻止条件成就的，视为条件已成就；不正当地促成条件成就的，视为条件不成就。

2. 《旅游法》第六十三条规定，旅行社招徕旅游者组团旅游，因未达到约定人数不能出团的，组团社可以解除合同。但是，境内旅游应当至少提前七日通知旅游者，出境旅游应当至少提前三十日通知旅游者。因未达到约定人数不能出团的，组团社经征得旅游者书面同意，可以委托其他旅行社履行合同。组团社对旅游者承担责任，受委托的旅行社对组团社承担责任。旅游者不同意的，可以解除合同。

3.《旅游法》第六十七条规定，因不可抗力或者旅行社、履行辅助人已尽合理注意义务仍不能避免的事件，影响旅游行程的，按照下列情形处理：合同不能继续履行的，旅行社和旅游者均可以解除合同。合同不能完全履行的，旅行社经向旅游者作出说明，可以在合理范围内变更合同；旅游者不同意变更的，可以解除合同。

 案例分析

一、旅游合同为何是附解除条件合同

在旅行社服务中，由于旅游服务的特殊性、旅游法律法规的规定，以及某些客观情况的存在，直接导致旅游合同的解除，增加了旅游合同的不确定性。也就是说，旅游合同签订并不能确保旅游合同能够顺利履行，而且一些导致行程受阻的因素，还不是旅行社或者旅游者个人因素直接引起的，因为旅游合同的实现必须等候相关条件的"成就"。如果条件不"成就"，比如旅游者被拒签、旅游人数达不到预期等，虽然已经签订了旅游合同，但旅游合同履行就遭遇困难，甚至是解除。这就是旅游合同是附解除条件合同的由来。

二、两种情形可以促成旅游合同成为附解除条件的合同

1. 旅游合同中约定了包价旅游团队最低成团人数 在《旅游法》颁布实施之前，不论旅行社的自制旅游合同，还是旅游主管部门出台的推荐旅游合同文本，都已经把最低旅游人数作为出团的条件，《旅游法》中的规定只是把旅行社经营规则转化为法律规定。按照《旅游法》第八十五条规定，旅游合同中可以对成团的最低人数进行事先约定。这是由旅游团队业务特性决定的，旅游团队之所以价格相对较为优惠（低价团不在此列），是因为旅行社可以通过以量换价的方式，获得履行辅助人的价格优惠。如果团队人数过低，就可能难以拿到履行辅助人的优惠，旅行社就难以组团操作。所以，参团人数成了旅游团队

是否能够顺利出行的先决条件,如果旅游人数达不到预期,旅行社只能解除旅游合同。

2. 旅游签证成为旅游合同顺利出行的附加条件　在出境旅游团队游中,最为重要的一个环节,是获得旅游目的地国家或地区的签证,而签证是否能够顺利取得,旅游者、旅行社都无法掌控,所能够做的就是按照规定提供出境旅游需要的材料,给予签证与否的权力在使领馆的签证官手上。也就是说,即使旅游者向旅行社交纳了全额团款,和旅行社签订了完善的旅游合同,旅游行程也得到了履行辅助人的确认,但最终是否成行,还要看签证是否顺利。如果签证能够顺利签出,旅游团队就可以出行,否则,旅游团队不能按照预期出行,旅游合同必须解除或者改期。

三、旅游合同解除的处理

1. 上述第一种情况　按照《旅游法》第六十三条规定,因未达到约定的成团人数解除合同的,既可以解除旅游合同,组团社应当向旅游者退还已收取的全部费用,可以扣除实际已经发生的费用;也可以在征得旅游者同意的基础上,将旅游者转让给其他旅行社组织出团。同时,旅行社解除旅游合同有一个期限的限制,境内旅游应当至少提前七日通知旅游者,出境旅游应当至少提前三十日通知旅游者。在此期限内,旅行社解除旅游合同不需要承担违约责任,通知解除旅游合同的时间少于规定期限的,旅行社就要承担违约责任。

当然,旅游者报名时可以和旅行社约定:不论旅游人数多少,都不能成为旅行社解除旅游合同的借口,否则旅行社就要承担违约责任。旅行社和旅游者这样的约定不违反《旅游法》的规定,因为《旅游法》并没有规定旅游人数达不到预期时,必须解除旅游合同。

2. 上述第二种情况　签证被拒后,旅游合同就必须解除。因为旅游签证是出境旅游必备条件,否则旅行社就涉嫌组织偷渡。旅行社操作已经产生的且有据可查的费用,即使旅游合同被解除,应当由旅游者承担,包括签证费、预订机票的费用等。旅游者可能不理解,签证遭拒签,旅游者也没有过错,为什么产生的费用由旅游者承担,而不是旅行社承担?

这就涉及对于签证在旅游合同中作用的理解。旅游签证是解除旅游合同的条件,而不是旅游合同生效的条件。假如签证是旅游合同生效的条件,就意味着在签证顺利办理完毕前,旅游合同的效力尚未确定,或者说旅游合同尚未生效。如果旅游合同尚未生效，旅行社产生的费用应当由旅行社自己来承担，换句话说，旅行社所做的一切和旅游者没有任何关系，自然不能要旅游者来承担费用。实际上，旅游签证是解除旅游合同的条件，这说明旅行社和旅游者签订的旅游合同成立且生效，案例二中，由于不可归责于旅行社的原因（签证原因），造成旅游者旅游行程受阻，旅行社为旅游者服务所产生的费用当然要由旅游者承担，虽然从表面上看旅游者并没有从中实际受益。

不论旅行社的疏忽还是旅游者的疏忽导致签证被拒签，谁有过错谁负责，按照责任大小承担责任。如果旅游者提供了虚假材料，导致签证被拒签，所有的费用应当由旅游者承担；如果旅行社业务疏失导致签证被拒签，旅行社承担全部责任。

014 为什么签订旅游合同时必须一诺千金？

相关案例

旅游者通过电话向旅行社订购单项旅游服务，旅行社按照旅游者的要求，安排了相关服务。当旅行社告知旅游者服务已经落实，请旅游者来门市交纳服务款项时，旅游者拒绝付款，理由是旅游服务需要签订书面旅游合同，而这次的服务没有签订书面合同。旅行社对旅游者的答复不能接受，但也无可奈何。

案例分析

一、一诺千金既是社会道德的需要，也是法律法规的明确要求

在法律上有诺成合同概念，是指仅以当事人意思表示一致为成立要件的合同。诺成合同自当事人双方意思表示一致时即成立，不以一方交付标的物为合同的成立要件，当事人交付标的物属于履行合同，与合同的成立无关。需要交付标的物的合同为实践合同。旅游合同显然是诺成合同。

二、旅游合同一经当事人双方协商同意即告成立

根据合同自由原则，只要旅行社和旅游者就旅游服务达成协议，不论该协议是口头的、书面的，还是电子数据等其他形式，旅游合同即告成立且生效。如果旅行社或者旅游者违反合同约定，或者擅自解除旅游合同，就要承担违约责任，赔偿对方的损失。而不像实践合同那样，双方达成协议后，还必须交付标的物，比如赠与合同，不仅需要双方达成赠与协议，还必须将赠与物交付给受赠方，否则即使双方达成了赠与协议，该合同也没有成立并生效。

当然，按照《旅游法》等旅游行业法律法规的规定，包价旅游合同必须以书面形式出现，但这个规定仅仅是对于旅游合同的形式做出了规定，是旅游主管部门对于旅游合同形式的要求，但由于旅游合同是不要式合同，没有签订书面包价旅游合同，并不影响旅游合同的效力，只不过旅行社因为没有签订包价旅游合同，会受到旅游主管部门相应的行政处罚。至于代办旅游合同更是如此，没有形式上的特别要求。

三、旅游合同不得违反法律强制性规定

双方协商一致即可订立旅游合同，这仅仅是形式上和程序上的规定。如果程序上有瑕疵，就意味着旅行社和旅游者之间协议尚未达成，或者该协议是受到胁迫的，或者该协议是受到欺骗的，没有体现合同当事人的真实意愿，没有真正体现协商一致的原则。此类旅游合同的有效性就值得探讨。

从实体层面说，双方协商一致的内容，不得违反法律法规强制性规定。如果违反强制性规定，协议无效。比如旅行社和旅游者不得约定，借出境旅游之名，行滞留偷渡之实，这样的旅游合同，就是以合法的形式掩盖非法的目的。又如，旅行社和旅游者约定，在境外参观成人秀节目，尽管这些节目在某些国家和地区没有被禁止，但由于这些项目不符合我国法律和道德的规定，即使双方自愿，旅行社依然不可以提供这样的服务。如果旅行社和旅游者达成这样的协议，该协议自始无效，相当于旅行社和旅游者之间签订的旅游合同不存在。

因此，上述案例中旅游者的说法缺乏依据，旅游者仍然需要承担相应的责任。因为只要双方达成协议，不论该协议是书面的还是口头的，服务合同都成立。即使没有签订书面合同，也不影响旅游合同的成立和有效。当然，在此类

纠纷的处理中,如果旅行社真的想维权,想要得到旅游者的赔偿,就必须提供两个证据:第一,旅行社要证明旅游合同关系的存在,这是旅行社最难证明的,因为旅游者完全可以说明相互之间有联系,但否认确认了旅游服务关系。第二,旅行社要向旅游者提供确凿的损失清单,且要证明该损失与旅游者的违约有直接关系。没有这两个证据,旅行社就不可能维权。根据案例所描述的事实,旅行社维权基本无望,值得旅行社对自己经营模式的深入反思。

015 为什么旅游者必须向旅行社交纳旅游团款?

相关案例

一位老年市民来到省旅游局,以经济条件差为由,要求省旅游局为其提供免费旅游,工作人员向老年市民耐心解释,请老年市民到旅行社门市去报名,省旅游局和旅行社协商,请他们给予该老年市民优惠。老年市民来到旅行社门市,要求给予免费旅游的机会,旅行社仅仅愿意给予适当的优惠,但不肯全免,该市民对于旅行社的答复很不满意,继续到省旅游局投诉,经过多次协商,旅行社给予老年市民较大的优惠,老年市民最后表示满意。

相关法律规定

1.《合同法》第四条规定,当事人依法享有自愿订立合同的权利,任何单位和个人不得非法干预。

2.《合同法》第一百三十条规定,买卖合同是出卖人转移标的物的所有权于买受人,买受人支付价款的合同。

案例分析

旅行社向旅游者提供服务的前提,就是旅游者必须向旅行社交纳必要的旅游费用,这是旅游合同的有偿性特点。虽然该案例不具有普遍性,但却能很好地说明旅行社和旅游者之间的权利义务关系。所谓的有偿合同是指双方当事人任何一方在享受权利的同时负有以一定对等价值的给付义务的合同。与此相对应的是无偿合同。

一、有偿服务是常态

1. 旅行社经营的目的就是为了营利　旅游合同是有偿合同，理由很简单，旅行社作为企业，营利是其提供服务的基本动力，如果旅行社以不营利为目的，就不能叫旅行社，而是慈善机构。因此，旅行社在为旅游者提供服务时，一定会要求旅游者支付对价的旅游团款，否则旅行社就不会提供相应的服务。

2. 旅行社需要履行相关的注意义务　由于旅行社向旅游者收取了旅游团款，作为旅游服务的经营者，旅行社在提供服务的过程中，要履行相关的注意义务，包括按照约定提供服务，履行安全保障义务，即使旅游者在自由活动期间，旅行社仍然需要承担相应的提示和救助义务。如果旅游者人身财产受到伤害，旅行社就可能面临赔偿责任的承担。

3. 旅行社在签订合同时的注意义务　在签订旅游合同时，旅行社特别需要注意对方当事人的民事行为能力。签订有偿旅游合同，要求旅游者具备完全民事行为能力，如果旅游者尚未成年，民事行为能力欠缺，旅行社与之签订的旅游合同，必须得到旅游者监护人的追认，否则该旅游合同无效。这是和无偿合同最大的区别。

4. 有偿合同的收费必须是明码标价　既然是有偿合同，就涉及收费。旅行社在收费时，必须遵循的最大原则，就是明码标价，在向旅游者收取旅游团款时，要事先将旅游服务内容和旅游团款告知旅游者，由旅游者做出选择。通过双方协商，最后就收费达成一致。在实务中，旅行社的收费存在种种不规范行为，其根源在于没有明码标价。只要做到明码标价，旅游收费纠纷就基本不存在。

二、无偿服务是个案

1. 旅游合同中存在无偿合同　我们说旅游合同是有偿合同，并不排除在特殊情况下无偿合同的出现，比如旅行社为了庆祝八一建军节，免费为军人家属提供免费服务，不向旅游者收取任何旅游团款，但为旅游者提供服务。这种现象偶尔会出现在旅游服务中，其实质是为旅行社做广告，获得社会的认可。只要没有虚假的广告和服务，旅行社的行为无可厚非，但这种形态毕竟不是常态，是个案。

2. 无偿合同也不得随意违约　只要相关权利义务的条款被纳入旅游合同，不论该合同是有偿的还是无偿的，旅行社和旅游者都必须遵守合同的约定，不能说因为是无偿合同，旅行社或者旅游者就可以随意违约，甚至解除旅游合同，取消旅游行程。如果旅行社随意违约，就必须按照约定承担违约责任，或者赔偿旅游者的损失。如果旅游者违约，旅行社无须追究旅游者的违约责任，但给旅行社造成损失，旅游者应当赔偿。

3. 无偿合同并不减轻旅行社的责任　旅行社组织的无偿旅游活动，虽然没有收取旅游者的旅游团款，但是旅行社的经营责任并不因此减轻，因为旅游合同是有偿合同，作为个案的无偿合同，是旅行社放弃收费权利的结果，但合同义务仍然必须履行。因此，如果旅游者旅游途中权利受损，旅行社不能以免费作为抗辩理由，要求免除其责任。

4. 无偿合同不能成为不诚信经营的幌子　《旅游法》颁布实施之前和之后，都存在一些旅行社假借免费旅游为幌子，招徕旅游者参加旅游，然后在旅游行程中通过强行购物和参加自费项目等方式，迫使旅游者第二次、第三次消费。或者说免费送旅游者到深圳、广州等城市参加旅游，合同在境外签订等，同样是以免费为幌子，给旅游者设下种种陷阱，让旅游者受骗上当。这些免费恶意的促销，应当被打击和惩处。

5. 旅游者自己承担个人消费　即使是无偿旅游合同，旅游者得到了免费理由，但也不意味着旅行社要承担旅游者的所有费用。旅行社所要承担的，仅仅是旅游合同约定旅游行程中本来必须支付的费用，而旅游者自己的额外支出，必须由旅游者自己承担。毕竟旅游者参加了自费项目，或者参加了购物活动，或者旅游者在酒店客房有自费消费等，都不应当由旅行社承担。要按照谁消费谁承担的原则处理。

总之，不论老年人、儿童等弱势群体，还是普通工薪阶层，要参加旅行社组织的旅游活动，都必须在双方平等协商的基础上，向旅行社交纳约定的旅游团款，不能因为自己的身份特殊，就要求旅行社提供免费旅游。至于旅行社是否愿意提供免费旅游，则是旅行社根据自己的经营需要做出的决策，他人无法干预。

016 旅游合同中双方需要承担哪些合同义务？

 相关案例

徐先生在旅游行程中对旅行社的服务不满意，主要是认为旅行社提供的住宿达不到要求，虽然饭店是三星级，但客房内潮湿、霉味重，徐先生拒绝入住该饭店。虽然经过旅行社反复解释说明，最后徐先生还是自己在另外一家饭店开房住宿，但要求旅行社为此支付住宿费用。旅行社认为安排的饭店，与旅游合同约定一致，旅行社没有过错，徐先生没有住在约定的饭店，造成了额外的损失，应当由徐先生自己承担，而不是旅行社。协商未果，徐先生向旅游主管部门投诉，要求旅游主管部门责成旅行社承担相关费用。

 相关法律规定

1.《合同法》第六十条规定，当事人应当按照约定全面履行自己的义务。当事人应当遵循诚实信用原则，根据合同的性质、目的和交易习惯履行通知、协助、保密等义务。

2.《合同法》第一百一十九条规定，当事人一方违约后，对方应当采取适当措施防止损失的扩大；没有采取适当措施致使损失扩大的，不得就扩大的损失要求赔偿。当事人因防止损失扩大而支出的合理费用，由违约方承担。

案例分析

一、要谈旅行社和旅游者双方的义务，就必须涉及双务合同这个概念

所谓双务合同，是指双方当事人都有享有权利和承担义务的合同。双方的债权债务关系呈对应状态，即每一方当事人既是债权人又是债务人。在旅游合同中，作为旅游合同的一方当事人，旅行社集债权人和债务人于一身，作为旅游合同另一方当事人的旅游者同样如此，旅行社和旅游者互为旅游权利和义务主体，旅行社的权利义务与旅游者的权利义务既相互对立，又相互依存，这就是双务合同在旅游合同中的具体体现。

二、旅行社的权利

1. 向旅游者收取旅游团款　旅行社作为企业，其服务的动力来源于收取旅游团款，这也是旅行社最大的权利。至于旅行社在实践操作中，如何向旅游者收取团款、每次收取多少团款、什么时候收取团款，都由旅行社自行决定。按照旅游服务的惯例，旅行社是先收款、后服务。有些旅行社为了取信于参团旅游者，实施先旅游、后付款经营模式；或者是免费旅游，这样的操作未尝不可，并不为法律所禁止。旅行社之所以可以灵活收取旅游团款，原因是收取旅游团款是旅行社的权利，而权利是可以放弃的。

2. 合法权益不受侵害　旅行社和旅游者是平等的合同主体，其权益受到法律同等的保护，不能因为旅行社是企业，就不保护其合法权益，也不能因为旅游者是消费者，就给予旅游者不切实际的特别保护。旅行社在给旅游者提供服务时，如果存在服务不到位的情况，或者是由于旅行社的原因，或者是由于供应商的原因，或者是不可抗力的原因，旅游者可以按照法律规定获得赔偿，但旅游者的维权不得损害旅行社的合法权利，否则旅游者的此类维权行为就难以得到保护。

三、旅行社的义务

1. 按照约定提供服务的义务　旅游合同的签订，就表明双方已经确定了权利义务。旅行社所要做的，就是按照约定为旅游者提供所有服务，包括"食、住、行、游、购、娱"旅游六要素服务环节的确认、按时组织旅游者出团、确保旅游者得到的各项服务与旅游合同约定一致。

2. 确保旅游者人身财产安全的义务　旅行社为旅游者提供服务，不仅要保证按约履行，而且要确保每一位旅游者人身财产安全，这是《旅游法》、《消费者权益保护法》、《侵权责任法》赋予旅行社的法定义务，旅行社必须无条件履行旅游安全保障义务。

3. 诚信服务的义务　旅行社在提供服务时，不仅要保质保量提供约定的服务，而且在服务过程中要诚信，不欺骗旅游者。尤其是旅游购物和自费项目等的推荐和介绍，尤其要诚信，不强迫或变相强迫旅游者消费，不与商家联手欺骗旅游者。

4. 合理收费的义务　旅行社向旅游者收费，本是天经地义的事情，但在旅游收费的实务中，旅行社存在诸多的问题，比如收费中有年龄歧视、性别歧视、职业歧视、强迫收费、低价竞争等问题，这些问题的存在，与旅行社合理收费的义务不相符，为服务纠纷的产生埋下隐患。

四、旅游者的权利

1. 获得约定服务的权利　只要旅游合同约定的旅游行程，除非发生不可抗力、突发事件等原因，旅行社有义务按照约定履行合同义务，确保旅游者旅游权利的顺利实现。即使发生了不可抗力、突发事件，旅行社也要在保证旅游者安全的前提下，与旅游者协商，调整合理的旅游行程，最大限度地维护旅游者的权益，当然旅游者也要积极地配合。

2. 获得安全保障的权利　旅游者获得安全保障权利，就是要求旅行社组织的旅游产品和服务符合安全保障的要求，旅行社能够按照规定向旅游者做好相关的告知义务，使得旅游者在出游前和行程中获得有关信息，能够积极采取适当措施，防止旅游者人身财产遭遇损失，当旅游者人身财产遭遇损害时，能够采取措施防止损害的扩大。这些都是旅游者应当获得的安全保障的权利。

五、旅游者的义务

1. 交纳旅游团款的义务　这是旅游者最为重要的义务。旅游者可以和旅行社就旅游团款的具体数额进行协商，一旦确定价格，就应按照约定支付旅游团款。旅游者可以和旅行社协商，行程开始前支付部分团款，行程结束后支付剩余团款，但不能以服务品质不好为由拒绝支付余款。如果旅行社有违约行为，旅游者可以要求旅行社赔偿，但和余款的支付没有因果关系。

2. 善意受领义务　旅行社为旅游者提供服务，旅游者不能随意拒绝接受服务，除非旅游者能够证明，旅行社提供的服务与约定不符，且导致旅游合同目的不能实现。比如说，合同约定住四星级饭店，旅行社提供的饭店没有星级，旅游者以旅行社违约为由拒绝入住理由不成立，旅行社的确应当承担违约责任，但旅游者应当继续入住。但如果客房油漆味很重，会对旅游者身体造成伤害，即使是四星级，旅游者拒绝入住也不过分。

3. **不任意扩大损失的义务**　即使旅行社违约，给旅游者造成了一定的损失，旅游者也要善意协助，不任意扩大损失。最为典型的是，当旅游者认为权益受损时，要求旅行社给予经济赔偿，如果赔偿额度达不到旅游者的期望，旅游者就拒绝返程。旅行社的行为固然有错，但旅游者的行为就是人为扩大损失，旅游者应当为人为扩大的损失担责。

4. **《旅游法》规定的法定义务**　按照《旅游法》的规定，旅游者参加旅游团应当遵循四个法定义务：第一，文明旅游的义务，旅游者的言行举止要文明，必须符合旅游目的地的生活习惯、风俗和法律。第二，不得损害他人的义务，包括旅游目的地居民的利益、其他旅游者的利益、旅游企业的利益。第三，个人身体健康信息申报的义务。第四，旅游者在境外不得非法滞留、脱团的义务。

综上所述，由于旅行社按照约定提供了住宿服务，而徐先生个人认为饭店不合乎标准，擅自调整饭店，导致住宿费用增加，属于人为扩大损失的范畴，根据法律的规定，应当由旅游者自己承担，旅游主管部门对于旅游者的要求不予支持。

017 为什么旅游合同的成立不需要特别的合同形式？

相关案例

胡先生和旅行社书面约定，旅游行程结束后支付全额团款。等到行程结束后，胡先生拒绝支付旅游团款，理由是旅行社和他没有签订书面旅游合同，而按照旅游行业法律法规的规定，团队旅游必须签订书面旅游合同。如果旅游合同不是书面形式，该旅游合同就不成立，既然旅游合同都不成立，胡先生就认为没有付款理由。同时，胡先生告诉旅行社，根据法律规定，旅行社为旅游者提供服务，没有签订书面旅游合同，旅行社要受到旅游主管部门的行政处罚。旅游者以此为要挟，旅行社处于两难境地。

相关法律规定

1.《合同法》第三十六条规定，法律、行政法规规定或者当事人约定采用书面形式订立合同，当事人未采用书面形式但一方已经履行主要义务，对方接受的，该合同成立。

2.《合同法》第十一条规定，书面形式是指合同书、信件和数据电文（包括电报、电传、传真、电子数据交换和电子邮件）等可以有形地表现所载内容的形式。

3.《旅游法》第五十八条规定，包价旅游合同应当采取书面形式。

4.《旅行社条例》第五十五条规定，未与旅游者签订旅游合同的，由旅游行政管理部门责令改正，处2万元以上10万元以下的罚款；情节严重的，责令停业整顿1个月至3个月。

 **案例分析**

一、所谓的旅游合同不需要特别的形式，是从民事法律关系角度看

合同分类中有要式合同和不要式合同的概念。根据合同的成立是否需要特定的形式，可将合同分为要式合同与不要式合同。要式合同，是指法律、行政法规规定，或者当事人约定应当采用书面形式的合同。前者称为法定之要式合同，后者称为约定之要式合同。不要式合同，是指法律不要求必须具备一定形式和手续的合同。

上述法律法规对于旅游合同的形式做出了明确的规定，即要求旅游合同的形式必须是书面的。但我们必须明确，这里所谓的旅游合同，主要是指包价旅游合同，而并不包括旅行社和旅游者之间签订的其他合同，如代办旅游合同。虽然代办旅游合同也是旅游合同中的一个类型，但法律法规并没有要求代办旅游合同必须是书面形式。笔者认为，即使是代办旅游合同，最好也是以书面形式出现，而不是以口头形式，为的就是一旦出现纠纷，对于旅行社和旅游者双方权益的维护都有据可查，从而认定是非。

二、旅游合同书面形式的类别

根据《合同法》的规定，只要旅行社和旅游者之间以"有形地表现所载内

容的形式确定双方的权利义务，不论合同书、信件还是数据电文，比如电子合同等，都被认定为书面的旅游合同，甚至旅行社和旅游者之间的短信、微信、微博等形式，也是书面旅游合同的形式。当然，短信、微信、微博等形式，更多适用于委托代理的旅游合同，或者适用于对包价旅游合同个别内容的补正。

当然，在实务中，电子旅游合同的使用率并不高。单纯从技术层面说，电子旅游合同的签订没有任何障碍，但由于电子签名等方面的原因，旅游者似乎对于电子旅游合同不感兴趣。因为一旦旅游纠纷，电子旅游合同就必须经过认证，表明该电子签名的确是旅游合同的双方当事人，对于旅行社和旅游者来说，都存在一定的不便。怎样更为便捷地签订电子旅游合同，且减少举证难度，是电子旅游合同必须要解决的实际问题。

三、为什么旅游合同是不要式合同？

按照《合同法》的规定，大多数合同经过双方协商，自订立时成立且生效。只有一些重要的合同，才需要经登记等才生效，诸如房产交易等，即使购房合同成立，购房者已经交纳房款，不经房管部门登记，房产交易不生效。对于旅游合同而言，虽然旅游法律有相关规定，旅游合同必须具备书面形式，但这样的规定仅仅是对旅游合同形式上的规定，并没有规定不具备书面形式，旅游合同就不成立、不生效。所以，旅游合同就是不要式合同。通常情况下，只要旅行社和旅游者双方达成旅游协议，哪怕是口头形式，旅游合同立即成立、生效。

四、认定旅游合同为要式合同的危害性

仅仅因为旅游合同不具备书面形式，就简单地认定旅游合同是要式合同，推导出没有书面形式，旅游合同就不成立，这样的结论显然过于草率。如果旅游合同不成立，就意味着旅行社和旅游者之间没有合同关系，对于旅行社和旅游者而言，都会面临各自不同的风险。

对于旅行社，合同不成立，导致的是直接经济损失。比如双方达成了旅游协议，旅行社为旅游者预订了机票和饭店，旅游者临时变卦不参加旅游，由于尚未签订书面合同，双方合同关系不成立，旅游者完全可以拒绝支付任何费用。而对于旅游者，假如旅游者和旅行社约定参加旅游，旅游者为此做好了充分准备，并已经请好假期，这时旅行社突然通知旅游者取消行程，旅游者也无法追

究旅行社的责任,理由也是合同关系不成立。假如真的如此,旅游合同的履行面临巨大的考验,旅游合同履行前双方的权利义务永远处于动荡不安之中。

五、旅游合同成立生效的另类事实

按照上述规定,虽然旅游法律法规要求包价旅游合同必须是书面形式,但出现上述两种情形时,旅游合同仍然成立且生效。在实务中,只要旅游者向旅行社交纳了旅游团款,旅行社接受了,就应当视为旅游合同成立;或者旅行社征得旅游者的同意后,为旅游者预订了机票,旅游者也参加了旅游,接受了旅行社提供的服务,旅游合同也已经成立。旅行社或者旅游者不能以未签订书面旅游合同、旅游合同关系不成立为由拒绝承担责任,这样就可以避免书面旅游合同签订前存在的种种问题和困惑。

在实务中还有一个问题,就是所谓的履行主要义务,是否主要义务必须全部履行,法律中没有规定。也就是说,旅游者交纳旅游团款是否必须是全额的,还是履行了部分的主要义务,即交纳了部分旅游团款,就可以视为履行了主要义务。笔者认为,只要是履行了主要义务,不论履行了全部还是部分主要义务,就应当认定旅游合同已经成立。如果旅行社违约或者旅游者违约,都应当承担相应的责任。

总之,如果旅行社或者旅游者已经向对方履行了合同的主要义务,旅游合同即宣告成立。对照上述案例,我们可以得出旅游合同成立的结论,胡先生应当按照约定支付旅游团款。至于旅游合同形式没有达到旅游法律法规的要求,可以视实际情况,按照规定对旅行社实施行政处罚,但和是否具备书面旅游合同无关。

018 签合同和收团款主体不一致时合同关系如何判断?

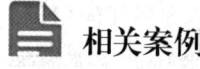 **相关案例**

朱先生到当地旅行社咨询有关出境旅游事宜,当地旅行社业务员告诉朱先

生，本旅行社没有出境游资质，但已经接受了省会 A 旅行社的委托，可以代为收客，朱先生可以在当地旅行社报名，但合同必须和省会 A 旅行社签订。当地旅行社可以代收旅游团款，如果旅游服务出现问题，由当地旅行社负责。朱先生按照业务员的要求，和省会 A 旅行社签订了书面旅游合同，向当地旅行社交纳了旅游团款。行程中由于地接社和朱先生双方的原因，朱先生身体受到了较为严重的伤害，为了朱先生的损失，当地旅行社和省会 A 旅行社为赔偿朱先生的损失相互推诿，都认为对方才是旅游合同主体，应当为朱先生的损失先承担责任。

 相关法律规定

1. 《合同法》第十三条规定，当事人订立合同，采取要约、承诺方式。
2. 《合同法》第三十六条规定，法律、行政法规规定或者当事人约定采用书面形式订立合同，当事人未采用书面形式但一方已经履行主要义务，对方接受的，该合同成立。
3. 《合同法》第四十四条规定，依法成立的合同，自成立时生效。
4. 《旅游法》第五十八条规定，包价旅游合同应当采用书面形式。

 案例分析

一、签合同和收团款主体一致是常态

按照正常的操作程序，旅游者到旅行社门市报名参团，旅游者交纳旅游团款，并与旅行社签订书面旅游合同，旅行社应当提供旅游合同文本与旅游者签订合同，并向旅游者提供正规发票，旅游合同文本和旅游发票的提供者为一个旅行社。在这样的旅游合同关系中，合同一方当事人是旅游者，另一方当事人就是签订合同和提供发票的旅行社，这是旅游合同的常态。

二、签合同和收团款主体不一致是例外

在少数情况下，会出现合同一方当事人为旅游者，另一方当事人有两个的情况，就是上述案例中情形，因为合同签订方和发票提供方为两家旅行社。在正常情况下，两家旅行社不可能同时成为一份旅游合同中的合同主体，但孤立

地看，省会A旅行社和朱先生有书面旅游合同，合同关系当然成立，同时，当地旅行社向朱先生出具了发票，合同关系也自然成立。

三、签合同和收团款主体不一致的原因

第一个原因就是旅行社的经营理念。由于旅行社有明确的经营资质的限制，仅从数量上看，我国大多数旅行社没有出境旅游资质，赴台旅游资质更少，为了获得出境旅游的市场和利润，许多旅行社通过代理关系，帮助具有出境旅游资质的旅行社在各地收客，但很多时候对于自己的代理资质遮遮掩掩，不敢将旅行社之间的代理关系向旅游者说清楚，怕旅游者直接向有资质的旅行社报名参团。第二个原因是旅游者的担忧。旅游者在当地报名，却要和外地旅行社签订旅游合同，或者汇款给外地旅行社，对于这样的操作模式心中无底。

四、签合同和收团款主体不一致合同关系的确定

在一份旅游合同中，除了旅游者作为当事人外，两家旅行社不可能同时成为同一份合同的另一方当事人（两家旅行社同时署名的除外）。在实际操作中，当地旅行社向朱先生收取旅游团款，省会A旅行社和朱先生签订书面旅游合同。从程序上看，应以旅游合同签订为准来确定合同关系，上述《旅游法》也有这样的规定，这样看的话，省会A旅行社和朱先生有直接的合同关系。从实体上看，当地旅行社收取了朱先生的旅游团款，按照上述《合同法》的规定，即使没有签订书面旅游合同，朱先生只要向旅行社交了旅游团款，旅游合同关系也成立。不论从程序上还是从实体上判断，旅游合同都合法有效，但究竟是当地的旅行社还是省会A旅行社，和朱先生有更为明确的合同关系？

要回答这个问题，要从旅行社和旅游者之间的权利义务说起。在旅游合同中，旅行社向旅游者收取旅游团款和向旅游者提供约定服务，是旅行社的权利义务，旅游者获得旅行社提供的服务和向旅行社交纳旅游团款，是旅游者的权利义务，旅游者和旅行社需要签订书面旅游合同，是旅游法律法规对于旅游合同关系形式上的要求，不论签订书面旅游合同，还是口头旅游合同，最终目的都是为了实现旅行社和旅游者各自的权利义务，所以，权利义务才是旅游合同的核心和本质，合同仅仅是程序和形式。

不可否认的是，当签合同和收团款主体不一致时，主张省会A旅行社和朱

先生存在合同关系不在少数,因为旅游合同直接明白地表达了他们之间的合同关系,但笔者坚持认为当地旅行社和朱先生存在合同关系,因为旅游团款的交纳和收取,比起书面旅游合同更有说服力,权利义务的基础更为扎实。因此,朱先生可以向当地旅行社主张赔偿。

019 旅游合同是否成立应当如何判断?

相关案例

赵先生和旅行社口头约定,要求旅行社为其办理北京4晚5天的旅游服务,并支付了团款。旅行社按照赵先生的要求,及时为他提供了相关服务。当旅行社通知赵先生参团旅游时,由于赵先生工作紧张无法安排旅游,就告诉旅行社取消旅游行程,旅行社则希望赵先生参加旅游,否则要承担已经发生的费用,数额较大。赵先生认为没有和旅行社签订书面协议,旅游合同尚未成立,和旅行社没有实际产生合同关系,旅行社不可以扣除任何费用。最后旅行社坚持扣除已经发生的旅游费用,被赵先生投诉至旅游主管部门。

相关法律规定

1.《合同法》第十条规定,当事人订立合同,有书面形式、口头形式和其他形式。

2.《旅游法》第五十八条规定,包价旅游合同应当采取书面形式。

3.《合同法》第十三条规定,当事人订立合同,采取要约、承诺方式。

4.《合同法》第三十二条规定,当事人采用合同书形式订立合同的,自双方当事人签字或者盖章时合同成立。

5.《合同法》第三十五条规定,当事人采用合同书形式订立合同的,双方当事人签字或者盖章的地点为合同成立的地点。

6.《合同法》第三十六条规定,法律、行政法规规定或者当事人约定采用书面形式订立合同,当事人未采用书面形式但一方已经履行主要义务,对方接受的,该合同成立。

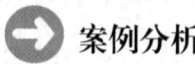
案例分析

一、旅游合同是否成立的标志

1. 旅游合同的形式,按照旅游合同的不同类别,有不同的规定和要求。对于包价旅游合同,即传统上所谓的组团旅游合同,必须是书面形式;对于代办旅游合同,法律上没有明确规定,既可以是书面形式,也可以是口头形式,但最好是书面形式。所谓的书面形式,既包括纸质的书面形式,也包括电子数据形式。这是相关旅游法法规对于旅游合同形式上的要求,但形式上的要求,并不意味着没有书面旅游合同形式,旅游合同关系就不成立。

2. 不论何种形式旅游合同的签订,都必须经过要约和承诺两个阶段。没有经过要约和承诺这两个法定阶段,旅游合同就不可能成立,旅行社和旅游者之间就不存在合同关系。那也就意味着旅行社和旅游者之间就形同陌路,毫无瓜葛,旅行社或者旅游者就不可以向对方主张赔偿的权利,即使其中一方遭受了经济损失。有关要约和承诺的法律规定内容,请参阅本书中"为什么合同不成立旅行社损失就难挽回?"一文。

3. 纸质书面旅游合同成立的主要标志,是合同双方当事人,即旅行社和旅游者之间签字或者盖章。电子数据旅游合同成立的主要标志,是旅行社或者旅游者的承诺到达要约人,表明电子旅游合同成立;口头旅游合同成立的主要标志,是旅行社或者旅游者的当面承诺程序的完成,有时就在一问一答中完成了旅游合同的订立。

4. 旅游合同签订前,如果旅行社和旅游者就旅游事项进行确认,双方签订了确认书,也表明双方的旅游合同成立。比如某单位提前半年和旅行社达成前往东南亚旅游的确认书,但旅游合同没有签订,旅游款项也没有交纳,这样的确认书本身就是一份有关旅游事项的合同。

5. 虽然按照《旅游法》的规定,包价旅游合同必须是书面形式,但如果旅行社和旅游者尚未签订书面的包价旅游合同,而旅游者已经向旅行社履行了主要义务,即旅游者向旅行社交纳了旅游团款,旅行社也已经接受了旅游团款,即使没有其他更多的证据作为旁证,旅行社和旅游者之间的旅游合同也成立。旅游者或者旅行社不能以未签订书面形式包价旅游合同为由,否认旅游合同的成立,进而拒绝承担相关责任。

二、合同成立与否的意义

上述案例中,旅行社遇到的烦恼,就是要证明旅行社和旅游者之间存在合同关系,但旅行社又难以出示合同关系存在的证据。类似的困惑也会发生在旅游者身上,旅游者要求旅行社为其提供服务,如果仅仅是口头的约定,当旅行社无法按照约定完成其服务时,旅游者追究旅行社责任时,旅行社同样以旅游合同不成立为由予以拒绝。因此,证明旅游合同关系是否成立,对于旅行社和旅游者具有同等的作用和意义。

1. 明确相关当事人是否存在合同关系　就旅行社和旅游者而言,之所以相互之间存在这样或者那样的关系,绝大多数的因素是双方签订了旅游合同,不论该旅游合同形式是书面的还是口头的,甚至双方并没有提及要签订旅游合同,但以其自身行为表明,双方已经就旅游合同内容达成了协议。只要合同成立,双方就将权利义务关系捆绑在一起,如果合同不成立,旅行社和旅游者之间就没有什么关系了。

2. 追究相关当事人违约责任的依据　简单地说,如果有证据证明旅行社和旅游者之间存在合同关系,其中任何一方当事人违反合同约定,都应当向对方承担违约责任。如果旅行社和旅游者之间不存在合同关系,向对方追究违约责任就毫无意义,就像我们到马路上拉住一个陌生人,要求其归还欠款一样荒谬。所以不论旅行社还是旅游者,在签订旅游合同时,应当有书面合同意识,而不仅仅是口头的。道理很简单,要证明合同关系的成立,书面形式相对口头形式既直接又有效。

总之,不论赵先生和旅行社是否签订书面旅游合同,只要双方达成了口头旅游协议,表明赵先生和旅行社之间的旅游合同成立,其中任何一方当事人违反合同约定,都应当承担赔偿责任或者违约责任。因此,旅行社扣除赵先生已经发生的旅游费用,符合法律的规定,但在扣除旅游费用时,旅行社应当能够证明这些费用的确已经发生,而不是凭空捏造的。

020 如何判断旅游合同是否有效？

相关案例

傅先生和旅行社签订了出境旅游合同，和往常一样，傅先生和旅行社口头约定，在境外期间，傅先生不参加任何旅行社组织的活动，他要单独自由活动。因为傅先生是老常客，几乎每隔几个月，傅先生就要到旅行社报名参团，旅行社也知道傅先生出境的目的并不是为了旅游，而是去参加博彩活动。由于傅先生的目的不符合我国法律规定，旅行社为了做成生意，双方都不愿点破，心知肚明。在出团前傅先生有急事，无法按照合同约定出境，双方就旅游团款返还问题发生了纠纷，请旅游主管部门调解处理。

 相关法律规定

1. 《合同法》第九条规定，当事人订立合同，应当具备相应的民事权利能力和民事行为能力。当事人依法可以委托代理人订立合同。

2. 《合同法》第四十四条规定，依法成立的合同，自成立时生效。法律、行政法规规定应当办理批准、登记等手续生效的，依照其规定。

3. 《合同法》第四十七条规定，限制民事行为能力人订立的合同，经法定代理人追认后，该合同有效。相对人可以催告法定代理人在一个月内予以追认。法定代理人未作表示的，视为拒绝追认。合同被追认之前，善意相对人有撤销的权利。撤销应当以通知的方式作出。

4. 《合同法》第五十二条规定，有下列情形之一的，合同无效：……（三）以合法形式掩盖非法目的；（五）违反法律、行政法规的强制性规定。

5. 《合同法》第五十三条规定，合同中的下列免责条款无效：（一）造成对方人身伤害的；（二）因故意或者重大过失造成对方财产损失的。

6.《合同法》第五十四条规定，下列合同，当事人一方有权请求人民法院或者仲裁机构变更或者撤销：（一）因重大误解订立的；（二）在订立合同时显失公平的。一方以欺诈、胁迫的手段或者乘人之危，使对方在违背真实意思的情况下订立的合同，受损害方有权请求人民法院或者仲裁机构变更或者撤销。

7.《合同法》第五十六条规定，无效的合同或者被撤销的合同自始没有法律约束力。合同部分无效，不影响其他部分效力的，其他部分仍然有效。

8.《合同法》第五十八条规定，合同无效或者被撤销后，因该合同取得的财产，应当予以返还；不能返还或者没有必要返还的，应当折价补偿。有过错的一方应当赔偿对方因此所受到的损失，双方都有过错的，应当各自承担相应的责任。

9.《民法通则》第十二条规定，十周岁以上的未成年人是限制民事行为能力人，可以进行与他的年龄、智力相适应的民事活动；其他民事活动由他的法定代理人代理，或者征得他的法定代理人的同意。不满十周岁的未成年人是无民事行为能力人，由他的法定代理人代理民事活动。

案例分析

一、旅游合同签订即生效为常态

通常情况下，旅行社和旅游者签订了旅游合同，在旅游合同签订的同时，该旅游合同就立即生效，旅游合同的成立和生效在同一时间。但在一些特殊情况下，旅游合同虽然已经签订，但不必然意味着旅游合同就已经生效，而且可能最终被认定为无效或者撤销。主要是由于旅游合同的签订违反了相关法律规定，或者当事人主体资格等问题，导致旅游合同无效。如果旅游合同被认定为无效，等同于旅游合同没有签订，双方当事人之间建立起来的合同关系归零，给双方当事人都带来困扰，甚至是经济损失。因此，在签订旅游合同时，除了需要注意旅游合同内容的完整性之外，还需要特别留意旅游合同的合法性和有效性。

二、如何确保旅游合同有效

1. 在签订旅游合同时，旅行社要关注旅游者的年龄和智力　市民报名参加旅游，旅行社要采集市民的基本信息，依据市民的身份证信息就可以推断市民的年龄。从法律层面上看，从以下几个方面进行处理：

（1）按照《民法通则》的规定，年龄在十八周岁以上、智力正常的市民属于完全民事行为能力人，可以独立报名参加旅游，和旅行社签订旅游合同没有任何障碍，此类旅游合同当然具有有效性。如果市民年龄在十六周岁至十八周岁之间，智力正常，且已经工作，签订的旅游合同也有效。

（2）年龄在十八周岁以下、智力正常的未成年人，来参加旅行社组织的旅游活动，旅行社和这样的限制民事行为能力人签订旅游合同要特别慎重。在签订旅游合同前，要征得家长等代理人的明确同意，否则这样的旅游合同属于无效。

（3）智力是否正常，需要依赖门市人员的主观判断。如果智力不正常，即使超过十八周岁，签订的旅游合同的有效性值得商榷，这样的合同也会被纳入无效的范畴。

2. 在签订旅游合同时，旅行社必须确保旅游合同的内容合法　按照法律规定，只要合同双方当事人经过协商，双方达成合意，表明旅游合同成立。但仅仅达到程序和形式上的合乎规范是不够的，如果双方当事人假借旅游合同为手段，实现违反法律规定的目的，比如借出境旅游，达到非法移民的目的，这样的旅游合同当然无效。因此，在旅行社的实际操作中，不仅要做到形式上的合法，还必须做到目的上的合法。也就是说，在签订旅游合同和提供服务时，旅行社和市民双方当事人都必须是善意的，而不是恶意的。

3. 在签订旅游合同时，旅行社必须确保旅游合同不违反国家强制性规定　在旅游服务中，尤其是出境旅游服务中，一些服务项目在旅游目的地是合法的，至少是不违法，当地居民参与其中一些项目不会受到制裁，比如博彩、色情等服务，这些服务与我国的法律规定格格不入，即使是身在境外，旅游者依然必须遵守我国的法律。因此，旅行社在和旅游者签订旅游合同时，就不得将境外不违法，而被我国法律所禁止的服务纳入旅游合同中。如果旅行社将这些服务内容纳入旅游合同中，即使旅游合同主体合法有效，但这些内容必定会被认定为无效。

4. 在签订旅游合同时，法律明令禁止的合同条款不得被纳入旅游合同中　有些合同条款即使得到双方当事人的认可，由于相关法律有明令禁止性的规定，同样会被认定为无效。在旅行社服务中，旅行社经常会在温馨提示中提醒旅游者，比如旅游行程中注意安全，旅游者受到的伤害概不负责，或者地接社给旅游者造成的人身财产损失,组团社概不赔偿。这些提示的内容,即使旅游者没有提出异议,一旦发生旅游者人身或者财产损害,法院必定会认为这些条款无效,依然会追究旅行社的赔偿责任。

5. **旅游合同内容不得被人民法院撤销** 在当旅游者有重大误解,或者签订旅游合同时显失公平,或者旅行社遭到旅游者的胁迫,或者旅游者遭到旅行社的胁迫、欺诈的情况下,旅游合同不能被认定为无效,而是由权益受损者向法院或者仲裁机构提请对旅游合同的变更或者撤销。被撤销的旅游合同处理等同于旅游合同无效的处理方式。提出变更或者撤销主张的必须是旅游合同的当事人,而不是第三人。

6. **无效旅游合同的处理** 旅游合同被认定为无效,或者某个条款被认定为无效,该旅游合同或者条款就自始无效,相当于旅行社和旅游者没有就该旅游合同或者条款达成协议,或者说相当于该旅游合同或者条款不存在。

旅游合同被认定为无效,旅游团款的退还分为几种情况:第一种情况,旅行社是故意或者疏忽的,旅游者是善意的,旅行社全额返还旅游者交纳的旅游团款,旅行社自身的损失自己承担。第二种情况,旅行社和旅游者双方都是恶意的,各自承担损失,团款余额退还给旅游者。如果损失超出了旅游团款的额度,可以向对方要求赔偿。

总之,上述案例中,虽然傅先生和旅行社签订的旅游合同在程序上没有问题,但因以合法的形式掩盖非法的目的,这样的旅游合同当然应当被认定为无效,旅行社和傅先生双方都存在过错,损失由双方各自承担。情节严重的话,旅行社和傅先生都将受到行政处罚。

021 为什么合同不成立旅行社损失就难挽回?

相关案例

浙江某地接社和外地组团社约定,5月1日至4日47名旅游者来当地旅游,需要预订24间客房。地接社向当地一家三星级饭店发出传真,饭店当天传真回复,声称无法满足该旅行社的全部要求,每天只能安排15间客房。饭店传真发出后,地接社未作任何书面答复。5月1日,47位旅游者如期而至,饭店以旅行社未最后确认为由,只提供了15间客房。由于正值黄金周,该市饭店爆满,为稳定旅游者的情绪,旅行社采取了紧急补救措施,让旅游者入住当地五星级饭店的总统套房和普通套房,部分客户住在客房的地毯上。旅行社通过加餐、增加景点等办法对旅游者进行弥补,额外共支出1万多元。该旅行社向旅游管理部门投诉,以饭店违约为由,要求饭店赔偿旅行社所遭受的全部损失,旅游主管部门调解未果,最后诉至法院。

 相关法律规定

1.《合同法》第十三条规定,当事人订立合同,采取要约、承诺方式。

2.《合同法》第三十条规定,承诺的内容应当与要约的内容一致。受要约人对要约的内容作出实质性变更的,为新要约。有关合同标的、数量、质量、价款或者报酬、履行期限、履行地点和方式、违约责任和解决争议方法等的变更,是对要约内容的实质性变更。

 案例分析

一、旅游主管部门的调查核实

旅游主管部门在核实过程中了解到,由于没有得到饭店最终的书面确认,旅行社为了确保客房预订的万无一失,4月底计调人员曾经电话和饭店再次确认,得到饭店销售人员可以按照旅行社要求,为旅行社保留24间客房的承诺,但承诺仅仅是口头方式,旅行社也不能提供书面证据,以证明饭店擅自违反合同约定。而饭店则明确表示,旅行社除了第一次发给饭店传真件后,饭店及时予以回复外,旅行社没有和他们有过书面或者电话联系,饭店向旅游主管部门提供了相应的书面证明。饭店同时强调,由于旅行社未对15间客房进行确认,而饭店为旅行社保留了15间客房,是饭店出于人道主义精神,帮助旅行社解决了绝大部分的难题,否则旅行社将遭受更大的损失。

二、旅行社和饭店之间究竟是否有合同关系

1.根据该纠纷的性质,判定饭店是否应当赔偿旅行社的损失,主要看饭店是否违反了与旅行社之间签订的服务合同。如果饭店违反与旅行社之间的约定，毫无疑问，饭店必须为此承担相应的赔偿责任；如果饭店没有违反与旅行社之间的约定，饭店则不承担任何赔偿责任。而判断饭店是否违约的前提，则首先要看饭店与旅行社之间的客房租赁合同是否成立，假如饭店与旅行社之间的旅游租赁合同成立，旅行社组织的旅游者到达饭店，饭店拒绝按约提供客房，饭店擅自违约，必须承担违约责任，并赔偿旅行社的损失；反之，饭店就没有赔偿义务。

2. 根据《合同法》的规定，合同成立必须经过要约和承诺两个阶段。结合本案例的具体情况，所谓要约，就是旅行社希望和饭店签订合同的请求，承诺则是饭店对于发出要约的旅行社全部请求的肯定回复，否则就不是承诺，而是新要约。对照上述案例可以看出，旅行社向饭店发出"5月1日至4日期间，为旅行社提供24间标准客房"的订房要求，实际上就是合同上所称的要约，只要饭店对此予以全部确认，饭店的答复就是合同上所称的承诺，旅行社与饭店之间的合同立即成立并生效。旅行社和饭店都必须遵守合同约定，不得擅自违反合同。

本案例中，饭店对旅行社要求提供客房的本身没有异议，但饭店没有按照旅行社预订24间客房的要求予以回复，而只是答应提供15间客房，饭店的回复属于对旅行社的要约做出了明确的变更，而《合同法》规定，有关对合同标的、数量、质量、履行期限等八项内容做出变更的，被视为是对要约内容的实质性变更。饭店对于提供客房数量做出了实质性的变更，饭店这样的回复就不再属于承诺的范畴，而是新的要约，旅行社应当对饭店发出的新的要约再次作出反应，即是否接受饭店对客房数量的变更。既然饭店给旅行社发出传真（新要约）后，没有得到旅行社的回复（承诺），没有完成合同成立的要约和承诺阶段，旅行社与饭店之间并没有达成提供客房的协议，也就是说旅行社和饭店之间没有合同关系。

3. 既然旅行社与饭店之间合同关系不成立，饭店就没有义务为旅行社提供客房。反之，假如饭店以与旅行社之间的传真为依据，为旅行社预备了24间客房，旅行社最后并没有组织旅游者来住宿，饭店客房闲置一天，造成的损失也只能由饭店自己承担，而不能要求旅行社赔偿经济损失。至于说旅行社在4月份的口头再次确认，由于旅行社不能提供有力证据，证明的确曾经和饭店有过确认，饭店又是矢口否认，旅行社的说法自然不能采信。调解以饭店拒绝赔偿而告终，这也在意料之中，情理之中。最后，旅行社将饭店告上法庭，要求饭店承担赔偿责任。法庭经过审理，以旅行社与饭店合同关系不成立为由，驳回旅行社所有的诉讼请求。

三、旅游企业应当吸取教训

1. 就法律规定和现有书面证据看，饭店能够为旅行社提供15间客房，已是仁至义尽了，假如饭店不为旅行社提供任何客房，由于合同不成立，全部损失仍然应由旅行社自己承担。当然，笔者宁可相信，面对即将到来的黄金周旅游市场，地接旅行社在团队到达饭店前的一段时间，肯定会和饭店再进行确认，具体落实客房，确保饭店不会违约，而不会仅仅凭借一份传真。但由于旅行社业务人员只和饭店达成口头协议，即使饭店违约，旅行社也是无可奈何。

2. 这起纠纷对该旅行社来说是一个教训，对其他企业开展业务也有借鉴意义。一些旅行社在开展业务中，缺乏牢固的书面合同意识，不论与旅游者，还是和组接团旅行社、饭店等协作伙伴之间，总是习惯于电话确认，以口头约定代替书面确认，特别是一些临时变更更是如此。一旦产生服务纠纷，旅行社往往陷入举证困境的局面，时刻承担败诉的风险，这在旅游旺季时表现得特别明显。

总之，从法律层面上看，由于旅行社不能提供与饭店确凿的证据，旅行社不能向饭店提出赔偿主张，损失应当由旅行社自己承担。

购物自费篇

022 为什么说《旅游法》没有禁止旅游购物和自费项目？

相关案例

李先生参加旅游团后，第一件事情就是到旅游主管部门投诉旅行社。据李先生说，在旅游行程中，旅行社的服务还不错，但遗憾的是，旅行社安排了三个购物服务，虽然他本人没有购物，但所了解的是，《旅游法》颁布以后，禁止旅行社安排旅游购物了，所以旅游主管部门应当对旅行社进行处罚。经过旅游主管部门反复耐心的解释，李先生不再提出异议。

相关法律规定

1. 《旅游法》第三十五条规定，旅行社组织、接待旅游者，不得指定具体购物场所，不得安排另行付费旅游项目。但是，经双方协商一致或者旅游者要求，且不影响其他旅游者行程安排的除外。

2. 《合同法》第七十七条规定，当事人协商一致，可以变更合同。

案例分析

《旅游法》颁布后，由于对于《旅游法》的认识不到位，业界及社会大众在不知不觉中形成了一个错误的概念：旅行社不再可以安排旅游者购物和自费项目。事实上，只要研读《旅游法》第三十五条及其相关规定，我们不仅得不出这样的错误结论，相反，只要旅行社严格按照规定操作，安排旅游购物和自费项目依然被有条件允许。

一、《旅游法》禁止安排购物和自费项目的范围

《旅游法》所禁止的旅游购物和自费项目，是指旅行社在组织接待时事先指定的旅游购物和安排自费项目。也就是说，旅行社在刊登旅游广告时，将旅游购物和自费项目纳入其中，向旅游者推荐旅游线路；或者旅行社在和旅游者签订旅游合同时，在旅游行程单中指定旅游购物和自费项目，旅游者要么接受旅游购物和自费项目，要么放弃在旅行社报名参团。在这两种情况下的旅游购物和自费项目，的确被《旅游法》所禁止。但纵观《旅游法》及其相关法律法规，并没有绝对禁止旅游购物和自费项目的法律规定。

二、旅游购物和自费项目必须满足的条件

在旅行社的服务中，只要满足以下两个条件，旅行社就可以安排旅游购物和自费项目：第一，旅行社和旅游者双方协商。不论旅游购物还是自费项目，也不论是旅行社还是旅游者首先提出旅游购物和自费项目，其实质就是双方的协商一致。只要双方协商一致，旅行社和旅游者都可以对旅游合同进行变更。第二，不影响其他旅游者的行程安排。旅行社安排旅游购物和自费项目时，理想的状态是全团所有旅游者都参加旅游购物和自费项目。如果是团队中有少数旅游者不愿意参加旅游购物和自费项目，旅行社及其导游（领队）就必须对这些没有参加旅游购物和自费项目的旅游者做出妥善的安排。

三、何时开始旅游购物和自费项目的协商

何时协商旅游购物和自费项目，法律对此并没有明确的规定。严格地说，只要双方有合同变更的意愿，旅行社和旅游者随时随地可以对旅游购物和自费项目进行协商。在旅行社操作的实务中，双方协商的具体时间大致在三个阶段：第一，旅行社和旅游者签订了旅游合同后，双方在协商的基础上，以签订书面补充协议的形式，来确认双方有关旅游购物和自费项目的协商结果。第二，在旅游合同签订后至行程开始前，旅行社与旅游者协商。第三，在旅游行程中，由导游（领队）和旅游者协商，对旅游合同进行变更，安排旅游购物和自费项目。

四、旅行社和旅游者协商面临的难题

旅行社和旅游者另行协商安排旅游购物和自费项目，对于包团而言，应当

没有很大的难度,旅行社只要和包团的组织者事先协商,要求安排旅游购物和自费项目。而对于散客拼团而言,旅行社的操作就有一定的难度。因为为了保证团队行程更为顺畅,最为理想的结果是,确保全团旅游者都能和旅行社签订旅游购物或者自费项目的补充协议,否则就有影响其他旅游者行程安排的可能性。同时,对于晚上的自费项目而言,只要旅行社先将不参加自费项目活动的旅游者送回酒店,然后再组织其他旅游者进行自费项目活动,应当不存在太多的难度。

023 为什么旅游购物和自费项目不能纳入旅游行程单中?

相关案例

张先生准备参加旅游团,到了旅行社的门市才发现,旅行社把旅游购物和自费项目已经纳入旅游行程单中,旅游者无法选择和协商,要参加旅游线路,就必须无条件地接受这样的旅游行程。张先生向旅游主管部门咨询:按照《旅游法》的规定,旅游购物和自费项目不可以被旅行社纳入旅游行程单中,旅行社如此的操作模式是否合乎《旅游法》的规定?

相关法律规定

《旅游法》第三十五条规定,旅行社组织、接待旅游者,不得指定具体购物场所,不得安排另行付费旅游项目。但是,经双方协商一致或者旅游者要求,且不影响其他旅游者行程安排的除外。

案例分析

《旅游法》颁布的一段时间以来,旅行社组织旅游者旅游活动时,不再有旅游购物和自费服务，经过短暂的调整后，旅行社的操作模式回到了从前。国家旅游局和国家工商总局发布的推荐旅游合同文本中，对旅游购物和自费项目做出了严格的规定，具体表现在旅游购物和自费项目必须以另纸合同的形式出现，而不是被直接纳入旅游行程中。总之，旅游购物和自费项目不能直接被纳入旅游行程单中。

一、观点分歧所在

按照《旅游法》第三十五条的规定，在购物和自费项目的服务中，旅行社不能在旅游广告中出现旅游购物和自费项目内容，如果旅行社这样做，就涉嫌指定购物和自费项目，这个观点没有异议，只有共识。但是，对于旅游购物和自费项目是否能够直接进入旅游行程单，就存在正反两个不同的观点。

在坚持将旅游购物和自费项目直接纳入旅游行程单中的人士看来，这样做并没有违反法律规定。因为从理论上说，即使旅行社将旅游购物和自费项目直接纳入旅游行程单中，在签订旅游合同时，旅游者完全可以和旅行社协商，决定是否参加旅游购物和自费项目。

上述观点貌似有理，但有一个关键要素被忽略，即旅行社的旅游行程单是格式条款。所谓格式条款，是指当事人为了重复使用而预先拟订，并在订立合同时未与对方协商的条款。也就是说，旅游行程单的制定，旅行社事先并没有和旅游者协商，当事人在订立合同时不必协商的格式条款具有不变性、附和性。在订立合同过程中，提供格式条款一方并不与对方就格式条款的内容进行协商，格式条款的内容是不能改变的。

因此，在旅游合同的签订过程中，旅游者要参加旅游团，要么同意格式条款的全部内容，并与旅行社订立合同；要么拒绝接受格式条款的内容，不与旅行社订立合同。不论何种情况，旅游者都不可能与旅行社协商修改格式条款的内容。而在实务中，很少有案例证明，旅行社提供的旅游行程单被协商改变的，尤其是散客拼团中，旅游行程单一定是不可改变的，否则旅游团无法顺利履行。

二、法律特别关注旅行社指定旅游购物和自费项目

由于之前旅游购物和自费项目已经成为旅游纠纷热点，为社会大众所诟病，《旅游法》特别强调旅行社不可以指定旅游购物和自费项目。纵观《旅游法》

全文，对于旅游活动的相关要素，诸如食、住、游等，都没有做出不可以指定的规定，也就是说，旅行社指定住宿饭店、餐饮服务等，只要得到旅游者的事先确认即可，并不需要由旅行社和旅游者双方的协商，从另一个侧面也说明，为什么《旅游法》特别关注旅游购物和自费项目，旅游购物和自费项目的安排必须得到充分的协商，以另纸补充协议的形式而存在，而不是直接纳入旅游行程单中。

《旅游法》有关旅游购物和自费项目的规定，印证了"上帝给你关了一扇门，同时又为你开了一扇窗"的古语，只要通过旅行社和旅游者的双方协商，且不影响其他旅游者的行程，旅行社完全可以安排旅游购物和自费项目，只是在提供旅游购物和自费项目服务时，增加了一些技术难度而已。

三、旅行社必须转型

旅行社对于旅游购物和自费项目感兴趣仅仅是表，而对于从旅游购物和自费项目中获得利益才是里。如果旅行社不能从旅游购物和自费项目中得到回扣等利益，旅行社对于旅游购物和自费项目也就索然无味了。

对于旅行社而言，最为可怕的是，许多旅行社面对当前日益变化的市场经营环境，似乎没有意识到转型升级的重要性，仍然抱着多年的经营模式和习惯，热衷于通过旅游购物和自费项目获取回扣，维持旅行社的生存。事实上，旅行社面对的难题至少有：互联网的冲击、旅游者旅游方式选择的多元化、中央国八条的规定，影响最小的才是《旅游法》的颁布实施。旅行社的经营理念不改变，经营模式不调整，才是旅行社最为致命的软肋。

024 旅游者在行程中购物都应由旅行社负责吗？

相关案例

傅先生参加旅游团，在旅游景点内的一个商场内，对一件玉石工艺品发生兴趣，与店主讨价还价后，以5000元成交。返程后交由当地鉴定中心进行鉴定，得出的结论是普通石头，不是美玉。傅先生把工艺品交给旅行社，要求旅行社退还5000元货款，理由是他参加了旅游团，旅行社就必须为他的购物行为负责，而且《旅游法》也做出了明确的规定。傅先生的理解是否正确？提出退还全额购物费用的主张是否有法律的支持？

 相关法律规定

1. 《旅游法》第三十五条规定，旅行社组织、接待旅游者，不得指定具体购物场所，不得安排另行付费旅游项目。但是，经双方协商一致或者旅游者要求，且不影响其他旅游者行程安排的除外。发生违反前两款规定情形的，旅游者有权在旅游行程结束后三十日内，要求旅行社为其办理退货并先行垫付退货货款，或者退还另行付费旅游项目的费用。

2. 《民法通则》第十一条规定，十八周岁以上的公民是成年人，具有完全民事行为能力，可以独立进行民事活动，是完全民事行为能力人。

 案例分析

一、旅游者在行程中购物分类

旅游者在旅游行程中是否购物、购物多少，都是旅游者的自由，是旅游者个人判断和选择的结果。在旅游行程中的购物，大致可分为两类：第一类是旅行社和旅游者协商后安排的购物。在这类旅游购物中，如果程序和服务不到位，违反了相关的法律规定，旅行社要为此承担民事和行政责任。第二类是旅游者在自由活动或者游览过程中的购物活动。这类购物活动和旅行社的安排没有直接的关系，不能因为随团旅游，也不能因为《旅游法》明确了购物责任，旅游者就要求旅行社承担有关购物的所有的责任。

二、旅行社安排购物要协商

旅行社安排旅游购物，必须要和旅游者协商，并且旅游购物不得被纳入旅游行程中，而是以另纸合同形式出现，签订旅游购物合同应当在旅游合同签订完毕之后，到旅游行程结束之前。核心是旅行社和旅游者的协商一致，否则就是强迫购物，就违反了上述《旅游法》的规定。

三、旅行社安排购物必须诚信

旅行社的诚信，首先体现在安排购物商场必须有合法资质，在工商部门注册备案。其次是旅游商场商品质量达到相关标准，不出售假冒伪劣商品。再次是商场经营人员不虚假宣传，不误导旅游者购物。至于商品的价格，只要符合明码标价原则，可以由购物商场自行定价，不做强行规定。

四、旅行社强迫购物的后果

旅行社强迫或者变相强迫旅游者购物，应当承担民事责任和行政责任。从民事责任方面看，只要有强迫购物，旅行社就必须无条件退还旅游者的购物费用；从行政责任方面看，由旅游主管部门责令改正，没收违法所得，责令停业整顿，并处3万元以上30万元以下罚款；违法所得30万元以上的，并处违法所得1倍以上5倍以下罚款；情节严重的，吊销旅行社业务经营许可证；对直接负责的主管人员和其他直接责任人员，没收违法所得，处2000元以上2万元以下罚款，并暂扣或者吊销导游证、领队证。

五、旅游者在哪些场合购物与旅行社无关

总的原则是，只要不是旅行社和旅游者协商后安排的购物商场，旅游者的购物就与旅行社没有关系。比如旅游者在高速服务区的购物就与旅行社无关，因为服务区的商场并不针对特定的旅游团，而是针对所有途经的乘客；比如旅游者在餐馆内或者餐馆附近的商场购物，与旅行社也无关；比如旅游者在景区内的商场购物，与旅行社没有关系；再比如旅游者在旅游目的地的百货公司或者超市购物，与旅行社也没有关系。

在这些购物活动中，购物行为完全由旅游者自己主导，并不是《旅游法》第三十五条中所涵盖的旅游购物。只要导游在旅游者购物时不存在误导和欺骗的行为，旅游者认为这些商场的商品价格高，或者质量差，要求旅行社退还购物费用，都缺乏法律依据，即使要求旅行社协助退货，旅行社也可以委婉拒绝。

025 纯玩团就不可以有旅游购物和自费项目吗？

相关案例

某旅行社刊登广告，声称组织纯玩团，行程中不再安排旅游购物活动，也不安排自费项目。章女士交纳了较高的旅游团款，按时参加了该旅游团。在实际的旅游行程中，地陪并没有像组团社宣称的那样，仍然向旅游者推荐旅游购物，推荐后效果并不明显，就明确要求每一位旅游者必须参加购物，否则就停止后续的服务。章女士无奈参加了旅游购物，但在结束行程后，要求组团社承担违约责任，并按照合同约定承担赔偿责任。

案例分析

纯玩团是否可以增加购物和自费项目话题的提出，似乎很是荒谬，既然是纯玩团，就意味着在旅游行程中，除了严格执行旅游合同外，保障旅游者参加景区的游览活动，不再有额外的旅游购物和自费项目安排。这样的理解是否准确值得探讨。

一、旅游法律法规没有简单地禁止旅游购物和自费项目

截至目前，我国的法律法规，包括《旅游法》都没有禁止旅游购物和自费项目，法律所禁止的是强迫购物和强迫自费项目。只要通过双方协商，只要协商的内容没有违反法律强制性规定，都可以进行各项民事活动，当然也包括旅游购物和自费项目。

二、旅行社不得在行程中建议增加旅游购物和自费项目

所谓的纯玩团，首先是在旅行社组织的旅游线路中，没有旅游购物和自费

项目的安排，整个行程以游玩为主；其次，在整个旅游行程中，旅行社不再主动向旅游者提出或者提议，增加旅游购物和自费项目，因为这是旅行社事先对于旅游者的承诺。该承诺在旅行社的广告中和旅游合同中都已体现，旅行社在行程中再向旅游者提议增加购物和自费项目，就是对自己承诺的违反。这是纯玩团和一般团队有关旅游购物和自费项目操作本质的区别。

三、旅游者可以向旅行社提出增加购物和自费项目

旅游购物和自费项目活动，出资方是旅游者，利益最直接的相关者是旅游者，旅游者可以根据自己的需求参加纯玩团，是对于旅行社提供的产品选择的结果，并没有违反法律禁止性规定。虽然参加了纯玩团，但并没有因此约束旅游者选择参加旅游购物和自费项目的权利，只要旅游者愿意并和旅行社协商，就可以参加旅游购物和自费项目。

四、旅行社在旅游者选择购物和自费项目中的注意事项

首先，旅行社不能误导、诱导甚至是威逼利诱旅游者参加旅游购物和自费项目，旅游者有自主选择权。其次，对于旅游者选择的购物和自费项目，旅行社必须诚信以待，不能弄虚作假。再次，要确保旅游者的人身财产安全，尤其是自费项目。旅行社不能因为是自费项目，就认为可以拒绝为旅游者提供安全保障。最后，旅行社不能从中收取回扣（这是旅行社最难以做到的，收取回扣也是旅行社愿意组织购物和自费项目的原动力）。

五、参加购物和自费项目必须有双方的书面约定

纯玩团增加旅游购物和自费项目，本质上仍然是旅游合同变更，旅行社应当与旅游者签订书面的变更合同。在书面合同中要特别强调，旅游购物和自费项目由旅游者提出，而不是旅行社提出，然后要强调经过双方协商。旅行社在合同中还需要和旅游者约定，旅行社为旅游购物和自费项目提供服务的必要支出由旅游者承担，并妥善安排没有参加旅游购物和自费项目的旅游者。

因此，不能简单地说，纯玩团可以有旅游购物和自费项目，还是绝对禁止旅游购物和自费项目，而是应当按照法律规定的要求，结合纯玩团的实际，只要旅游者提出需要旅游购物和自费项目，旅行社就应当妥善合理地安排旅游购物和自费项目。

026 为什么自费项目被取消后旅行社仍然需要承担责任？

相关案例

据媒体报道，《旅游法》实施后，重庆谭先生等旅游者参加了旅行社组织的希腊+德法意瑞15日游。在他们的旅游合同附件中，将"法国塞纳河游船、凡尔赛宫、夜游巴黎等7个项目，瑞士琉森湖游船、铁士力雪山等4个项目，意大利比萨斜塔、贡多拉游船等5个项目，德国莱茵河游船"共计17个项目，约定为本次旅游的另行付费项目。在实际操作中，领队不同意安排谭先生等旅游者参加原约定的另行付费项目。行程结束后，谭先生等旅游者提出旅行社要就"补游"这些自费项目的费用承担赔偿，包括：往返机票费用（8000元）、住宿费（1845元）、餐费（410元）、签证费（1000元）、交通费（2460元）、误工费（870元）等，合计每人14585元。协商破裂后，谭先生向人民法院提起民事诉讼。

相关法律规定

1. 《最高人民法院关于审理旅游纠纷案件适用法律若干问题的规定》第十七条规定，旅游经营者违反合同约定，有擅自改变旅游行程、遗漏旅游景点、减少旅游服务项目、降低旅游服务标准等行为，旅游者请求旅游经营者赔偿未完成约定旅游服务项目等合理费用的，人民法院应予支持。

2. 《合同法》第一百零七条规定，当事人一方不履行合同义务或者履行合同义务不符合约定的，应当承担继续履行、采取补救措施或者赔偿损失等违约责任。

3. 《旅游法》第七十条规定，旅行社不履行包价旅游合同义务或者履行合同义务不符合约定的，应当依法承担继续履行、采取补救措施或者赔偿损失等违约责任；造成旅游者人身损害、财产损失的，应当依法承担赔偿责任。旅行社具备履行条件,经旅游者要求仍拒绝履行合同,造成旅游者人身损害、滞留等严重后果的,旅游者还可以要求旅行社支付旅游费用一倍以上三倍以下的赔偿金。

案例分析

一、纳入合同中的自费项目的性质如何认定

和已经纳入旅游行程的服务项目相比,自费项目与其唯一的不同,就是旅游者交纳旅游服务费用方式的不同。自费项目费用的交纳,一般有两种方式,第一种方式,在旅行社门市签订旅游合同时,就自费项目内容再行约定,费用直接交给组团社,或者约定费用交给地陪,甚至直接交给服务供应商。第二种方式,在旅游行程中,由旅游者和导游或领队自行协商约定,自费项目的费用交给导游或领队。交纳费用方式的不同,时间的先后,仅仅是交费方式的不同,都不影响自费项目合同的成立和生效。只要有约定,自费项目就不可以随意取消,擅自取消自费项目与擅自取消合同约定的行程,具有同等性质,承担的法律后果也应当相同。

旅游合同是一个较为宽泛的概念,就民事部分来说,只要双方就旅游权利和义务达成协议,不论该协议是口头的、书面的、电子数据的还是其他形式的,都是旅游合同的形式。旅游合同书当然是旅游合同,旅游行程单、温馨提示等也是旅游合同的主要组成部分,这些有形可见的合同形式,只要双方签字确认,对于双方当事人都有约束力,不得随意违反,更不能随意取消,否则,违约方就要承担违约责任。

因此,在旅游合同的附件中约定了自费项目,只要旅游者和旅行社双方签字确认,或者旅游合同书中明确,旅游附件作为旅游合同的组成部分,或者即使没有双方的签字确认,旅行社和旅游者仍然认可,旅游附件是旅游合同的组成部分。在这种情况下,旅游合同附件约定的自费项目,等同于旅游合同本身的约定,旅行社和旅游者都不得违反,即旅行社有义务为旅游者的自费项目提供服务,旅游者也必须按照约定参加自费项目。在上述案件中,旅行社擅自取消自费项目,显然是违反了旅游合同的约定,应当为此承担违约赔偿责任。

二、旅行社拒绝自费项目的理由是否成立

在历年来旅游投诉和诉讼的受理中,矛盾焦点是旅游购物和自费项目,是

旅游者认为旅游购物和自费项目过多，或者是被强迫旅游购物和参加自费项目。而这次的诉讼焦点，竟然是旅游者为了自费项目被取消而来，这个现象很有意思。故此被媒体称为《旅游法》实施后的旅游第一案。

据报道，旅行社最终拒绝为旅游者提供自费项目服务，主要原因是，领队认为《旅游法》于10月1日正式实施，国家旅游局已经通知，团队返程时间在10月1日以后的旅游团，均需按《旅游法》的相关规定运作。事件发生后，有关旅行社向部分旅游者表示了歉意，承认对《旅游法》的理解有误。

旅行社拒绝为旅游者提供自费项目服务的理由是否成立？上述关于自费项目的性质分析，已经明确旅行社拒绝服务的理由不成立。旅行社之所以会擅自取消自费项目，核心问题有两个：

一是旅行社对于自费项目的性质认识有误。许多旅行社认为，自费项目并不是旅游合同的组成部分，是处于附属地位，甚至会通过少数服从多数的方式，来决定是否参加合同已经约定的自费项目。似乎是否为自费项目提供服务，完全由旅行社主导，和旅游者没有关系。这是旅行社认识上的问题。

二是旅行社对于《旅游法》的误解。《旅游法》颁布以来，一直有一个强烈的声音在媒体反复出现，2013年10月1日以后，旅行社服务不再包括旅游购物和自费项目服务了。旅行社也是人云亦云，没有认真研究《旅游法》第三十五条的含义。其实，包括《旅游法》在内的所有法律法规，从来没有禁止旅游购物和自费项目，《旅游法》规范了旅游购物和自费项目，为购物和自费项目设置了一些条件而已。旅行社要为没有领会《旅游法》的精髓付出代价。

三、旅行社应当承担的法律后果

1. 民事责任　旅行社面临的民事责任，主要是对旅游者做出经济赔偿。和上述案例相似的，就是2007年上海基层法院也判决过一个所谓"补游"的纠纷，所不同的是，上海案例中旅行社拒绝的两个景点服务是合同中的常规项目，旅游者现场要求旅行社提供服务被拒绝。诉讼的结果是，旅行社给旅游者的赔偿总额是2400元，而旅游团款总计是4400元，赔偿额度为总团款的54.55%。

结合我国法律规定，首先，旅行社拒绝提供自费项目的行为属于违约的性质，是毫无疑问的，不需要再争议。其次，旅游者提出的"补游"也是不合适的，虽然旅游者没有提出"补游"这个概念，但其赔偿请求等同于"补游"。

再次,《最高人民法院关于审理旅游纠纷案件适用法律若干问题的规定》第十七条明确规定,旅游经营者违反合同约定,旅游者请求旅游经营者赔偿未完成约定旅游服务项目等合理费用的,人民法院应予支持。

关键问题之一,是法官如何理解"合理费用",这给法官一个较大的自由裁量空间。国家旅游局的有关规定也参照了这个类似的表述。但无论如何,旅行社的赔偿额度不会低,旅行社原有的门票双倍赔偿的观念肯定不合时宜。法官一方面要考虑"补游"的不现实与不可行,另一方面要考虑旅游者的实际损失,如果再次旅游必须支出的费用,可能会要求旅行社承担的费用,包括往返机票等交通、住宿、门票、餐饮、签证等费用,这个费用以团队游形式计算,而不是以散客游形式计算,这些费用应当被看成是所谓的"合理费用",但不至于高于旅游者交纳的旅游团款,最后结果当然要等待法院的判决。

关键问题之二,是对《旅游法》第七十条规定的理解。如果法官认为旅行社具备履行条件,经过旅游者请求仍然拒绝,给旅游者造成了滞留(旅游者诉状中提及滞留),赔偿金就会高于旅游者的诉求,原告律师到时候按照该规定变更诉讼请求也难说。当然,笔者不赞同旅游者滞留这个观点。这里所谓滞留,有特定的含义,是指团队行程按照约定应当结束,但由于旅行社的直接原因,导致旅游者不能按时返程。该团队不存在这个现象,因此,不是团队的滞留,是服务的瑕疵。

2. 行政责任　在法院判决赔偿的同时,旅游主管部门要根据法律法规的规定,对旅行社服务行为的正当性予以审查,对旅行社经营中存在的所有违法违规行为予以行政处罚,不论旅游者是否投诉和举报。旅游主管部门审查以下几个方面的内容:

第一,书面旅游合同是否签订?旅游合同签订是否规范?从报道中可以看出,书面旅游合同显然是签订了,但旅游合同内容是否完备和规范需要得到印证。如果书面旅游合同缺项,不完备,旅游主管部门应当根据《旅行社条例》第五十五条的规定予以行政处罚。

第二,旅游合同的转让是否征得旅游者的书面同意?旅行社转让旅游者,让其他旅行社履行包价旅游合同义务,必须征得旅游者的书面同意。重庆旅行社组团,最终由北京一家旅行社操作,是典型的旅游合同转让。如果没有征得旅游者的书面同意,旅游主管部门必须按照《旅游法》第一百条的规定,对旅行社予以行政处罚。同时,如果旅行社没有征得旅游者的同意,擅自转让旅游者,根据国家旅游局《旅行社服务质量赔偿标准》第五条的规定,旅行社未经旅游者同意,擅自将旅游者转团、拼团的，旅行社应向旅游者支付旅游费用总额25%的违约金。

第三，旅游者反映的擅自取消自费项目是否属实？上文已经论述，擅自取消自费项目属于违约行为，需要承担擅自取消合同约定项目同等的法律责任。如果旅行社擅自取消自费项目行为属实，旅游主管部门必须根据《旅游法》第一百条的规定，对旅行社实施行政处罚。

027 旅行社是否可以组织购物一日游？

相关案例

一些旅行社向旅游主管部门咨询：由于《旅游法》禁止将旅游购物纳入旅游行程中，旅行社常规组织的购物游线路是否可以再继续进行，旅行社一直是举棋不定，弃之可惜，食之焦虑。希望得到旅游主管部门的明确说法。

案例分析

一、购物一日游的内涵

按照字面理解，旅行社安排的所谓购物一日游，旅行社除了为当地市民提供交通服务外，还要为市民提供购物服务甚至是导游服务，总之，旅行社要为市民提供全方位的服务。而按照目前旅行社操作的购物一日游模式，并不是真正意义上的购物一日游，而是旅行社根据自身条件，结合当地市民的需求，为当地市民前往某个购物场所提供相关的服务，和购物一日游没有直接的关联性。旅行社为当地市民提供定期的交通服务，将当地市民从居住地送到购物商场所在地，至于市民是否购物、购物多少、商品质量、购物纠纷等，都是由市民和商家协商决定，和旅行社没有任何关系。

最为典型的是浙江省某旅行社提供的义乌购物一日游、海宁皮革城购物一日游、诸暨珍珠购物一日游，无不如此，旅行社提供的服务仅仅是交通工具，旅行社和当地市民约定前往购物目的地的时间和地点、返回出发地的时间和地点。因此，旅行社在购物一日游中起到的作用，就是为当地市民提供往返接送的单项服务。但由于当地市民是冲着购物商场而去，购物目的明确，旅行社的服务为购物商场提供了商机，商场会为旅行社提供一些资金的赞助和奖励。

二、购物一日游的合同关系

旅行社为当地市民提供交通服务，并不涉及其他，旅行社和当地市民之间形成了较为清晰的单项委托服务合同关系，而不是包价旅游合同关系。因而，旅行社对于当地市民承担的义务和责任就较为简单。

1. *旅行社应当承担的义务* 既然旅行社提供的是单项服务，就必须对单项服务本身进行监控。在所谓购物一日游中，旅行社应当承担的义务，就是对旅游车和驾驶人员资质的审核，比如对于旅游车的营运资质、年检资质、车辆保险、驾驶员资质等有严格的书面审核，确保旅行社履行安全保障义务。只要做到了这些，旅行社也就大致尽到了义务。同时，旅行社还必须对商场的合法资质进行审查。至于旅行社是否有义务提醒市民谨慎购物等，并不是旅行社的法定义务，为市民做一些适当提醒也未尝不可。

2. *旅行社应当承担的责任* 单项委托服务，要求旅行社就单项服务承担责任，即只要旅行社提供的交通工具运行良好，驾驶员严格按照规定开车，不损害市民的权益即可，市民在购物期间的行为及权益受损和旅行社无关。如市民在购物商场的整个行程、购物行为、是否购买了假冒伪劣商品、价格是否合适、市民在购物商场是否有纠纷等，都在旅行社提供的服务范围之外，和旅行社没有关系。只要旅行社按照约定提供并履行了往返交通服务，旅行社的任务即告完成，也就完整履行了合同约定的义务。

三、旅行社旅游广告的发布注意事项

旅行社在媒体发布所谓购物一日游广告时应当特别慎重，不能随意将这样的活动命名为"购物一日游"。旅行社发布广告时，以提供定期交通工具前往某个目的地的广告为宜。因为旅行社提供的实际服务为单项委托，但如果发布的广告为购物一日游，从广告的直观效果看，旅行社组织的是包价旅游，而不是单项服务。如果是这样，旅行社就必须为市民在所谓的购物一日游整个过程中的损害承担责任，只要市民能够证明旅行社提供的车辆、商场的软硬件服务等存在瑕疵或者过失，旅行社就有承担赔偿的责任风险。

总之，旅行社可以组织所谓的购物一日游，但旅行社必须特别注意广告的发布，广告标题必须与其实际提供的服务内容相匹配，才能避免旅行社承担莫名的责任，这必须引起旅行社业界的注意。

028 商品质量低劣应当由谁承担举证责任？

相关案例

李女士参加旅游团，在其他旅游者购物气氛的感染下，也积极加入到旅游购物中，先后购买了金器、玉石等贵重物品。一年后发现所购商品质量低劣，要求旅行社退货，旅行社以时间过长、商品质量没有被鉴定为由拒绝。李女士要求旅游主管部门给个说法。

案例分析

与旅游商品价格高投诉一样，经常有旅游者为旅游商品质量而投诉。旅游者投诉商家所售商品为假冒伪劣，要求旅行社赔偿或者退货。从法律角度看，旅游者要求旅行社退货的行为，事实上是一个很复杂的法律问题。

一、法律规定不明确

截至目前，我国国家层面的法律法规尚未对旅行社在旅游购物纠纷中承担的角色做出明确定位，也就是说，对商家出售的商品属于假冒伪劣，旅行社是否应当承担责任、承担多大的责任都没有规定。仅仅因为旅行社带领旅游者前往购物，就把假冒伪劣商品与旅行社联系在一起显失公平，除非旅行社与商家联手欺骗旅游者。有些地方性法规规章却有明确规定，商家出售假冒伪劣商品，旅行社负有先行赔偿或者协助退货的义务。

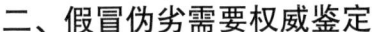

二、假冒伪劣需要权威鉴定

一些旅游者经常会说，我的金器或者玉石是经过某专家或者老师傅看过，他们说是假的，所以要求旅行社退货。其实，单凭专业人士个人判断，很难得出权威的结论，这样的证据没有任何法律效力。如果旅游者提出商品的质量有问题，按照"谁主张谁举证"原则，是否为假冒伪劣商品，应当由旅游者提供相应证据，即旅游者提供国家认可的权威鉴定部门的鉴定意见，来证明商品是否属于假冒伪劣，否则就是举证不能，旅游者将承担不利于自己的后果。

三、旅游者必须保存正规的购买凭证

旅游者购买商品，必须保留相关的购物凭证，以证明该商品的确从这家而不是另一家商家购买，购物凭证是旅游者和商家买卖合同的重要依据。如果没有购物凭证，只要商家不认可，旅游者要求商家退货的理由就不成立。因此，旅游者要维权，首先必须保留购物凭证，而事实上有许多旅游者对此并不关注，甚至没有向商家索要购物凭证，导致维权时证据不足，在受理投诉中经常遇到此类旅游者，最后只能望洋兴叹。

四、购物凭证必须填写规范

旅游者向商家索要购物凭证，只是保护自身权益的第一步，仅仅只有购物凭证，也不能完全解决维权的问题。旅游者不仅需要索要购物凭证，还必须要求商家完整清晰地填写购物凭证。有些商家出示的凭证要么语言不详，要么含糊其辞，比如只是填写"金器"、"玉石"，甚至是"工艺品"等。商品名称如此填写，对于旅游者的维权毫无意义，因为只要该商品是金器、玉石，旅游者就不能提出任何异议。所以，商品的品名、品质、等级都应当有详细的文字说明，否则对旅游者不利。

五、旅行社的注意事项

虽然法律没有规定旅行社的退货义务，但旅行社还是应当做好一些服务工作。同时，既然商家是旅行社和旅游者协商确定，且由旅行社带入商场，旅行社仍然应当承担一定的义务，比如旅行社有选择合法且信誉较好的商家的义务，如果旅行社和商家联手欺骗旅游者，旅行社就需要承担退货的责任。旅行社还应当与商家签订书面合同，明确商家的权利和义务，约定如果商品质量低下，商家允许旅游者退货，给旅游者造成损失的，还要承担赔偿责任。

029 商品价格高是否可以成为旅游者退货的理由？

相关案例

王先生到旅游主管部门投诉，要求旅行社帮他把在旅游购物商场购买的商品退掉，理由很简单，就是他买了商品后，发现同类商品在别的商场价格更低，他觉得吃亏了。这个商场是旅行社带他去的，旅行社就应当负责。由于和旅行社协商退货不成，就要求旅游主管部门介入，责成旅行社帮助退货。旅游者提出的要求到底是否合理？

相关法律规定

《价格法》第十三条规定，经营者销售、收购商品和提供服务，应当按照政府价格主管部门的规定明码标价，注明商品的品名、产地、规格、等级、计价单位、价格或者服务的项目、收费标准等有关情况。经营者不得在标价之外加价出售商品，不得收取任何未予标明的费用。

案例分析

此类投诉常常发生在老年旅游者身上，旅行社有时实在难以抵挡旅游者的纠缠，最后不得不做出妥协。旅行社当然可以灵活处理，但从法律层面说，仅仅因为价格高，要求旅行社帮助退货缺乏依据。

一、从《价格法》的相关规定分析

按照《价格法》的规定，我国价格规范分为三大类，即政府定价、政府指导价和市场调节价，旅游行业价格属于市场调节价范畴，旅游企业可以根据自身经营需要和市场需求，自主决定服务价格，例如旅行社线路的价格、饭店客房价格、餐饮价格、旅游商品价格等，都实行市场调节价。所以，只要是市场调节价的商品，即使在同一城市，同类商品的价格也无法整齐划一，必定有高低之分，这属于正常现象。

二、价格主管部门监管商场制定价格的行为，但不针对价格高低本身

若商家制定商品价格，做到明码标价，将商品的相关信息，包括商品的品名、产地、规格、等级、计价单位、价格或者服务的项目、收费标准等有关情况事先明确告知旅游者，由旅游者自主决定是否购买商品、自助选择商品，商家就不存在过错。至于商品价格的多与少、高或者低，都由商家自己根据经营需要自行确定，是完全的企业经营行为。同时，这是一个物质相对丰富的买方市场，商家会根据市场需求确定价格。如果商家不明码标价，其行为就违反了相关的法律，应当由价格主管部门进行查处。

三、商家不可以强迫旅游者购物

旅游购物的实质，就是旅游者和商家之间形成了买卖合同关系，经过旅游者和商家的协商和谈判，最后由旅游者决定是否购买商品、购买多少商品。这些行为都是旅游者和商家的自觉自愿行为，符合法律规定，其买卖行为受法律保护。如果商家强迫旅游者购物，则另当别论，商家不仅要退还旅游者的购物款项，赔偿旅游者的经济损失，还要受到相关部门的行政处罚。

四、旅游者要为自己的买卖行为负责

旅游者作为完全民事行为能力人，要为自己的行为负责任，包括旅游行程中的购物行为和其他消费行为。旅游者是否购买商品是出于旅游者的自我判断，既不能因为别的旅游者购买了商品，自己就跃跃欲试，冲动购物，也不能因为看到别的商场有同类商品，且价格较低，就要求退货。商品是否真的属于同类、旅游者的比较是否科学、两个商家的经营成本是否相同等问题，都不是能够简单类比的。即使两个商家可以做类比，商品的价格也未必应当千篇一律。旅游者以价格不一为由要求退货，与法律有关民事行为能力的规

定不相吻合。

五、旅行社是否应当协助退货

旅行社带旅游者购物，是基于旅游合同的约定或者旅游合同的变更，是旅行社和旅游者协商一致的产物。如果商家经营资质齐全、没有强迫旅游者购物、没有价格欺诈、没有强迫购物，旅游者和商家之间的买卖合同就和旅行社无关。在此前提下，我们认为，如果仅仅是因为旅游者觉得价格高，旅行社没有帮助旅游者退货的义务，因为旅游者要求退货的理由不充分。当然，商家诚信经营、规范经营是减少购物纠纷发生的一个关键所在。

030 旅游者认为强迫消费，为什么需要旅行社承担举证责任？

相关案例

张先生参加了某旅行社组织的出境旅游团，行程结束后立即到旅游主管部门投诉旅行社强迫自费。旅游主管部门要求旅行社提供证据，证明强迫自费不存在，否则将承担民事责任。旅行社积极配合旅游主管部门的调查核实，同时提出疑问。按照"谁主张谁举证"原则，既然旅游者提出强迫自费的主张，为什么不是旅游者而是旅行社需要证明没有强迫自费的举证责任呢？

相关法律规定

1.《合同法》第八条规定，依法成立的合同，对当事人具有法律约束力。当事人应当按照约定履行自己的义务，不得擅自变更或者解除合同。依法成立的合同，受法律保护。

2.《合同法》第七十七条规定，当事人协商一致，可以变更合同。

3.《最高人民法院关于民事诉讼证据的若干规定》第五条规定，在合同纠纷案件中，主张合同关系成立并生效的一方当事人对合同订立和生效的事实承担举证责任；主张合同关系变更、解除、终止、撤销的一方当事人对引起合同关系变动的事实承担举证责任。

 案例分析

在民事纠纷处理中，"谁主张谁举证"是人人皆知的原则，在旅游纠纷的处理中也不例外。通常情况下，旅游者向旅游主管部门投诉，如旅行社降低服务标准等，要求旅行社承担赔偿责任，旅游者需要向旅游主管部门提供相应证据，否则旅游者承担不利后果，该投诉主张难以得到支持。但在一些特殊情况下，旅游者提出投诉请求后，并不需要提供强有力的证据，证明责任反而要由旅行社承担，有点类似于举证责任倒置，上述案例出现的情况即为一例。举证责任如此分配，依据何在？如此分配举证责任，是否对旅行社不公平？

一、自费项目的性质

旅游行程中增加自费项目，不外乎两种方式：一种是经过旅行社和旅游者双方协商，对原有旅游合同做出变更，即对原旅游合同中约定的服务内容做出调整，这种方式是法律许可的。另一种方式，旅行社强迫或者变相强迫旅游者参加自费项目，这种方式被法律所禁止。不论何种方式，结果都是原旅游合同的约定和实际服务内容不一致，协商一致的为合同变更，另一种情形就是强迫消费。

按照《旅游法》、《合同法》等相关规定，旅游合同一经签订，旅行社与旅游者双方当事人必须严格遵守合同约定，履行各自的义务，实现各自的权利；合同内容需要做出变更和调整的，必须经过双方的协商一致。旅游行程中增加后者减少服务项目，就应当在双方当事人协商一致的基础上进行，否则擅自变更或者调整的一方将承担法律责任。

二、举证责任的承担

张先生提出旅行社强迫旅游者自费的主张，就是强调参加自费项目是旅行社的擅自行为，而不是双方协商一致的结果，该行为不是对旅游合同内容的变更；而旅行社则认为，旅游者参加自费项目，出于旅游者和旅行社协商，是旅游合同内容的变更,并不是旅行社强迫的结果。

这里就涉及举证责任承担的问题。究竟是由旅行社来承担举证责任,还是由旅游者来承担举证责任,关系到各自权利的保护。对照上述法律规定,既然旅行社认为旅游者参加自费项目是处于双方协商一致的结果,实质上就是旅行社主张旅游合同关系变更,旅行社对引起旅游合同关系变动的事实承担举证责任,举证责任由旅行社来承担,而不是由旅游者来举证旅行社强迫自费行为。虽然该主张是旅游者提出的。假如旅行社不能提供证明自费项目是协商一致的结果,就推定旅行社强迫旅游者参加自费项目,旅行社就必须退还旅游者交纳的自费项目的费用,并承担相关行政责任。

三、旅行社如何做好举证工作

既然强迫消费的举证责任应当由旅行社来承担,旅行社在日常操作中,就必须做好以下工作。首先,旅行社要强化合同意识。对从业人员,尤其是对导游和领队人员进行教育培训,将遵守合同约定的意识灌输于旅游服务全过程,防止随意变更合同行为的发生。其次,旅行社要强化证据意识。如果旅游行程需要做出调整,旅行社要事先征得旅游者的书面同意,而不是口头同意,很多案例告诉我们,口头约定同意的最后结果是旅行社赔钱,因为仅有口头约定,旅行社的举证会十分困难。如果不能得到旅游者的书面同意,旅游合同就不能变更,旅行社必须严格按照合同约定提供服务,否则一旦产生纠纷,旅行社难逃责任。

031 旅游者无条件退货真的无条件吗?

相关案例

王小姐向旅游主管部门投诉,反映旅行社不信守承诺,在合理期限内不为她办理退货手续。经过了解,王小姐的确要求旅行社帮助其退货,因为购物商场可六个月内无条件退货,但王小姐的商品磨损较为严重,无法退货。所以,商家的无条件退货,真的没有任何附加条件吗?

案例分析

一、无条件退货的含义

所谓无条件退货,并不是法律规定,而是一些商家为了吸引旅游者前来购物的促销手段,如中国香港地区等,针对团队旅游者做出的特别承诺。只要在一定期限内,只要旅游者对所购商品不满意,就可以"无条件"退货。旅游购物无条件退货,是商家对旅游者的承诺,表明对所售商品品质的自信,其出发点是鼓励旅游者大胆放心购物,而不是真的希望旅游者反复退货。所以,无条件退货是商家的一种态度、一种保证、一种促销手段、一种营销策略。而这些所谓无条件退货,并不是真的绝对无条件,旅游者需要退货,仍然需要办理相关手续。

二、无条件退货并不是绝对无条件

旅游者要退还所购的商品并不是人们简单想象的那样简单,可以不附带任何条件,随意要求商家退货。商家所说的无条件是相对的,不是绝对的,要退货当然还是有条件。以上述案例为例,所谓的无条件退货,至少还需要满足以下几个条件,旅游者才能顺利退货:

1. 旅游者必须在一定的期限内提出退货　商家承诺6个月内可以无条件退货,本质上是商家提出的附条件合同,只有满足这个条件,商家的承诺才可以兑现。因此,旅游者如果对所购商品不满意,必须在购买之日起6个月内提出退货的请求,超过期限,商家概不受理。如果旅游者坚持提出退货,商家受理,实际上就是损害了商家的正当利益。

2. 旅游者必须确保商品不影响第二次销售　也就是说,旅游者不能损害所购商品的质量,例如商品没有被磨损等,如果商品被旅游者消耗或者损坏,旅游者就不能提出退货要求。同时,商家还要求商品外包装完好无损,这也是不影响第二次销售的组成部分。因为商家不可能为旅游者的行为买单,旅游者所退商品,商家还会用于出售。

3. 旅游者必须提供购货凭证　购货凭证是旅游者与商家存在买卖合同关系的重要凭证,所购商品本身并不能说明与特定的商家有合同关系。因此,旅游者必须提供所购商品的购物凭证,证明该商品出自这个商家,否则商家也不会受理。这就要求旅游者在购物时，一定要向商家索要购物凭证，为日后商品维修和维权做好基础性的工作。

4. 可能还涉及一些费用　旅游者要退货，可能会相应产生一些费用。如果旅游者通过刷卡购物，由于有刷卡手续费的产生，商家就会要求旅游者来承担；如果商品有损耗，商家就会要求旅游者承担一定数额的损耗费等。只要商家合情合理地提出，旅游者就不能拒绝。

三、旅游者应善意地利用退货规则

旅游者在慎重购物，尤其是慎重选购贵重物品的同时，要善意地利用无条件退货的规定，而不能利用规则钻空子，如妥善保管和使用所购商品，属于自己使用不当造成的损失，不能要求商家退货；超过期限的商品也不能退货等。旅游者自身有过错或者疏忽，达不到无条件退货的条件而强行要求退货，就属于非善意。

四、导游和领队必须履行职责

除了旅游行前会的说明外，在带领旅游者参加购物时，导游和领队有义务告诉旅游者无条件购物的要求，不能简单地告诉旅游者，在某某地购物不满意就可以无条件退货，而是要向旅游者解释退货的条件。如果没有详尽地做出说明，就有误导旅游者购物之嫌。

032 为什么旅行社举证以书面形式最为合适？

📄 相关案例

林先生全家参加了旅行社组织的出境旅游，旅游行程中的服务总体还可以，唯独导游不断地向旅游者推荐自费项目，要求旅游者必须参加每人1000元的自费项目，这让李先生感到很反感。虽然最后每人只参加了500元的自费项目，但并非出自李先生等人的意愿，回到家里后，李先生还是向旅游主管部门投诉，要求旅行社退还自费项目的费用。旅行社回应说，旅游者并没有反对参加自费，旅游者要求退款依据不足，李先生要求旅行社出示他同意参加自费项目的证据，旅行社说只有口头协议。

相关法律规定

1.《合同法》第七十七条规定，当事人协商一致，可以变更合同。

2.《旅游法》第三十五条规定，旅行社组织、接待旅游者，不得指定具体购物场所，不得安排另行付费旅游项目。但是，经双方协商一致或者旅游者要求，且不影响其他旅游者行程安排的除外。

3.《最高人民法院关于民事诉讼证据的若干规定》第五条规定，在合同纠纷案件中，主张合同关系成立并生效的一方当事人对合同订立和生效的事实承担举证责任；主张合同关系变更、解除、终止、撤销的一方当事人对引起合同关系变动的事实承担举证责任。

案例分析

一、协商与否成为核心

自费项目的增加、购物店的增加，或者其他服务项目的增减，这是旅行社服务中经常出现的现象，不能简单地说这种现象好还是不好、对还是不对，关键要看旅游行程和服务变动的程序是否合法，提出变动的一方是否诚信。只要是旅行社和旅游者双方协商一致，就是旅游合同变更，就符合法律规定，应当受到法律的保护。相反，如果不经双方协商，是旅行社或者旅游者单方行为，属于擅自行为，就不符合法律规定，擅自变动的一方应当对产生的后果承担责任。

二、协商一致的表现形式

按照《合同法》的一般规定，签订合同、合同变更的形式既可以是书面形式，也可以是口头形式和系统形式，《旅游法》仅仅要求包价旅游合同是书面形式。因此，从理论上说，旅行社和旅游者就自费项目、购物等达成新的协议，可以根据需求，采用书面形式或者口头形式，并不是说书面形式是唯一的形式。

笔者认为，旅行社增加自费项目和购物时，采用书面形式最为合适，主要是因为旅游者就增加自费项目和购物投诉后，如果不是书面形式，旅行社举证会很困难，面临不利后果。

三、是否擅自增加自费项目的举证方为旅行社

根据《最高人民法院关于民事诉讼证据的若干规定》第五条的规定，当旅游者提出旅行社擅自增加自费项目、强迫旅游者消费时，举证责任方是旅行社。旅行社提供证据证明，增加自费项目是出自双方的协商，而不是旅行社的擅自行为。如果旅行社不能充分证明增加自费项目是协商一致的结果，就可以反推旅行社强迫旅游者参加自费项目。这样的结果是旅行社难以承受的：全额退还旅游者交纳的自费项目费用；违法的旅行社接受旅游主管部门的行政处罚。

四、为什么说书面形式最合适

书面形式最适合作为证据，证明旅行社增加自费项目、购物店，或者增加服务项目，是经与旅游者协商的，不是旅行社的单方擅自行为，最主要的原因是，书面证据的有形性，可以直接呈现出来。而不像口头那样，一方当事人不承认有过协商，另一方当事人就无计可施，这在我们旅行社服务纠纷处理时常看到的一幕。所以，为了确保旅游投诉处理的效率，尤其是为了保障合同当事人双方的合法权益，当旅游服务项目有变动时，应当采用书面形式，固定旅行社和旅游者协商的结果，而不仅仅是靠口头的君子协定。

五、纸质书面形式最为简便高效

毫无疑问，纸质形式是传统的书面形式，但随着科技的进步，书面形式的外延和内涵都有了质的飞跃。现在所谓的书面形式，不仅包括纸质的书面形式，还包括以电子合同为代表的电子数据形式，比如录音、录像等。从处理纠纷便捷高效性看，纸质形式仍然是最为直观高效的形式，比电子合同、录像、录音仍然具有较多的优势，采用电子数据形式，需要一定的时间和精力，来解决实名论证的问题。因此，纸质合同，对于以后处理纠纷，仍是首选。

033 如何全面准确理解《旅游法》第三十五条规定？

相关案例

《旅游法》颁布以来，旅行社对其中第三十五条多持批评和抵触的态度，甚至认为该法条的实施，将导致旅行社出现无购物、无自费和无小费的"三无产品"。不断有旅行社向旅游主管部门请示，希望能够对于《旅游法》第三十五条给予明确解释，制定操作规程和办法，以便旅行社在组接团中贯彻《旅游法》的规定，防止出现误解和错误理解现象，从而给旅行社权益造成损害。

案例分析

一、法条内容

《旅游法》第三十五条规定，旅行社不得以不合理的低价组织旅游活动，诱骗旅游者，并通过安排购物或者另行付费旅游项目获取回扣等不正当利益。

旅行社组织、接待旅游者，不得指定具体购物场所，不得安排另行付费旅游项目。但是，经双方协商一致或者旅游者要求，且不影响其他旅游者行程安排的除外。

发生违反前两款规定情形的，旅游者有权在旅游行程结束后三十日内，要求旅行社为其办理退货并先行垫付退货货款，或者退还另行付费旅游项目的费用。

二、本法条的核心要求

对于本法条的理解和解释，有各种不同的意见和声音，但有一点是共同的，即本条的核心，是禁止旅行社低价竞争的经营模式继续蔓延。

1. 旅行社不得组织低价团　除了本法条，《旅行社条例》对此早有类似的规定，首先针对的就是低价市场整治，本法条的规定无非是再次重申而已。旅行社应当诚信服务和收费，采取诱骗旅游者参团的方式总是错的。只要有低价的理由，能够为低价找到合理的解释，比如低价的尾单，即是所谓合理的低价，而不是简单的恶意低价竞争，法律并没有禁止。

2. 如何认定不合理的低价　有旅行社质疑，既然法律规定有不合理的低价，也就意味着有合理的低价。那么，什么是合理的低价就成了不能回避的话题。事实上，合理的低价不仅存在，而且合法。以旅行社组织火车专利为例加以说明。旅行社组织千人的火车专列，经过测算，只要向前600名旅游者每人收取4000元，旅行社就可以全额收回专列成本，从第601名旅游者开始，旅行社就可以赚取利润。所以，从第601名旅游者开始，即使收取的团费每人只有2000元，甚至最后的20名旅游者每人只收取了50元团款，这样的低价收费属于合理。因此，旅行社的收费是否合理、是否属于合理的低价，主要是旅行社组团定价时是否善意，看该产品整体是否给旅行社带来直接的利润，而不是看单个收费的高低。

3. 回扣违法　收回扣违法毫无异议。按照《反不正当竞争法》第八条的规定，经营者不得采用财物或者其他手段进行贿赂以销售或者购买商品。在账外暗中给予对方单位或者个人回扣的，以行贿论处；对方单位或者个人在账外暗中收受回扣的，以受贿论处。从该法条的规定不难看出，只要符合账外暗中的条件，给予回扣的一方就涉嫌行贿，接受回扣的一方就是受贿。具体而言，购物商场、自费景点给予旅行社、导游领队、司机的好处费、人头费、辛苦费等，由于属于账外暗中进行的范畴，就是回扣，应当予以打击。

4. 旅行社组织、接待旅游者不得指定购物和自费项目　《旅行社条例》规定，如果行程中有购物和自费项目，旅行社应当在旅游合同中事先告知，并对购物时间和商场名称做出约定；对于自费项目则要由旅游者事先选择。在此基础上，《旅游法》则明确，旅行社组织、接待时不能安排购物和自费项目，这是《旅游法》对《旅行社条例》相关规定的重大调整，应当以《旅游法》的规定为准。

5. 安排旅游购物和自费项目的条件　尽管《旅游法》规定旅行社组织、接待不能指定购物和自费项目，但仍然给旅行社留下了两个活口。在一定条件下，旅游者的购物和自费项目依然可以实施。经过旅行社和旅游者协商，仍然可以组织旅游者购物和自费项目；旅游者主动提出要增加购物和自费项目，经与旅行社协商，旅行社也可以组织旅游者购物和自费项目。但这样的安排不能影响其他旅游者的权益，如团队中绝大部分旅游者愿意参加购物和自费项目活动，只有极少数旅游者不愿意，旅行社必须妥善安排，不能把不参加购物自费项目活动的旅游者晾在一边不管。如果发生这样的情况，就属于影响其他旅游者行程安排，旅行社的行为违法。

三、旅行社如何规范操作购物和自费项目

1. 旅行社在旅游广告中不可以出现购物和自费项目的内容　不论平面媒体广告，还是电子科技广告，旅行社不得将购物和自费项目内容纳入其中，否则就涉嫌在组织招徕阶段指定购物和组织自费项目活动，违反了上述规定。

2. 旅行社在旅游合同中不可以出现购物和自费项目的内容　旅游合同一般包括合同文本、旅游行程单和注意事项等内容，旅行社提供给旅游者的合同文本或旅游行程单中，不可以有购物和自费项目的内容，否则可以认定为是旅行社组织旅游者时，就指定了购物和自费项目，与《旅游法》的规定不符。

3. 旅行社在门市可以签订补充协议，确定购物和自费项目内容　旅游者和旅行社签订了旅游合同后，旅行社可以额外提供有关购物和自费项目的补充协议，对购物和自费项目进行约定。这样的操作模式没有违反《旅游法》的规定，但操作必须确保所有的旅游者愿意并和旅行社签订补充协议，否则就会出现影响其他旅游者行程安排的情形。

4. 导游（领队）在行程中和旅游者协商购物和自费项目　在行程中安排购物和自费项目，旅行社有两种操作模式可以选择：第一，旅行社和导游（领队）约定，将协商权限全部下放给导游（领队），旅行社承担责任后，由导游（领队）概括承担；第二，旅行社要求导游（领队）在协商前先报告旅行社，征得旅行社的同意后再实施合同变更。当然，不论何种模式，第一责任人都是旅行社。

5. 旅行社事先告知和承诺　在旅行社和旅游者签订补充协议之前，旅行社应当就购物次数、商场名称、购物时间、主要商品等内容做出明确的告知，同时也要对自费项目的名称、价格以及自费项目的主要内容进行告知。在购物方面的承诺，是购物商场资质合法，明码标价，不强迫购物，不设定最低消费，不收取回扣。在自费方面的承诺，是自费项目事先告知旅游者，不强迫消费，

打包价格低于单个项目的总价,单个项目价格不超过门市价,不收取回扣。提醒旅游者慎重购物,自愿选择自费项目。

6. 退还购物和自费项目款项的前提　如果旅行社以不合理的低价组织旅游活动,诱骗旅游者,并通过安排购物或者另行付费旅游项目获取回扣等不正当利益,或者旅行社、导游(领队)不能证明购物或者自费项目是出于双方协商或旅游者主动提出,就必须在旅游行程结束后 30 日内,为旅游者办理退货并先行垫付退货货款、退还自费项目的费用。这样的结果,对旅行社而言是难以承受的,由此可见规范购物和自费项目对于旅行社而言,具有何等重要的意义。

合同履行篇

034 中国法律对出境旅游具有约束力吗？

相关案例

旅游者结束东南亚旅游回国后，来到旅游主管部门，投诉旅游行程中的服务质量问题，其中最令她恼火的是，领队和当地导游联手向她推荐自费项目成人秀。旅游者说在观看之前也不知道成人秀的具体内容，到了节目现场，看到了污秽不堪的表演，让她非常难以接受。在行程中就向领队提出，要求退还这项自费项目费用，领队坚持不退。领队在接受旅游主管部门调查时强调了两个理由：第一，自费项目已经征得旅游者的同意；第二，成人秀在旅游目的地国家不违法。领队向旅游主管部门出示了由多数旅游者签名的合同变更协议，协议第一句话是："我们自愿参加领队推荐的黄色项目，领队没有强迫。"领队的说法是否有理，值得进一步分析。

相关法律规定

1.《旅游法》第二条规定，在中华人民共和国境内的和在中华人民共和国境内组织到境外的游览、度假、休闲等形式的旅游活动以及为旅游活动提供相关服务的经营活动，适用本法。

2.《旅游法》第三十三条规定，旅行社及其从业人员组织、接待旅游者，不得安排参观或者参与违反我国法律、法规和社会公德的项目或者活动。

3.《旅行社条例》第二十六条规定，旅行社为旅游者安排或者介绍的旅游活动不得含有违反法律、法规规定的内容。

4.《中国公民出国旅游管理办法》第十六条规定，组团社及其旅游团队领队应当要求境外接待社按照有约定的团队活动计划安排旅游活动，并要求其不得组织旅游者参加涉及色情、赌博和毒品内容的活动。

案例分析

一、我国法律的适用范围

1. **我国法律的管辖权** 在旅游服务中，对于我国法律在中国内地的适用，没有任何旅游服务从业人员及旅游者持怀疑的态度，比如旅行社和旅游者不能参与黄赌毒活动。而对于我国法律在境外，尤其是在国外是否适用于旅行社从业人员及旅游者，可能会各执一词。也就是说，我国法律对于在境外和国外旅游期间的中国旅游者是否具有同等的约束力，在旅行社从业人员和旅游者中认识模糊。领队为什么会理直气壮地拒绝退还旅游者自费项目的费用，协议书上堂而皇之写上"我们自愿参加领队推荐的黄色项目，领队没有强迫"，原因就在于此。

对上述案例中的情况，《旅游法》给予了明确的规定。我国境内旅行社组织出境旅游，适用《旅游法》。出境旅游和境内旅游一样，旅行社从业人员和旅游者必须受到我国法律的同等约束，旅行社从业人员和旅游者不得以境外为由，拒绝接受我国法律的约束。简言之，我国法律既约束中国公民的境内旅游行为，也约束中国公民的境外旅游行为。

2. **旅游活动必须符合我国法律规定** 根据我国的社会制度和国情，我国法律禁止黄赌毒等行为。就旅行社而言，在安排境外服务项目时，要注意项目内容必须与我国法律规定相一致；对于境外接待社，要有明确的要求，禁止他们为旅游者提供与我国法律规定相冲突的服务项目；对于旅游者主动要求提供与我国法律规定明令禁止的服务，旅行社要义正严词地拒绝。

二、领队的观点是否成立

1. **领队的第一个观点，道出了旅游合同变更基本要求的前半句** 诚然，在旅游合同变更中，首先需要得到旅游者的同意，只有经过双方协商的变更，才符合法律的要求。这不论在《合同法》还是《旅游法》中都是如此规定的。但旅游合同变更还必须遵循另外一个原则，那就是旅游合同的变更，不得违反法律法规的强制性规定，否则该合同变更行为无效。这在《合同法》中也有明确规定。

在日常生活中，"双方自愿，不上法院"是人们的基本思维准则，也从另一个侧面似乎证明领队观点的正确。但是领队这个观点的偏颇之处在于，片面理解了双方自愿的含义，认为只要是双方自愿的行为，就可以不再顾及行为的内容。在任何国家，即使是双方自愿的行为，只要违反了法律法规强制性规定，都是违法的。比如双方经协商，达成买卖毒品、枪支的协议，虽然有双方的自愿协商在先，照样被法律所禁止。

2. 领队的第二个观点，貌似有一定的道理　旅行社和领队，在召开的行前会上，总是特别强调要遵循旅游目的地国家和地区的法律法规和风俗习惯。在领队看来，只要在旅游目的地做旅游目的地国家和地区法律没有禁止的事，是不会有错。事实上领队的理解有误。

中国公民出境旅游，既要遵守旅游目的地国家和地区的法律，也要遵循中国的法律和道德。当旅游目的地国家和地区的法律和我国法律规定相抵触时，作为领队和旅游者，首先要考虑遵循中国的法律规定，不在境外从事违反我国法律规定的活动，而不是先遵循旅游目的地国家的法律。例如，在某些国家，吸食大麻不违法，但我国法律视大麻为毒品，领队和旅游者就不能在国外吸食大麻。总之，领队和旅游者在国外旅游期间，必须首先遵守中国的法律规定。

三、领队推荐自费项目时的注意事项

1. *自愿协商原则*　自愿协商原则，是领队推荐自费项目的基石。没有自愿协商做基础，领队就不得改变原有行程，否则就陷入强迫消费的怪圈。自愿原则的具体表现，就是领队和旅游者达成纸质的书面协议，这也对领队将来的举证提供最为重要的帮助，否则要么是不能举证，要么是举证程序冗长复杂。

2. *合法原则*　合法原则，是确保自费项目能够顺利开展的关键。自费项目的推荐，虽然可以由领队和旅游者协商决定，但服务内容必须符合我国的法律规定。如果不符合我国的法律规定，即使自费项目在旅游目的地不违法，也不能成为推荐的理由。领队不顾内容随意推荐，就可能承担意想不到的后果。

3. *诚信原则*　领队在推荐自费项目时，要本着诚实信用的原则，不能欺骗旅游者，或者认为自费项目大家都知道，无须再作解释和说明。领队这样的想法，不符合旅行社服务的本质要求，也违反了明码标价原则。不论服务价格，还是服务内容，领队都必须把自费项目明明白白地告诉旅游者。

综上所述，领队推荐旅游者参观成人秀节目的行为，违反了我国的法律规定，领队所主张的观点缺乏法律支持，旅行社必须退还旅游者交纳的自费项目费用，旅游主管部门还应对旅行社和领队进行行政处罚。

035 行程调整与旅游者受到损害是否存在因果关系？

相关案例

旅行社和何先生等旅游者协商后，对旅游行程进行了调整。何先生在旅游行程中遭遇车祸，当地交警部门经过勘察认定，主要责任方为何先生本人。何先生返程后，要求旅行社赔偿全部损失，何先生的理由是，如果旅行社不调整行程，就不会发生交通事故。旅行社的调整行程行为导致了交通事故的发生，所以旅行社要承担责任。何先生的观点是否应当得到支持？

相关法律规定

1.《侵权责任法》第二条规定，侵害民事权益，应当依照本法承担侵权责任。

2.《侵权责任法》第六条规定，行为人因过错侵害他人民事权益，应当承担侵权责任。

案例分析

一、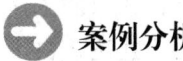旅行社的困惑

上述案例中旅游者的诉求，是旅行社经常面对的难题之一。旅行社在整个服务过程中，由于各种因素的制约，临时调整团队行程，是旅行社服务中经常遇到的现实。这就涉及一个问题，行程调整后，旅游者人身财产发生损害，是否需要旅行社承担赔偿责任。旅游者坚持认为，如果旅行社不调整行程，损害就不会发生，所以旅行社必须为损害承担责任，旅行社的观点恰恰相反。调整行程与旅游者受到损害是否存在因果关系成为关键，如果因果关系成立，旅行

社就要为旅游者受到的损害承担责任，而如果因果关系不成立，旅行社就不需要为此承担赔偿责任。

在实务中，当旅游行程调整后，旅游者尤其是老年旅游者发生猝死，或者旅游者发生交通事故而死亡，旅行社与旅游者家属的观点截然相反。旅行社认为旅游者之死与调整行程无关。旅行社的理由是，旅游者的死亡是自己身体的原因或者疏忽造成的，即使行程调整也不会诱发死亡。而死者家属则认为，如果旅行社不调整行程，死亡事件就不会发生，所以旅游者的死亡与调整行程相关联。

二、判断因果关系是否成立的规则

1. 因果关系不成立的规则　假如没有 A 原因，就可能不会产生 B 的损害结果；假如有 A 原因，通常情况下不产生 B 的损害结果，这就是因果关系不成立规则。在这个条件下，说明 AB 之间没有因果关系。套用上述规则，旅行社如果不调整行程，旅游者的人身伤害事件就可能不会发生；旅行社调整了行程，通常情况下旅游者的人身损害也不必然会发生，换句话说，如果调整行程和旅游者人身伤害有直接且必然的关系，那么每次旅行社行程的调整，就当然会出现旅游者人身伤害事件，显然这样的结论是荒谬的。

2. 因果关系成立的规则　假如没有 A 原因，就可能不会产生 B 结果；假如有 A 原因，通常情况下必然产生 B 结果。在这个条件下，说明 AB 之间有因果关系。套用上述原则，旅行社如果不调整行程，旅游者人身伤害事件就可能不会发生；假如旅行社调整了行程，就一定会产生旅游者人身伤害事件，这样就可以判断旅行社调整行程与旅游者人身伤害之间有因果关系。而现实中，旅游团队经常有行程的调整和变更，但基本上都不会导致旅游者人身伤害事件的发生。因此，可以肯定的是，上述案例中，旅行社行程调整和何先生人身伤害之间没有因果关系，何先生要求旅行社承担赔偿责任的主张难以得到支持。

三、调整行程的基本原则

1. 旅行社随意调整行程不值得鼓励　虽然我们论证了旅行社调整行程与旅游者人身伤害不存在因果关系，局限于就事论事，这样的结论并不能成为倡导旅行社随意调整行程的理由。即使证明了旅行社的调整行程与旅游者受到的损害没有因果关系，旅行社不需要赔偿，旅行社随意调整行程的行为也不值得提倡，因为随意的调整可能给旅行社带来无尽的麻烦。相反，旅行社应当严格按照合同约定提供服务。只有在不可抗力或者意外事件发生的情况下，旅行社不得不做出调整，或者经过双方的协商，且有书面行程调整协议，才可以调整行程，否则旅行社要向旅游者做出赔偿，还会受到旅游主管部门的行政处罚。

2. 旅行社调整行程要符合旅游者的身体条件　如果旅行社调整的行程和原行程属于常规项目范畴，对于旅游者的身体状况没有特殊的需求，旅行社行程调整和旅游者所受到的损害之间就没有因果关系；但如果旅行社做出重大调整，如将普通城市观光项目调整为蹦极，旅行社既没有考虑到旅游者的身体状况，没有采取特殊的保护措施，也没有向旅游者做出特别说明，以保障旅游者人身安全，从而造成旅游者人身受到伤害，旅行社就难辞其咎。

总之，上述案例中，何先生的人身伤害与旅行社的行程调整没有直接的因果关系，损害主要由何先生自己承担，旅行社需要做好协助工作，无须承担赔偿责任。

036 旅行社如何向旅游者承担精神损害赔偿？

相关案例

胡先生在旅游行程结束后，向旅行社提出了精神损害赔偿的要求，因为胡先生认为，旅行社漏游了一个重要景点，这个景点是他十分向往的。景点的漏游使他很不开心，精神受到了很大的创伤，旅行社除了赔偿景点漏游的损失外，还必须向他赔偿精神损害。胡先生的请求究竟是否符合法律规定，或者说，旅行社如何向旅游者承担精神损害赔偿？

相关法律规定

1. 《侵权责任法》第二十二条规定，侵害他人人身权益，造成他人严重精神损害的，被侵权人可以请求精神损害赔偿。

2. 《最高人民法院关于确定民事侵权精神损害赔偿责任若干问题的解释》

第八条规定，因侵权致人精神损害，但未造成严重后果，受害人请求赔偿精神损害的，一般不予支持。人民法院可以根据情形判令侵权人停止侵害、恢复名誉、消除影响、赔礼道歉。

3.《最高人民法院关于审理旅游纠纷案件适用法律若干问题的规定》第二十一条规定，旅游者提起违约之诉，主张精神损害赔偿的，人民法院应告知其变更为侵权之诉；旅游者仍坚持提起违约之诉的，对于其精神损害赔偿的主张，人民法院不予支持。

案例分析

一、精神损害赔偿的提出

旅游精神损害是旅游纠纷处理绕不开的话题。只要有旅游纠纷，旅游者基本上都会向旅行社提出精神损害赔偿的要求，因为在旅游者看来，旅游活动包含物质享受和精神享受两个部分，既然《合同法》规定了赔偿的补偿性原则，只要旅行社违约，除了物质方面的赔偿外，还应当为旅游者精神享受损失进行赔偿。所以，旅游者要求旅行社精神损害赔偿似乎是理所当然的，而旅行社往往予以拒绝。旅游违约是否涉及精神损害、精神损害又将如何赔偿，是一个现在并长期延续的热点话题。

二、违约赔偿没有精神损害

旅行社没有按照合同约定提供服务，如擅自延长购物时间、缩短游览时间、增加或者减少服务项目等，都属于违反合同约定的行为，旅行社都要对旅游者遭受的损失予以赔偿，这是法律明确规定的。但我国法律同时规定，旅行社的违约固然不对，给旅游者造成了损失，但违约损害赔偿不涉及精神损害赔偿。这就意味着，尽管旅行社提供的服务不符合约定，也的确给旅游者带来精神上的不愉快，但法律并不认可该精神不愉快能够达到精神损害的层面。

三、侵权责任赔偿包含精神损害

1. 绝大多数的侵权责任旅游者在精神损害上难以得到金钱赔偿　在司法实践中，即使认定旅游者有精神损害，但在绝大多数的侵权责任中，旅游者难以得到精神损害的金钱赔偿，因为按照法律规定，对于未造成严重后果的侵权责任，旅行社承担侵权责任的方式主要有：停止侵害、恢复名誉、消除影响、赔礼道歉等方式，既可单用，也可以并用。

2. 轻微的侵权责任不需要承担精神损害赔偿　精神损害赔偿直接与旅游者人身伤害有关，对于在侵权责任中受伤的旅游者，如果其损害是轻微的，只要旅行社给予旅游者及时救治，赔偿与医疗有关的费用，并承担误工费等费用外，旅行社不需要赔偿精神损害。因为从法律角度看，人生活在群体社会中，在一定限度范围内，都必须有所承受和忍耐，只要损害不严重，旅行社能够帮助旅游者治疗身体，就足以弥补旅游者所遭受的损害。

3. 严重人身伤害有精神损害赔偿　按照司法实践，如果旅行社对于旅游者人身造成较为严重的损伤，且住院较长时间，或者造成死亡，旅行社的行为不仅造成了旅游者的人身伤害，还给旅游者及其家属的精神造成了严重的损害，旅游者或者家属要求获得精神损害赔偿，一般都会得到法院的支持。当然，具体到个案，旅游者是否能够得到及得到多少精神损害赔偿，主要取决于主审法官的自由心证。

总之，在旅游纠纷中，旅游者向旅行社主张精神损害赔偿，旅行社首先要分清该纠纷属于违约纠纷还是侵权纠纷，如果是违约纠纷，就不需要承担精神损害赔偿。如果是侵权纠纷，主要看是行李物品损害还是人身损害。如果仅仅是一般物品的损害，提出精神损害赔偿没有任何意义；如果是人身伤害，且较为严重，就可以考虑提出精神损害赔偿的要求。所以，上述案例中胡先生提出的精神损害赔偿主张于法无据。

037 约定赔偿与规定不一致时旅行社如何赔偿？

相关案例

章女士和她的先生在网上向旅行社预订了出境旅游线路，旅游费用总计8000元，旅行社发给章女士的旅游行程单中，要求交纳签证费及机票定金共计每人3000元。按照旅行社的要求，章女士网上支付定金6000元，但没有签订纸质或者电子合同。就在章女士做好各项准备工作时，旅行社以参团人多、机票订不到为由，要章女士退团。旅行社声称按照《旅游法》的规定，提前30天以上通知，旅行社只需返还定金，不需要承担违约责任。章女士则要求旅行社承担违约责任，双方僵持不下，求助旅游主管部门协调处理。

相关法律规定

1.《旅游法》第六十三条规定，旅行社招徕旅游者组团旅游，因未达到约定人数不能出团的，组团社可以解除合同。但是，境内旅游应当至少提前七日通知旅游者，出境旅游应当至少提前三十日通知旅游者。

2.《合同法》第一百一十四条规定，当事人可以约定一方违约时应当根据违约情况向对方支付一定数额的违约金，也可以约定因违约产生的损失赔偿额的计算方法。

3.《合同法》第一百一十五条规定，当事人可以依照《中华人民共和国担保法》约定一方向对方给付定金作为债权的担保。债务人履行债务后，定金应当抵作价款或者收回。给付定金的一方不履行约定的债务的，无权要求返还定金；收受定金的一方不履行约定的债务的，应当双倍返还定金。

4.《担保法》第九十一条规定，定金的数额由当事人约定，但不得超过主合同标的额的百分之二十。

案例分析

一、关于违约金和定金的规定

1. 违约金是合同当事人为了防止对方违约，事先设置的违约责任承担赔偿金额，比如约定当事人擅自减少一个景点，就应当赔偿总团款5%的违约金。违约金有两个特点：一是事先约定，如果不在合同履行前约定，就不能算作违约金；二是不以守约方是否有损失为前提。只要有违约，即使守约方没有损失，仍然需要支付违约金。

2. 违约金包括事先约定的违约金数额，也包括事先约定违约金的计算方式。定价既是为合同履行提供担保，也是合同违约责任承担的规定，在性质上和违约金有相似之处。定金是当时为了确保合同履行顺利，由一方当事人事先支付给对方当事人，然后由法律对当事人不履约的后果做出明确规定。虽然合同没有对定金后果进行约定，但法律已经明确，定金也属于违约金的范畴，只不过违约赔偿的数额受到一定的限制。

二、定金约定与规定不一致怎么办

1. 从《旅游法》的规定来看　《旅游法》的确根据行业操作习惯，规定了旅行社有单方事先的解约权，即旅行社组团人数不足时，可以不经双方协商解除旅游合同，且在一定期限内，旅行社对于单方解约的行为不承担违约责任。这个规定公不公平姑且不论，但有一点必须明确，该规定是一项任意性的规范，用了"可以解除合同"，而不是强制性的规范，并没有使用"必须解除合同"。这是第一个值得注意的方面。同时，旅游合同解除后，旅行社只需要全额返还旅游团款即可，也就意味着旅行社不需要承担违约责任，但这里也没有明确禁止不能设定违约责任，如果旅行社和旅游者就解除合同设定违约责任，根据法无禁止即可为原理，旅行社和旅游者的行为合乎法律的规定。这是第二个值得注意的方面。

2. 从《合同法》的规定看　是否需要为合同履行提供担保，使用了"可以约定"的词汇，这也是任意性的规范，由合同当事人双方来决定。合同当事人双方可以约定支付定金，也可以不约定支付定金，约定与不约定皆可。而对于约定定金后当人违约的处理，则是强制性的规定，不能任由当事人主观意志所决定，违约方必须为违约行为付出代价，即支付相应的违约金：给付定金的一方不履行约定的债务的，无权要求返还定金；收受定金的一方不履行约定的债务的，应当双倍返还定金。《担保法》同时规定，定金不得超过主合同标的额的20%。

3. 定金规则应当慎重使用　定金和定价、预付款、团款等具有不同的法律规定，其承载的法律意义不同。定金规则是把双刃剑，易于获得好处的同时也可能伤及自己。不论旅行社还是旅游者，在使用"定金"一词时，要特别慎重，首先要对"定金"的含义及其后果有清楚的认识，不能随意使用"定金"。同时，如果违约，要能够担当，勇于承担责任。

总之，章女士要求旅行社承担违约责任有法可依。虽然《旅游法》规定可以免除旅行社的违约责任承担，但章女士要求旅行社承担定金的违约责任，这和《旅游法》的规定不矛盾，旅游者可以向旅行社要回全额团款，还可以要求对方支付 1200 元的定金赔偿。

038 不可抗力期间旅游者有哪些注意义务？

 **相关案例**

2008 年春节期间，正逢百年一遇的冰雪天气。黄先生一家三口预订了泰国旅游线路，由于冰雪天气的原因，他们一家赶到机场时，飞机已经起飞，旅行社要扣去全部损失，剩余的费用还给旅游者。据黄先生介绍，为了能够赶上航班，他们全家提前乘坐班车前往机场，平时只需要 2 小时的路程，这次足足走了 6 小时，导致行程延误。黄先生认为，没有赶上航班的原因是不可抗力，自己没有过错，旅行社的服务尚未真正开始，旅行社应当全额返回旅游团款，但旅行社坚持要黄先生承担损失，退还的费用少之又少，旅游者难以接受这样的结果。

 相关法律规定

1.《合同法》第一百一十七条规定，因不可抗力不能履行合同的，根据不可抗力的影响，部分或者全部免除责任，但法律另有规定的除外。当事人迟延履行后发生不可抗力的，不能免除责任。本法所称不可抗力，是指不能预见、不能避免并不能克服的客观情况。

2.《民法通则》第九条规定，公民从出生时起到死亡时止，具有民事权利能力，依法享有民事权利，承担民事义务。

案例分析

一、旅游者的疏忽导致损失的发生

从理论上说，不可抗力的含义在上述法律已经明确规定，没有必要再做论述。但在实务中,对于不可抗力的理解往往有失偏颇。就上述案例中的冰雪天气,毫无疑问属于不可抗力范畴,在各国《民法》中都是天然的免责条件。但是,旅游者忽视了一个因素,那就是2008年的冰雪天气起始于2008年的1月,至春节已经持续了相当长的一段时间。冰雪天气固然是不可抗力,但对于这三口之家的旅游者而言,春节期间的冰雪天气不属于不可抗力,因为只要事先注意和防范,就完全可以避免赶不上航班事件的发生。

也就是说,冰雪天气是不可抗力,但冰雪天气对于道路交通的影响,是可以预见、可以避免并且能够克服的,因为作为完全民事行为能力人,应当能够预见恶劣天气对于交通的影响,黄先生完全可以提前一两天住到机场附近,就完全可以解决道路交通受阻的问题,黄先生对于冰雪天气中道路交通的后果估计不足,对于当天能够按时顺利抵达机场过于自信,导致后续事件的发生。所以,旅游者的放任与自信,没有履行相应的注意义务,是事件发生的直接因素,旅游者应当为此承担后果。

二、旅游者对旅行社的服务理解有误

黄先生认为,前一阶段仅仅是为旅游做了一些基础性的准备工作,旅行社的服务应当从机场开始起算。旅行社提供的旅游服务尚未真正发生,但却要求旅游者承担尚未发生的服务费用,对旅游者不公平。旅游者的这个观点同样也站不住脚。严格地说,旅行社为旅游者提供的服务始于旅游者的咨询阶段,有些旅游者经过咨询,最后参加了旅游团,有些经过咨询没有参团。当然,仅仅是咨询,旅游者并不需要支付费用,而从旅游者报名参团开始,旅行社的所有服务都是旅游者支付旅游团款的结果,尤其是旅游者登上旅行社安排的交通工具开始,最具意义的旅游服务拉开了序幕。

由于旅游服务必须提前预订和付费,旅游行程尚未开始,旅游费用已经发生,比如旅行社要预订机票、酒店、市内交通等,这些都需要旅行社支付费用,由服务供应商完成,即使没有在预订时立即支付现金,但供应商为旅行社预留服务设施,即使旅游者放弃了接受服务的权利,但损失已经产生。因此,虽然旅游者没有前往泰国旅游,但为他们提供的相应地服务还是被浪费了,比如机位不会因为你没有享受而临时再出售,航空公司向旅行社照收不误。所以,即使旅游者没有前往泰国,但旅行社要求旅游者支付泰国旅游的费用是合理的。

三、旅游损失应当如何扣除

旅行社可以扣除已经发生的费用，但在扣除费用时，必须注意提供已经发生的费用的证据，比如机票等。在实务中，旅行社有时难以举证损失的发生及损失发生的具体数额，即使有证据，其证明力也较弱，难以说服旅游者、调解人员和法官。比如境外的损失是否发生，酒店客房的损失是否发生，客房需要多少钱，第一天损失发生了，是否意味着以后几天的损失也一并发生等；即使履行辅助人提供相关证明，损失已经发生，但履行辅助人提供的证明可信度有多大也很难说，旅游者会质疑其真实性。

在一些司法案例中，法官对履行辅助人提供的证明不予采信，对于没有旅游者姓名的机票也不予采信，对于旅行社汇给履行辅助人的款项中，是否包含特定旅游者的服务费用也持高度的怀疑。因此，对于此类纠纷，旅行社要做好扎实的证据收集工作，否则可能处于不利地位。

综上所述，经过旅游主管部门的说服，旅行社的耐心解释，黄先生接受了旅行社的处理方案，闷闷不乐地返回家中。

039 旅行社知道不可抗力和人为因素的不同后果吗？

相关案例

某旅行社组织 B 市 20 人去北京旅游。按照行程计划，到达北京的第二天游长城，但导游未与旅游者协商，擅自将游长城的行程改在第三天。就在第二天晚上，一场突如其来的大雪使旅游车无法前往长城，为了确保旅游者人身财产安全，游长城计划被迫取消。旅游者返回 B 市后，要求旅行社按照规定赔偿三倍的长城门票，旅行社总经理只愿意原价退还长城的门票，于是拒绝了旅游者的赔偿要求，理由是长城被取消是天气原因造成的，属于不可抗力范畴，旅行社服务没有任何过错，所以旅行社不承担赔偿责任，旅行社和旅游者之间的分歧由此产生。

相关法律规定

1.《合同法》第一百一十七条规定，因不可抗力不能履行合同的，根据不可抗力的影响，部分或者全部免除责任，但法律另有规定的除外。当事人迟延履行后发生不可抗力的，不能免除责任。本法所称不可抗力，是指不能预见、不能避免并不能克服的客观情况。

2.《旅游法》第七十条规定，旅行社不履行包价旅游合同义务或者履行合同义务不符合约定的，应当依法承担继续履行、采取补救措施或者赔偿损失等违约责任；造成旅游者人身损害、财产损失的，应当依法承担赔偿责任。

 案例分析

一、长城被取消是天灾还是人祸

从上述案例的描述中可以看出，长城被迫取消，旅游者无法按约登临长城，给旅游者造成了损失，原因并不是天灾（不可抗力），而是人祸。因为按照旅游行程的约定，旅游者抵达北京的第二天，就应当前往长城游览，而导游不经协商，擅自调整了旅游行程，第三天游览长城的计划由于大雪而搁置。假设导游不擅自调整行程，按照旅游行程为旅游者提供服务，即使第二天晚上下大雪，也不会影响旅游者登长城的计划，其他行程也不会受到影响。因此，只要导游严格按照旅游行程计划服务，游长城就不会被取消，也不会产生后续的纠纷。大雪当然属于不可抗力，但这样的不可抗力和长城游览被取消之间没有因果关系，所以，长城被取消是人祸，不是天灾。

二、事先协商调整行程的不同后果

导游按照旅游行程带团是基本原则，但这不意味着旅游行程一成不变。如果在旅游过程中，为了旅游行程更为合理、方便，经过导游与旅游者双方的协商，导游变更行程的行为得到了全体旅游者的同意，将原定第二天和第三天的项目调换，同样发生上述景点被迫取消的情况，旅行社也只需要退还景点门票，不需要承担赔偿责任。因为在这种情况下，导游（旅行社）和旅游者对原合同内容的履行顺序作出了协议变更，形成了新的合同关系，旅行社按照新的合约

合同履行篇

履行义务受法律保护。当然,旅行社应承担举证责任,如果没有有力的证据证明变更得到了旅游者的同意,旅行社仍然应当按照违约责任对旅游者进行赔偿。

三、如果游长城本来就安排在第三天的不同结果

如果最初的旅游行程计划中,游览长城被安排在第三天,但最后因不可抗力游览长城的计划被取消,那么旅行社只需退还景点门票,不需要承担赔偿责任。但在这种情况下,也有可探讨的余地,即旅行社是否有义务关注天气变化?不论组团社还是地接社,只要有团队在旅游行程中,旅行社都必须关注旅游目的地的天气变化、政治因素等,因为这些情况会严重影响旅游行程的顺利开展,这是作为旅游经营者的旅行社必须履行的注意义务。旅行社不履行这些注意义务,给旅游者造成损失的,即使是不可抗力,旅行社也不能免责。因此,假设北京天气已经预报有大雪,旅行社就应当提前采取防范措施,降低旅游者的损失。

综上所述,旅行社的导游擅自调整行程,导致长城游览计划被取消,是人为因素而不是不可抗力造成的,旅行社不仅要退还景区门票、交通费等,还需要承担赔偿责任。

040 旅行社是否要为不可抗力导致包机取消担责?

相关案例

某旅行社组织旅游者参加包机飞往泰国旅游,行程为5晚6天。由于天气变化,原定8月1日和2日的两个包机航班取消,导致要前往泰国旅游的旅游者的行程比约定的减少了两天。旅行社提出旅游者若要继续行程,每人补偿300元;有部分旅游者提出取消行程,旅行社强调机票费用已经产生,只能退还总团款的30%,旅游者难以接受。由于涉及的旅游者人数众多,旅游主管部门得知情况后主动介入协调。

相关法律规定

1.《旅游法》第七十一条规定，由于公共交通经营者的原因造成旅游者人身损害、财产损失的，由公共交通经营者依法承担赔偿责任，旅行社应当协助旅游者向公共交通经营者索赔。

2.《合同法》第九十四条规定，有下列情形之一的，当事人可以解除合同：（1）因不可抗力致使不能实现合同目的……

3.《旅游法》第六十七条规定，因不可抗力或者旅行社、履行辅助人已尽合理注意义务仍然不能避免的事件，影响旅游行程的，按照下列情形处理：

（1）合同不能继续履行的，旅行社和旅游者均可以解除合同。合同不能完全履行的，旅行社经向旅游者做出说明，可以在合理范围内变更合同；旅游者不同意变更的，可以解除合同。

（2）合同解除的，组团社应当在扣除已向地接社或者履行辅助人支付且不可退还的费用后，将余款退还旅游者；合同变更的，因此增加的费用由旅游者承担，减少的费用退还旅游者。

 案例分析

一、包机业务的特点

1. **营销上更具风险性** 和通常的旅行社业务相比，包机业务更具风险性，主要体现在，在一定的期限内，旅行社必须完成足够的收客量。只要能够确保足额收客，单纯的业务风险就降低到零。旅行社之所以热衷于包机业务，主要是想通过以量换价的方式，获得较为丰厚的经营利润，但其中的风险是不言而喻的。

2. **时间上更具不确定性** 相对而言，营销上的风险可以通过旅行社的主观努力来化解，而航班的准点率就不是旅行社可以左右的。和正常航班相比，包机更具不确定性，包机是在正常航班的夹缝中生存，只有正常航班影响包机的情况，而绝对没有包机影响正常航班情况的发生。

3. **性质上不属于公共交通** 所谓的公共交通，就是对不特定人都开放的交通，如正常航班、高铁等交通工具。而包机、火车专列等，是由旅行社买断使用权,只针对旅游团等特定群体,普通百姓无法参加,故不属于公共交通范畴。

4. 包机的个人信息欠缺　购买正常航班或者高铁,需要有旅游者的个人信息,如旅游者姓名、身份证号码等,同时机票上注明机票价格,而在包机的登机凭证上,有时有旅游者的个人信息,有时是个人信息不全,或者是个人信息与旅游者真实信息不符;机票价格也未按照实际价格标注。

二、旅行社面临的困境

虽然按照上述法律规定,遇到上述问题时,旅行社和旅游者有多样选择:更改行程、解除合同等,但不论何种方式,旅行社的权益要得到保障,都必须解决一个重要的问题:谁来承担旅行社已经支付的相关费用?尤其是机票费用。

1. 从理论上分析　只要按照法律规定,旅行社可以要求旅游者来承担已经发生的费用,旅行社也可以较为从容地证明包机的事实,但旅行社必须解决费用数额的举证难题。上文已经谈到,由于包机业务对于旅游者个人信息要求不严,机票价格可能也未能明确标注,这给旅行社的举证带来困难,即旅行社如何向旅游者说明,费用已经发生,且发生的费用有明确的依据,让人信服。面对一张信息不全、价格不明的登机凭证,旅行社的举证能力并不强,以这样的举证方式来要求旅游者支付损失,是难以服众的。即使旅行社能够证明已经支付给包机公司相关费用,但仍然不能证明具体旅游者的费用已经支付给包机公司。这是旅行社在做包机业务出现纠纷后的尴尬。

2. 从实务上分析　如果旅行社坚持旅游者必须支付团款的70%,作为包机机票的费用,旅行社可能又陷入另外一个怪圈:旅行社以不合理的低价组团,触犯了《旅游法》的相关规定,除非旅行社确实能够证明其经营价格的合理性,否则就要面临旅游主管部门的拷问。

三、给经营包机旅行社的建议

1. 在旅游合同中做出约定　在非不可抗力的情况下,旅行社取消包机业务,或者旅游者擅自取消旅游行程,应当承担的违约责任要进行事先约定,只要该约定符合公平原则,如果出现一方违约,守约方就可以按照合同的约定收取违约金,省去很多口舌之辩。当然,如果是在不可抗力的情况下,违约金的约定方式并不适用,因为在不可抗力的条件下解除合同,旅行社或者旅游者的行为不属于违约,旅行社和旅游者都没有任何过错,不应当承担违约责任。

2. 与正常航班一样,明确旅游者个人信息和机票价格。这是一个纯技术层面的问题,只要旅行社和包机公司事先有约定,包机公司就可以按照要求做到,完全没有任何障碍,只是增加了一些劳动成本,这样的操作可以免去上述纠纷中出现的举证难的麻烦。当然,机票上的价格要实事求是,不能为了向旅游者多收机票损失费用,就人为提高机票票面价格,这样做,有时效果适得其反。

总之,旅游者接受旅行社的补偿方案,继续旅游行程的,当然没有障碍。如果旅游者坚持解除旅游合同,取消包机行程,旅行社应当退还尚未发生的旅游费用,旅行社不需要额外赔偿。

041 旅游者拒绝返程,导游和领队怎么办?

相关案例

董女士等旅游者抵达越南岘港旅游,旅游者对地接服务不满意,要求领队给予每人1000元的赔偿,领队经请示旅行社后拒绝了旅游者的要求,旅游者以拒绝返程要挟旅行社。由于最后未能满足旅游者的要求,董女士等旅游者真的滞留在目的地,并借助自媒体制造舆论,给旅行社造成了很大的压力。董女士等旅游者返回后,集体到旅行社要说法。经过一段时间的讨价还价,旅行社做出了很大的让步,基本满足了旅游者的要求。

相关法律规定

1.《合同法》第一百零七条规定,当事人一方不履行合同义务或者履行合同义务不符合约定的,应当承担继续履行、采取补救措施或者赔偿损失等违约责任。

2.《合同法》第一百一十九条规定,当事人一方违约后,对方应当采取适当措施防止损失的扩大;没有采取适当措施致使损失扩大的,不得就扩大的损失要求赔偿。当事人因防止损失扩大而支出的合理费用,由违约方承担。

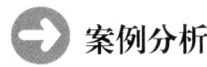 **案例分析**

一、违约赔偿与拒绝返程的关系

旅行社没有按照合同约定为旅游者提供服务,其行为就是违约,形成了旅行社和旅游者之间的债权债务关系。在这个关系中,旅行社应当按照约定向旅游者赔偿违约金,在没有事先约定违约金的情况下,旅行社应当向旅游者赔偿损失,只要旅游者能够证明损失的具体存在。

旅游者因为旅行社没有按约服务就拒绝返程,造就了另一个法律关系,尽管旅行社违约与旅游者拒绝返程之间不存在因果关系。在这样的法律关系中,旅游者的拒绝返程,人为扩大了损失,旅行社只需要承担违约责任,但不必为旅游者扩大的损失承担责任,扩大的损失应当由旅游者自己承担。

二、旅游者拒绝返程,导游和领队的作为

旅游者拒绝返程,原因很多,可能涉及旅行社线路的安排、导游和领队的服务等。但不管有什么样的理由,该行为是人为扩大损失的表现,《旅游法》、《合同法》对于此类行为的定性、如何处理该纠纷有明确的规定。尽管如此,旅游者拒绝返程的现象仍然时有发生。面对旅游者的拒绝返程,导游和领队应当如何面对?

1. **及早发现拒绝返程的苗头** 在带团过程中,导游和领队发现旅游者有拒绝返程的苗头时,就应当引起高度重视,切忌采取到时候再说的态度,把旅游者拒绝返程的念头消灭在萌芽状态中,这也是对导游和领队专业能力的考验。可以这么说,旅游者滞留在旅游目的地,其行为固然不值得称道,但基本上都与导游和领队的应变能力有直接的关联。

2. **做好深入细致的说服工作** 说服工作包含几层含义:第一,导游和领队要做好耐心细致的劝说工作,请旅游者按时返程,告诉他们再大的问题返程后一定能够解决。第二,详尽告知旅游者拒绝返程的后果,比如必须承担滞留期间的食宿及返程交通费用。表述要诚恳,要让旅游者感到是为他们好,而不能让旅游者感到是在威胁他们。同时,不妨做个录音,是为了说明导游和领队是做了工作,而且工作也到位,也为被旅游者指责提供证据。

3. **及时向有关部门报告** 除了例行的向组团社、地接社报告外,导游和领

队在可能的前提下，向有关部门报告，寻求帮助。如果团队在境外，领队要向我国驻旅游目的地的使领馆报告，请使领馆提供协调和帮助；如果团队在境内，可请旅游目的地的旅游主管部门帮助。目的就是希望团队旅游者能够顺利按时返程。

4. 导游和领队不要随意承诺　　由于旅游者拒绝返程，导游和领队独立在外，受到的压力最大，旅游者往往要求导游和领队承诺，给予多少赔偿，就随团返程。在这种情况下，导游和领队必须事先请示，按照旅行社的指令办事，千万不能轻易答应旅游者的要求，否则旅行社就必须按照导游和领队的承诺赔偿。导游和领队此时的行为是职务行为，而不是个人行为。

总之，按照法律规定，旅行社按照约定或者规定，向董女士等旅游者做出赔偿，董女士等旅游者滞留期间的食宿、返程机票等费用，应当由旅游者自己承担。旅行社还应当为董女士等旅游者滞留期间提供相关服务，费用由旅游者自己承担。

042 旅行社可以有效预防旅游者滞留不归吗？

相关案例

春节期间，旅游者胡先生等参加了旅行社组织的云南游，返程机票一直没有落实，旅行社不敢告诉胡先生等，等到了行程最后一天，不得不将机票尚未落实的实情告知胡先生。胡先生等大怒，要求旅行社立即解决，造成行程延误的话，就要旅行社以全额团款的双倍赔偿。旅行社最后仍然没有买到返程机票，双方为了赔偿僵持不下，旅游者又坚持按照约定乘坐飞机返程，拒绝以其他交通方式作为弥补。胡先生等全团旅游者滞留在云南，要求旅行社给个说法，这在业内引起了较大的反响。

相关法律规定

1.《合同法》第一百零七条规定，当事人一方不履行合同义务或者履行合同义务不符合约定的,应当承担继续履行、采取补救措施或者赔偿损失等违约责任。

2.《合同法》第一百一十九条规定,当事人一方违约后,对方应当采取适当措施防止损失的扩大;没有采取适当措施致使损失扩大的,不得就扩大的损失要求赔偿。当事人因防止损失扩大而支出的合理费用,由违约方承担。

案例分析

一、旅游者滞留不归的原因

1. 旅游者"认为"旅行社违约造成其权益的损害 之所以给"认为"这个词汇特别加双引号,就是因为旅游者的"认为"可能是客观存在,而且旅行社应当承担违约责任,也有可能并非像旅游者"认为"的那样。比如旅行社擅自增减服务项目,导致服务品质下降,旅游者理应得到赔偿。但旅游者的判断有时并不准确,即使权益受损,旅游者仍然得不到相应的赔偿,比如由于不可抗力因素的影响,导致行程缩短,景点被迫取消。在这种情况下,旅行社只需要退还尚未发生的费用即可,假如旅游者就此要求旅行社赔偿,旅游者的要求缺乏依据。如果旅游者就此提出不赔偿就滞留,就显得无理。

2. 旅行社的确有违约行为发生损害了旅游者的权益 不可否认的是,就目前的旅游市场状况看,旅游市场的成熟度远未达到预期,最为突出的是,旅游者对于旅游价格十分敏感,尤其是中老年旅游者,选择旅游产品首先看旅游价格,旅行社为了迎合旅游者这样的需求而比拼价格,低价竞争死灰复燃。过低的价格必定导致低劣品质:住宿、餐饮等无法满足旅游者的需求,强迫或者变相强迫购物和自费项目屡次发生。在这种情况下,旅行社存在主观的故意,其行为肯定会损害旅游者的权益。即使如此,旅行社损害旅游者权益的行为和旅游者的滞留行为也没有必然的关联性。

二、旅游者滞留不归的性质

1. 滞留不归是人为扩大损失 根据法律规定,即便旅行社违约,给旅游者造成了损失,旅游者也应当抱着诚信的态度,善意行使自己的权利,积极履行合同义务,不能人为扩大损失。由此可见,即使旅行社违约在先,旅游者也不可以滞留不归，导致损失的扩大。因为一旦旅游者滞留不归，就意味着旅游者的食住费用、返程交通费用的增加。

2. 违约与滞留没有因果关系　违约与滞留，其实涉及两个互不相干的法律关系，违约涉及旅行社违反合同约定，必须承担违约责任的法律关系。滞留涉及的是人为扩大损失的法律关系，两者之间没有因果关系。假如两者存在必然的因果关系，也就可以推导出，只要旅行社违约，不能满足旅游者提出的赔偿要求，就会导致旅游者滞留不归。假如有这样的因果关系，旅游市场秩序必将大乱，根本无法开展正常经营。总而言之，违约和滞留桥归桥、路归路，不能混为一谈，更何况有些所谓的权益损失，仅仅是旅游者的个人主观看法，或者法律规定可以免责的情形。

三、旅游者滞留不归的预防

1. 需要理性的消费和经营环境　营造良好的旅游环境，必须依赖旅行社和旅游者双方的共同努力。从旅行社层面看，必须以真实的广告吸引旅游者、以合理的价格出售服务、事先善意履行告知义务、签订完备的旅游合同、严格履行约定的合同义务、积极稳妥处理善后等。从旅游者层面看，不再以价格作为唯一的选择标准、学习和了解目的地有关情况、宽容旅行社的无心之过、赔偿要求合情合理等。当然，政府主管部门及相关部门在对于市场不规范行为的监管的同时，大力引导文明旅游、诚信服务也至关重要。

2. 需要旅行社强化对供应商的掌控　旅行社组团后，完成了旅游服务的第一步，要保障旅游合同约定得到落实，很大程度上需要旅游服务供应商的积极配合，没有服务供应商的配合，旅游服务品质必然难以保证。这就要求组团社对于服务供应商有切实的掌控。换句话说，就是服务供应商能够听从组团社的指令，服务供应商能够按照组团社的要求，全面履行服务义务。现在的难题是，由于低价竞争，很多时候组团社对于服务供应商失控，对于导游和领队的管理也处在失控的边缘。这才是旅游服务品质无法保障、旅游者权益受损的重要原因之一。

四、旅游者滞留不归的应对

1. 导游和领队认真履职　导游和领队随团服务，必须认真履行职责，除了为旅游者提供常规的合同约定的服务之外，还需要提供更多的增值服务、感人服务，在情感上拉近与旅游者的距离，这是旅行社服务屡试不爽的法宝。同时，当旅游者权益受到损害时，只要旅游者的诉求合理，导游和领队就应当毫不犹豫地站在旅游者一边，与地陪、履行辅助人交涉，确保旅游者合法权益不受侵害，从另一个侧面让旅游者感受到导游和领队的友善和正义。一句话，导游和领队要用自己的言行感动旅游者。

2. 导游和领队及时报告　如果旅游者提出的赔偿要求无法满足，并扬言滞留不归时，导游和领队就必须高度重视，及时向组团社和地接社报告。如果是在境外，还有必要向我国驻外使领馆报告，寻求使领馆的帮助，使领馆人员的出现，对于劝说旅游者按时返程会有意想不到的效果。当然，为了降低旅游纠纷发生的概率，根本性的工作，是旅行社的规范服务，消除产生服务纠纷的各种隐患。同时，导游和领队要具有较高的服务能力和技巧，能够及时发现并处理可能存在的纠纷，将服务纠纷解决在萌芽中。

3. 导游和领队获取证据　当有旅游者表现出滞留不归的倾向时，导游和领队与旅游者沟通能力的高低立现。导游和领队要做好旅游者的思想工作，要向旅游者表明几层意思，第一，组团社会为自己的过错和过失承担责任；第二，旅游者必须按期返回出发地；第三，如果旅游者滞留不归，人为扩大的损失将由旅游者自己承担。在此过程中导游和领队应当借助手机等电子设备，采取录音等方式，将相关内容记录下来作为证据，以表明导游和领队在这个过程中一直积极和旅游者沟通，请求旅游者返程，已经做了应当做的事，而不是无所作为，甚至是抛弃旅游者。

总之，旅游者对旅行社服务提出异议，或者以拒绝返程相要挟，旅行社要勇于承担违约责任，同时向旅游者说明，人为扩大的损失应由旅游者自己承担。

043 旅行社是否应当为代办合同中旅游者人身伤害负责？

相关案例

某大学新生结束了新生入学军训，前往大学附近的海滨沙滩露营烧烤。有几位同学下海游泳，意想不到的海浪把走在前面的两位男同学卷走。走在后面的男同学想去救助，结果发现海底出现断崖式下降，无法继续营救，只能寻求他人帮助，但多方寻找无果。几天后，两位大学生的尸体浮出海面。事件发生后，当地政府和有关部门以及大学生所在的院校十分重视，除了积极寻找失踪的大学生外，还及时和大学生的家属联系，接待安置家属。与此同时，对于事件发生的原因进行调查，尽快妥善处理，防止事态的扩大。

 相关法律规定

1.《旅游法》第七十条规定，旅行社不履行包价旅游合同义务或者履行合同义务不符合约定的，应当依法承担继续履行、采取补救措施或者赔偿损失等违约责任；造成旅游者人身损害、财产损失的，应当依法承担赔偿责任。

2.《旅游法》第七十四条规定，旅行社接受旅游者的委托，为其代订交通、住宿、餐饮、游览、娱乐等旅游服务，收取代办费用的，应当亲自处理委托事务。因旅行社的过错给旅游者造成损失的，旅行社应当承担赔偿责任。

 案例分析

一、事实真相的核实

1. **对同学们的调查** 据同学们回忆，由于都是新生，参加海滨沙滩露营活动的同学相互之间并不熟悉，只是同学们在校园内看到 A 旅行社的广告，相互邀请老乡同学参加。同学们要求 A 旅行社为他们提供从学校到海滨沙滩的往返接送，提供露营帐篷和烧烤工具及烧烤食品，没有要求 A 旅行社提供导游服务。同学们对 A 旅行社提供的服务质量没有异议。同学们没有看到沙滩有禁止游泳的提示，到了海滨沙滩后，看到有人在游泳，也有人在卖泳装，于是他们中有几个同学也买了泳装下海游泳，两位高个子男同学走在前面，海水齐胸时，发生了这两位走在前面的同学被海浪卷走的悲剧。

2. **对旅行社的调查** A 旅行社经常在校园内散发广告，广告内容就是常年向同学们提供露营服务（提供帐篷、烧烤工具和烧烤食品）。后应同学们的要求，A 旅行社又为同学们提供了校园至海滨沙滩之间的往返接送服务。

A 旅行社负责人王某提供了所有与此次服务有关的书面材料。第一份书面材料，是王某在校园内散发的旅游广告，旅游广告的主体是王某注册的A旅行社和旅游俱乐部信息。第二份书面材料，是王某注册的旅游俱乐部与同学们签订的书面协议，该协议约定由旅游俱乐部向同学们提供帐篷、烧烤工具和烧烤食品。第三份书面材料，是写有35乘55的旅行社收据复印件，复印件的内容含糊不清，但据王某介绍，这是同学们向旅行社交纳的押金证明，押金用于租赁车辆。

二、事件的性质

由于事关旅行社的组织工作，许多人，甚至包括旅游主管部门的一些领导，想当然地认为，旅行社应当为此事负全责，向大学生家属做出赔偿。由于事关大学生的生命，当地政府十分重视事件的处理，由市领导主持召开市政府协调会议。协调会需要解决两个关键的问题，确定溺水事件的性质。

1. 溺水事件是什么性质的事件 如果溺水事件是责任事故，就必须追究有关人员的责任；如果溺水事件是意外事故，就无须追究有关人员的责任。对照上述案例可以看出，溺水事件应当属于意外事件，而不是责任事故。

2. 该事件的主要责任方是谁 既然是意外事件，就必须搞清楚在这起意外事件中，应当由谁来承担主要责任。大学生作为完全民事行为能力人，应当能够预料到下海游泳的风险，应当为自己的行为负责。

三、旅行社是否需要承担责任

1. 确定旅行社是否需要承担责任，就必须理清旅行社和大学生之间存在的法律关系。对于有旅行社参与的服务，人们普遍存在一个误区，即旅行社提供的服务都是包价旅游服务，旅行社就必须承担包价合同责任。但从本案例的事实看，旅行社仅仅为大学生提供了往返接送的交通服务，是一个代办旅游合同的关系，而不是包价旅游合同关系。

2. 包价旅游服务和代办旅游服务的不同。包价服务，即通常所说的组团服务，和代办服务是两个不同的法律关系，旅行社为此需要承担的责任和义务也不尽相同。如果是包价旅游服务，旅行社要为其合同范围内的所有服务负责，如果旅行社没有履行安保义务，旅行社要承担相应的责任。而代办服务，即通常所说的委托服务，旅行社要为旅游者的委托事项负责，只要旅行社按照旅游者的要求办理好相关事宜，旅行社就没有责任。不能说旅行社参与了某项服务，就要求旅行社承担不应当承担的责任。

3. 就旅行社的服务而言，所能看到的是一份简单的代办合同（收据的复印件），由同学们委托旅行社提供租赁车辆的服务。这就说明，旅行社从事的仅仅是代办服务，而没有从事包价旅游服务。根据调查，同学们对两个服务是满意的。由此我们可以断定，旅行社从事了代办服务，认定旅行社组织包价旅游服务的证据不足，要求旅行社为此承担包价旅游服务的赔偿责任依据不足。旅行社仅仅提供了代办服务，却要旅行社承担包价服务责任，对旅行社不公平。

总之，最后在市领导的协调下，确定旅行社不承担赔偿责任。但不论从公平的角度看，还是从人道主义的角度看，旅行社都应当给予溺亡同学的家属经济补偿，协调会之后纠纷得到了妥善处理。

044 旅行社是否需要为第三人的侵权承担责任？

相关案例

某旅行社组织旅游者出境旅游，在自由活动期间，有一对夫妻在荷兰的一个广场散步，当地居民在广场上骑自行车，旅游者被自行车从身后撞伤，鼻梁骨折、门牙松动。肇事者快速离开。旅游者被送到医院救治，领队闻讯后也立即赶到医院探望。根据医嘱，受伤旅游者在当地医院治疗，其爱人就地陪护。三天后，夫妇二人乘飞机赶到奥地利与团队会合。旅游者和旅行社为了相关费用的承担产生了分歧。

相关法律规定

1. 《侵权责任法》第六条规定，行为人因过错侵害他人民事权益，应当承担侵权责任。

2. 《侵权责任法》第十六条规定，侵害他人造成人身损害的，应当赔偿医疗费、护理费、交通费等为治疗和康复支出的合理费用，以及因误工减少的收入。

3.《侵权责任法》第二十八条规定，损害是因第三人造成的，第三人应当承担侵权责任。

4.《最高人民法院关于审理旅游纠纷案件适用法律若干问题的规定》第七条规定，因第三人的行为造成旅游者人身损害、财产损失，由第三人承担责任；旅游经营者、旅游辅助服务者未尽安全保障义务，旅游者请求其承担相应补充责任的，人民法院应予支持。

5.《最高人民法院关于审理旅游纠纷案件适用法律若干问题的规定》第十九条规定，旅游者在自行安排活动期间遭受人身损害、财产损失，旅游经营者未尽到必要的提示义务、救助义务，旅游者请求旅游经营者承担相应责任的，人民法院应予支持。

6.《旅游法》第七十条规定，在旅游者自行安排活动期间，旅行社未尽到安全提示、救助义务的，应当对旅游者的人身损害、财产损失承担相应责任。

案例分析

上述法条，总的基本原则是单位或者个人要为自己的行为负责，在日常生活或者经营活动中的过错，导致他人权益受损，侵权人应当承担责任。具体而言，旅行社在组织旅游者参加团队旅游中，如果由于旅行社操作失误、导游领队的疏忽，都将承担相应的违约或者侵权责任。或者是由于旅行社作为组织者，没有事先积极告知、事后妥善救助，旅游者的伤害即使是旅游者自己或者他人造成，旅行社也应当承担相应的责任。

一、旅游者不承担责任

结合上述案例可以看出，旅游者在这起伤害事件中没有过错，他在正常走路散步中受到伤害，他仅仅是受害者，而不是肇事者，不应当为自己身体的伤害承担责任。除非能够证明，旅游者在走路过程中也存在过错，比如蛇字形走路等，那么旅游者要对自身伤害承担一定的责任。

二、骑车人必须承担责任

造成旅游者的身体伤害的原因，是骑自行车的人的过失，他的行为属于侵权行为，按照法律规定应当承担赔偿责任。虽然这个伤害发生在境外，但为自己行为负责的原则适用于全球。因此可以推断,骑车人应当承担赔偿责任,应当赔偿旅游者额外支出的所有费用,并应当给予一定数额的补偿,毕竟他的行为给旅游者造成了肉体上的痛苦和精神上的困扰。

三、旅行社是否担责要做具体分析

由于旅游者是在自由活动期间受到的伤害,且伤害主体明确。按照法律规定,在自由活动时,旅行社通常有两重义务必须履行:第一,事先告知旅游者有关注意事项,将自由活动期间的注意事项逐一详尽告知,告知旅游者如何防止危害的发生,以及危害发生时寻求救助的方式等。第二,旅行社或者导游和领队接到旅游者的求助后,应当在第一时间赶往现场或者医院,协助旅游者的救助,比如送医院或者帮助翻译等。通常情况下,如果旅行社没有履行上述两项义务,旅行社就应当承担相应的责任。就上述伤害事件看,旅行社已经履行了相关的义务,就不应当承担责任。

四、旅行社还应当履行第三重义务

即旅行社有义务协助旅游者寻找肇事者,但肇事者事发后迅速离开,且在遥远的荷兰,旅游者要求肇事者赔偿的希望难以实现。而旅游者是随团参游的消费者,为了使旅游者的权益得到维护,旅行社有义务协助旅游者维权,首先必须寻找到肇事者,否则一切免谈。当然,旅行社的寻找是否有结果,则另当别论,但不协助寻找,则是旅行社的不作为,有悖于旅行社的服务宗旨和原则。

总之,在此次旅游中旅游者人身受到伤害,旅行社没有过错,旅游者应当要求肇事者承担所有的责任和损失,旅行社要予以积极协助。

045 旅行社如何向特殊旅游者群体收费?

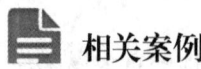 **相关案例**

范老先生等旅游者对旅行社发布的某条线路旅游信息很有兴趣,兴冲冲地

来到旅行社的门市，要求参加该旅游活动。门市工作人员输入旅游者的身份信息后，要求旅游者在广告价格之外，还必须再交纳 300 元团款，范老先生问其理由，回答是老年人参加该线路，必须额外交钱，因为老年旅游者的消费能力差，收取的 300 元是为了弥补旅行社的亏损。范老先生不能接受旅行社的说法，投诉至旅游主管部门。

相关法律规定

1.《最高人民法院关于审理旅游纠纷案件适用法律若干问题的规定》第二十三条规定，旅游者要求旅游经营者返还下列费用的，人民法院应予支持：(1) 因拒绝旅游经营者安排的购物活动或者另行付费的项目被增收的费用；(2) 在同一旅游行程中，旅游经营者提供相同服务，因旅游者的年龄、职业等差异而增收的费用。

2.《旅行社条例实施细则》第三十三条规定，在签订旅游合同时，旅行社不得要求旅游者必须参加旅行社安排的购物活动或者需要旅游者另行付费的旅游项目。同一旅游团队中，旅行社不得由于下列因素，提出与其他旅游者不同的合同事项：(1) 旅游者拒绝参加旅行社安排的购物活动或者需要旅游者另行付费的旅游项目的；(2) 旅游者存在的年龄或者职业上的差异。但旅行社提供了与其他旅游者相比更多的服务，或者旅游者主动要求的除外。

案例分析

一、特殊群体收费的形式

所谓的特殊群体，在旅行社服务中并没有明确的概念，但从旅行社的实际操作中，至少三类人群被旅行社归纳为特殊群体，即老年人、未成年人、教师等，因为在旅行社看来，这三类人群，要么就是没有消费能力，要么就是有消费能力，但在行程中不愿意参加旅行社指定的消费。总之，这些群体对于旅行社而言无利可图，所以在收费时要区别对待。

1. 最为典型的就是上述案例形式　旅行社的旅游广告价格明确，但等到了旅行社所谓的特殊群体报名时，旅行社要求这些旅游者交纳额外的旅游团款，而接受的旅游服务与其他旅游者没有什么不同。这样的收费方式，涉嫌价格歧视。

2. 要求在行程中必须支出一定数额的消费 虽然没有在签订旅游合同时，要求旅游者交纳额外团款，但在合同中或者口头约定，旅游者在行程中必须有最低消费，如果旅游者不参与最低消费，服务品质难以保障。

3. 未成年旅游者的收费最为奇特 首先，旅行社自己设定未成年人标准，一些旅行社明确22岁以下人员均为未成年人，明显违反我国法律规定；其次，旅行社向所谓的未成年人收取全额团款，但不提供床位，同样的价格不同的服务。

二、特殊群体收费的本质

旅行社目前的特殊群体收费，本质上是一种歧视，是针对不同旅游者的年龄、职业、身份给予不同的收费待遇。这样的待遇并不是给予某种程度的优惠，而是加收费用，这与我国的法律规定和文化传统具有较大的反差。在我国法律的规定中，老年人、未成年人、教师等群体，在接受某些社会服务时，往往会给予优惠；在我国的文化传统中，照顾老弱病残是中华传统美德。不论从法律还是从传统看，对于旅行社所谓的特殊群体，只有提供更多的照顾，而不能提出额外的要求。

三、特殊群体收费纠纷的处理

我们所说的旅行社对于特殊群体的收费，本质上是歧视，这个结论的得出，是基于通常情况之下，旅行社向特殊群体额外收费，没有正当的理由，仅仅是因为旅游者的年龄、职业和身份等。正如上述案例中的收费，在此情况下，旅行社不得向旅游者提出上述要求，如果收取了，旅游主管部门必须责令退还已经收取的额外团款，并根据法律规定给予行政处罚。

如果旅行社在行程中为旅游者提供了额外服务，不论是否为特殊群体旅游者，旅行社都是可以根据双方的协商，向旅游者收取额外的费用。比如旅游者家属提出，要为老年旅游者提供轮椅服务，旅行社当然可以向旅游者家属提出额外收费的要求，具体价格双方协商。同样，如果有旅游者提出要住单间，旅行社可以理直气壮地要求旅游者补足单房差。这样的收费针对的是增值服务，和价格歧视不同。

总之，不能简单地说，向旅游者额外收费正确与否，要看具体情况。没有理由的额外收费就是歧视或者强迫收费，应当被查处，范老先生的投诉属于该范畴。有理由的额外收费是正当收费，没有法律上的障碍，不为法律所禁止。

046 旅行社是否应为旅游者自由活动时受到伤害负责？

 **相关案例**

旅游者吴女士参团到香港旅游，在自由活动期间，不小心被小车压过脚面，导致左脚受到轻微损伤，后被及时送医治疗，肇事车驾驶员以吴女士自己不小心为由拒绝支付医疗费用。吴女士要求旅行社承担医疗费用，理由是参加旅游团队期间，旅行社应当为旅游者受到的损害承担赔偿责任，而旅行社则以旅游者自由活动受伤为由拒绝，最后旅行社被旅游者投诉至旅游主管部门。

 相关法律规定

1.《旅游法》第七十条规定，在旅游者自行安排活动期间，旅行社未尽到安全提示、救助义务的，应当对旅游者的人身损害、财产损失承担相应责任。

2.《最高人民法院关于审理旅游纠纷案件适用法律若干问题的规定》第十九条规定，自行安排活动期间，包括旅游经营者安排的在旅游行程中独立的自由活动期间、旅游者不参加旅游行程的活动期间以及旅游者经导游或者领队同意暂时离队的个人活动期间等。

 案例分析

一、观点的截然对立

旅游者参加旅游团，人身财产受到损害，是否都应当由旅行社来承担，这是自从有旅游纠纷以来就有的话题，旅游者和旅行社的观点不一致。旅游者认为只要参加了旅游团,旅行社就得为旅游者的生老病死负责,犹如进了保险箱;旅行社则认为,只为自己的过错负责,类似自由活动这样的服务项目,旅行社不应当为此承担责任。两种观点截然对立,但似乎都有一定的道理。

因此,在一些旅行社给旅游者的书面注意事项中,旅行社经常会特别强调,旅行社对旅游者在自由活动期间发生的伤害概不负责,在旅游纠纷处理时,旅行社也会说,书面注意事项已经事先告知,旅行社不应当为旅游者自由活动期间的伤害承担责任。事实上,对照相关法律规定,旅游者和旅行社的观点都存在缺陷,值得商榷。

二、法律规定的内涵

1. 对照《旅游法》的规定可以看出,旅行社在旅游者自由活动期间,如果已经履行了相关的注意义务,旅行社就不应当承担相应的责任。旅行社应当尽到的注意义务包括,第一,在自由活动开始前,旅行社应当告知旅游者,有关旅游目的地的情况。第二,当旅游者在自由活动期间受到伤害向旅行社求助时,旅行社应当予以及时救助。比如事前的安全告知义务,包括旅行社在行程前的书面告知,导游和领队在行程中的口头告知,旅行社和导游、领队向旅游者提供救助的联络方式,以及接到旅游者受到伤害的信息后,导游和领队赶往现场帮助救援等。只要旅行社和导游、领队能够如此操作,即使旅游者在自由活动中人身财产受到损害,旅行社就不需要承担责任。

2. 对照司法解释的规定可以看出,所谓的自由活动,在旅行社的服务中,主要有三种形式:第一,是旅行社在行程单中安排的自由活动时间,这是较为典型的自由活动,许多旅行社都会为旅游团安排自由活动。第二,晚饭后到第二天早上出团前这段时间,是由旅游者自行安排的。此段时间除了睡觉休息外,也有可能外出消遣购物等,通常不会有导游和领队的陪同。第三,在正常的旅游行程中,经过导游和领队的同意,个别旅游者离开团队自由活动,或者为了探亲访友,或者为了其他游览活动。在这三种自由活动期间,旅行社都应当履行相应的注意义务,即告知和救助义务。

三、旅行社责任的承担

按照《旅游法》的规定,在旅游者自由活动期间,如果旅行社没有履行相关的注意义务,就要为此承担相应的责任。特别要注意的是相应责任,而不是全部责任。如果旅游者人身财产受到损害,不能简单地说,因为参加了旅游团,旅行社就要无条件地全部承担旅游者的损失,旅行社应当为没有履行注意义务部分承担责任。理由是,个人是自己权益的最好维护者,旅游者作为完全民事行为能力人,在整个旅游行程中,也应当履行相关的注意义务,为保护自己人身财产权益承担责任,而不能简单地把全部责任推给旅行社。即使不在自由活动期间,旅游者也应当履行注意义务,保护自己的人身财产安全。

四、旅游者的脱团不属于自由活动范畴

所谓脱团,就是没有事先得到旅行社及导游和领队的同意,旅游者擅自离团的行为。按照上述司法解释第二十条规定,旅游者在旅游行程中未经导游或者领队许可,故意脱离团队,遭受人身损害、财产损失,请求旅游经营者赔偿损失的,人民法院不予支持。也就是说,如果旅游者脱团期间发生伤害,和旅行社没有直接关系,旅行社不需要承担赔偿责任。尽管如此,旅行社发现旅游者在脱团期间受到伤害时,仍然应当尽到相关的协助义务,比如送医院治疗、积极护理等,但不需要承担赔偿责任。发生旅游者脱团情况,导游和领队要向旅行社报告,积极寻找,防止旅游者人身财产损害事件的发生,这是旅行社应当尽到的义务,而不能因为旅游者脱团无须旅行社承担责任,就对旅游者的脱团不闻不问、放任自流。

总之,吴女士自身的疏忽,导致人身伤害事件的发生,由于旅行社已经履行了相关注意义务,旅行社不应当承担任何责任。吴女士要么追究肇事者的责任,要么自己承担责任。

047 旅行社如何为旅游者代订旅游车?

相关案例

经常围绕在旅行社心头的疑惑之一,就是除了组织包价旅游业务时需要提供旅游车服务之外,旅行社还经常面临市民或者散客向其要求租用旅游车。由于旅行社对于租赁旅游车的法律关系不甚明了，加之当前旅游安全日益受到重视，旅行社会为旅游车的租赁犯愁：从事这样的业务，心中无底，放弃这样的业务，心有不甘。面对旅游车的租赁市场，旅行社如何为旅游者提供代订旅游车服务呢？

相关法律规定

1.《旅游法》第七十四条规定，旅行社接受旅游者的委托，为其代订交通、住宿、餐饮、游览、娱乐等旅游服务，收取代办费用的，应当亲自处理委托事务，因旅行社的过错给旅游者造成损失的，旅行社应当承担赔偿责任。

2.《合同法》第三百九十六条规定，委托合同是委托人和受托人约定，由受托人处理委托人事务的合同。

3.《合同法》第四百二十四条规定，居间合同是居间人向委托人报告订立合同的机会或者提供订立合同的媒介服务，委托人支付报酬的合同。

4.《合同法》第四百二十六条规定，居间人促成合同成立的，委托人应当按照约定支付报酬。

案例分析

一、旅行社为旅游者代订旅游车服务的性质

在旅行社的服务中，大致可以分为包价旅游服务和代订旅游服务，旅行社为旅游者租赁旅游车服务属于后者，是旅行社代订服务中的一种，性质上为委托服务关系，是旅行社接受旅游者的委托，为其提供旅游车的接送单项服务。当然，旅行社的代订服务并不局限于旅游车服务，还包括代订客房、餐饮、游览等，只要旅游者委托的服务符合我国法律规定，旅行社都可以为其提供代订，可以说旅行社的代订服务无边界限制。

二、旅行社代订服务三种类型

1. **旅行社为旅游者代订自有旅游车服务** 旅行社自有旅游车有两种情况，第一，旅游车的管理公司为旅行社下属的独立企业。旅游者委托旅行社租赁旅游车，旅行社需要对旅游车及驾驶员的资质进行把控，分别与旅游车公司和旅

游者签订协议。第二，旅游车公司属于旅行社的一个部门。只要旅行社的旅游车公司和驾驶员资质合法，在双方签订租车协议后，旅游车公司按照合同的约定，为旅游者提供服务即可。旅行社要承担的责任，就是旅游车服务没有按照约定提供，或者旅游车的侵权行为给旅游者造成的损失。

2. 旅行社为旅游者代订非自有旅游车服务　接受市民或旅游者的委托后，旅行社为旅游者租赁旅游车，然后以自己的名义向旅游者出租旅游车，这是典型的委托合同关系。这样的代订服务涉及旅游者、旅行社和旅游车公司三个主体。旅行社首先要按照旅游者的要求，向有资质的旅游车公司租赁旅游车，租赁合同的双方当事人是旅行社和旅游车公司。其次是旅行社和旅游者签订租赁旅游车协议，租赁合同的双方当事人是旅行社和旅游者。

在这样的租赁活动中，为了确保旅游车的安全和服务符合规定和约定，旅行社必须事先对旅游车公司和驾驶员的资质进行审核，因为在两份租赁合同中，旅行社都是合同当事人，旅行社向旅游者承诺旅游车的服务与安全。如果旅游车的服务和安全出现问题，导致旅游者权益受损，因为旅行社和旅游者的租赁合同已经做出承诺，旅行社就难辞其咎。

3. 旅行社为旅游者介绍旅游车租赁服务　旅行社既为旅游者或者旅游车公司提供服务，获得一定的报酬，又不在旅游者租赁旅游车上涉入太深，以降低风险，这是一种较为理想的经营模式。在此情况下，旅行社承担的角色为中间人、介绍人，专业术语为居间人，旅行社和旅游者、旅游车公司之间形成了居间合同关系，而不是租赁合同关系。

第一，旅行社接受旅游者需要旅游车服务的委托，为旅游者寻找合适的旅游车公司，然后向旅游者报告租赁旅游车的机会，促成旅行社、旅游车公司和旅游者达成租赁旅游车协议。

第二，旅行社事先接受旅游车公司的委托，当旅游者提出需求后，向旅游车公司报告订立租赁旅游车的机会，促成旅游车公司和旅游者达成租赁协议。

三、旅行社如何收取居间报酬

旅行社收取报酬的对象是委托人，如果委托人是旅游者，旅行社应当向旅游者收取报酬；如果委托人是旅游车公司，旅行社就应当向旅游车公司收取报酬。不论向谁收取报酬，旅行社都应当事先向对方明示报酬。当然，如果最后旅游者和旅游车公司没有达成租赁协议，旅行社不得要求委托人支付报酬，但可以要求委托人支付从事居间活动支出的必要费用。这在《合同法》中是有明确规定的。

总之，不论何种情形的代订服务，旅游者在旅游目的地游览或者从事商务活动期间，旅行社仅仅需要完成代理服务本身，只需要为代订服务存在过错承担责任，这样的责任承担与包价旅游服务责任承担不可同日而语。

048 免费旅游是否可以成为旅行社拒绝赔偿的理由？

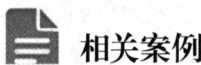
相关案例

某旅行社为了吸引当地市民的眼球，提高社会知名度，在当地大做广告，宣布将组织老年旅游者前往北京旅游，但同时声称由于是免费旅游，在旅游期间出现的漏游景点等行为不予赔偿，对于旅游者的伤害旅行社只有协助义务，没有赔偿责任。当地旅游主管部门前去查处，旅行社辩解说，因为是免费旅游，可以免除旅行社的责任。旅行社的说法是否有法可依？

案例分析

一、免费旅游没有从本质上改变权利义务关系

旅行社组织旅游者旅游，不论该旅游团队是收费还是免费，作为旅游合同双方当事人，旅行社和旅游者之间的权利义务依然存在。没有因为旅行社免费服务，旅行社的义务随之被免除，也没有因为旅行社是收费服务，又无缘无故地增加了新的义务。无论免费与否，旅行社的义务不会减少或者增加。

1. 旅行社的权利　旅行社有权向旅游者收取旅游团款。旅行社有自主收取团款的权利，收取的团款不能高于广告价格，是否优惠由旅行社决定，收取团款后出具正规凭证。旅行社的义务：旅行社按照约定向旅游者提供服务，同时还必须履行安全保障义务，如果旅行社违反合同约定或者有侵权行为，要承担

法律责任。

2. 旅游者的权利　得到合同约定的各项服务，若合同变更应当得到旅游者的同意，人身财产安全必须得到保障，还有相应的赔偿权利。旅游者的义务：主要义务是按照约定交纳团款，按时参加旅游的协助义务；其行为给旅行社造成损失，也应当承担赔偿责任。

二、权利可以放弃，义务必须履行

按照法律规定，合同双方当事人都必须认真履行约定或者规定的义务，义务不能随意放弃，而权利是否需要得到实现，则由权利人自己决定，既可以获得，也可以放弃。简言之，权利可以放弃，义务必须履行。

1. 收取旅游团款是旅行社的权利　旅行社放弃旅游团款的收取是其自主行为，只要旅行社自己认为合适就没有不妥；而旅行社为旅游者提供服务、保证旅游者人身财产安全是义务，必须严格履行，旅行社不能放弃。所以说，旅行社组织免费旅游，不影响旅游合同的性质，也不能因此而降低或者减少旅行社的各种义务。

2. 旅行社必须与旅游者签订书面旅游合同　按照规定，旅行社组团必须与旅游者签订书面旅游合同，免费旅游团也不例外。《旅游法》没有规定，免费旅游就可以不签订书面旅游合同。如果所谓的免费旅游团没有签订书面合同，或者签订的书面合同不符合法律法规的规定，旅游主管部门可以对旅行社进行行政处罚。

3. 旅行社不能强迫旅游者参与自费项目和购物活动　免费旅游期间，旅行社的服务仍然要按照合同约定进行，尤其是不能以免费旅游为借口，强迫或者变相强迫旅游者参加自费项目和购物。旅行社不能认为旅游者得到了免费旅游，就理所当然地必须参加购物和自费项目。对于行程中强迫购物、自费项目的行为，旅游主管部门要按照规定对旅行社实施处罚。

三、旅行社免费组织旅游，旅游者权益受损是否可以要求旅行社赔偿

旅行社按照诚实守信原则，组织老年旅游者免费游北京，本无可厚非，既然组织免费旅游也不能改变旅行社组团的性质，那么旅行社就应当按照约定提供服务。即使是免费旅游，旅行社出团前也要与旅游者有约定，哪怕这个约定

是口头的，旅行社按照约定履行合同义务，同时还必须履行安全保障义务，确保旅游行程中旅游者人身财产安全。只要旅行社没有履行合同义务，或者没有履行安全保障义务，给旅游者造成损失，旅行社还是应当承担赔偿责任，这和是否免费没有必然的联系。

总之，旅行社可以根据自己的实际需要，组织旅游者免费旅游，但免费旅游不能成为强迫旅游者购物和参与自费项目的理由，更不能成为免除赔偿责任的理由。

049 免费旅游是否可以成为旅行社规避行政责任的借口？

相关案例

某旅行社组织社区老年人去北京旅游，旅行社承诺免费参加，到了北京后，全陪要求每一位老年人交纳自费项目 1000 元，否则就不再提供相应的服务。行程结束后，老年人投诉至当地旅游主管部门。在调查核实时，旅行社承认投诉属实。当旅游主管部门要对旅行社实施行政处罚时，旅行社提出异议，认为旅行社组织的是免费旅游，就不应当受到行政处罚。

案例分析

一、免费旅游的实质

现在有少数旅行社为了规避《旅游法》、《旅行社条例》等规定的约束，采取一些自认为聪明的办法，如以免费旅游为借口，在出团时全部免除或者部分免除旅游者的旅游费用（如往返交通费等），组织旅游者参加某些线路的旅游。到了旅游目的地后让旅游者参加自费项目和购物，以相关企业的返佣获取利润。

旅行社以免费旅游的手段招徕旅游者，本质上是假借免费旅游之名，行强迫或者变相强迫旅游者购物和参加自费项目之实，或者说是以合法的形式掩盖非法的目的，等到旅游者报名参团后，才暴露出其本来的面目。这样的操作如果有投诉发生，旅行社以免费旅游为由，拒绝旅游管理部门的处罚，也拒绝向旅游者赔偿。

二、旅行社收费与否，是民事行为

按照《价格法》的规定，旅行社向旅游者收取旅游费用，是旅行社行使权利的主要表现之一，只要旅行社按照规定，诚实守信、明码标价，向旅游者收取服务费用都是正当的。如果旅行社为了获得社会效益，或者承担社会责任，免除或者降低旅游服务费用，是旅行社的企业行为，值得提倡，但没有法律规定旅行社必须如此操作。总之，旅行社向旅游者是否收费、收费多少，应当由旅行社和旅游者协商而定，其性质属于旅行社的民事行为。

三、旅游主管部门的监管与否，是行政行为

旅游主管部门对于旅游市场的监管，是法律法规赋予的法定义务和职责，是否行使监管义务，不是由旅游主管部门自己决定，而是由法律法规规定，即监管旅游市场秩序的主动权在法律，而不在旅游主管部门。如果法律赋予了旅游主管部门的监管职责，旅游主管部门不监管、乱监管，都违背了法律的初衷。所以，只要旅行社开展经营活动，旅游主管部门就有义务进行监管，而不必看旅行社的经营是否收费，或者是否赢利。

四、免费旅游，是旅行社放弃权利的表现

为旅游者提供免费旅游的机会，是旅行社放弃了向旅游者收取团款的权利，但其为旅游者服务的义务不能被同时免除。即使是免费旅游，旅行社出团前也要与旅游者有约定，哪怕这个约定是口头的，旅行社按照约定履行合同的义务，同时还必须履行安全保障义务，确保旅游行程中旅游者人身财产安全。只要旅行社没有履行合同义务，或者没有履行安全保障义务，给旅游者造成损失，旅行社还是应当承担赔偿责任，这和是否免费没有太大的关系。

五、监管对象，是旅行社的服务行为

《旅游法》、《旅行社条例》所要规范的，是旅行社的组团行为、服务行为，

这是旅游主管部门的监管对象，而不是旅行社是否免费。免费与收费，仅仅是旅行社的收费方式不同，也是旅行社自主经营行为的表现之一，免费并不能改变旅行社组团的性质。旅行社以免费为借口拒绝监管，是偷换概念。

按照规定，旅行社组团必须与旅游者签订书面旅游合同，如果免费旅游团没有签订书面合同，或者签订的书面合同不符合《旅游法》、《旅行社条例》的相关规定，旅游管理部门可以对旅行社处以行政处罚。同样，对于行程中强迫旅游者购物、强迫旅游者参加自费项目的行为，管理部门也要按照规定对旅行社进行处罚。

总之，上述案例中，旅行社以免费旅游为由，拒绝接受旅游主管部门的行政处罚缺乏依据。

050 赠送服务是否可以被旅行社随意取消？

相关案例

某组团社反映，旅游者结束西南地区的旅游行程后投诉，要求组团社向旅游者赔偿如下服务：两个没有消费的正餐、一个地接社赠送的景点。组团社代表旅游者向地接社交涉，要求地接社尽快退还费用。地接社以两个正餐为酒店赠送、景点未能成行因为是泥石流造成的，而且由于未去赠送的景点，导致旅游者不能去景点内的购物店，地接社反而亏本了。所以概不退还所有费用。地接社的观点是否正确？

案例分析

一、赠送服务的性质

赠送服务，就是旅行社承诺为旅游者提供服务，但不收取旅游者的费用，与免费服务性质有一定的类似，都是旅行社不以增加旅游者费用为条件，单方为旅游者增加服务内容。

1. **收取旅游者服务费用是旅行社的权利** 根据法律的一般原理，权利是可以放弃的，但义务是不能被免除的。也就是说，旅行社不收旅游者旅游费用不违法，也没有被法律所禁止，是否收费、收费多少，都由旅行社和旅游者协商而定。但旅行社放弃收取费用的同时，不能因此减少旅行社的约定义务和法定义务。比如，不能因为是赠送了某项服务，就可以免除旅行社的安全保障义务。旅游者受到人身伤害，只要旅行社安保义务未履行到位，即使是免费服务、赠送的服务，旅行社依然要承担相应的赔偿责任。

2. **赠送服务是旅游合同的组成部分** 旅行社一旦做出赠送服务的承诺，赠送服务就和其他收费服务一样，共同组成完整的旅游行程。也就是说，赠送服务或免费服务只要进入旅游行程，就和收费服务项目具有同等的地位和性质，旅行社不得随意取消、更改，否则旅行社就是违约，也要承担违约责任。旅行社认为可以擅自取消、更改赠送服务的观念是十分错误的。同时，只要地接社擅自取消赠送服务，地接社所在地的旅游主管部门应当按照《旅游法》、《旅行社条例》的规定，对地接社实施行政处罚。如果组团社和地接社有共同的过错，组团社也应当受到相应的行政处罚。

二、组团社的义务

1. **组团社的注意事项** 就目前情况看，地接社以赠送服务、免费服务为名的服务，往往蕴含着服务陷阱，就上述案例中的地接社所言，因为未能前往赠送景点中的购物店而亏损。总的评价是，目前旅行社的赠送服务并非出自善意，并非真心实意为旅游者提供服务，而是将赠送服务和免费服务作为陷阱，诱使旅游者先参加、后消费，让旅游者为赠送服务和免费服务买单。因此，组团社在和地接社协商线路时，如果有类似的赠送服务，组团社就应当警觉，必须就赠送服务与地接社进行特别约定，比如如果这些项目被取消，如何向旅游者赔偿损失，又如约定在旅游中参与赠送服务和免费服务，不得强迫旅游者购物和参加自费项目等，防止旅游者返程后投诉，纠纷难以处理。

2. **组团社要为地接社的过错承担责任** 如果组团社履行了相关的注意义务，旅游者的权益仍然受到损害，虽然组团社可以代表旅游者向地接社交涉，要求其承担赔偿责任，但如果地接社拒绝承担责任，或者地接社支付的赔偿不足以弥补旅游者的全部损失，赔偿旅游者损失的第一主体当然是组团社。这也就是要求组团社选择好地接社，对地接社要有相当的掌控能力，否则组团社就要为此付出代价，因为组团社要为地接社、履行辅助人的行为负责。

三、赠送服务被取消如何赔偿

1. 旅行社擅自取消赠送服务，应当按照合同约定，给旅游者以赔偿，旅行社不得因是赠送服务不予赔偿，或以赠送服务无法计算成本为由拒绝赔偿。若赔偿标准有合同约定，旅游者可以举证；如果提供的赠送服务或者免费服务没有具体的赔偿标准，则可以按照国家旅游局颁布的《旅行社服务质量赔偿标准》第十条的规定，遗漏无门票景点的，按每遗漏一处旅行社向旅游者支付旅游费用总额5%的违约金的标准进行赔偿。

2. 对于因不可抗力或者突发事件造成的取消赠送服务的行为，旅行社应当按照赠送服务所需要的正常成本，退还给旅游者。所以，上述案例中地接社所谓的餐饮是饭店赠送的，不予退还的观点是错误的。

3. 旅行社在合同中事先约定，赠送服务概不退还应当被视为霸王条款，对于旅游者不具备约束力。旅行社不能以旅游者已经签字同意为由，擅自取消赠送服务，这样做仍然要承担赔偿责任。

总之，旅行社随意取消为旅游者提供的赠送服务，是一种违约作为，旅行社应当按照约定或者规定予以赔偿；旅游主管部门要追究旅行社擅自改变行程的行政责任。

051 旅行社如何防范预订的客房被饭店擅自取消？

相关案例

某旅行社在黄金周结束后向旅游主管部门抱怨，节前预订的客房被饭店擅自取消，旅行社和饭店交涉多次，要求饭店承担赔偿责任，饭店置之不理，旅行社又很难证明实际损失的多少，上法院对饭店提起诉讼费时费力，旅行社自认倒霉。旅行社为此向旅游者承担了违约责任,又一次感受到了作为弱势群体的旅行社的处境,希望能够得到旅游主管部门的帮助和指导。

相关法律规定

1.《合同法》第八条规定,依法成立的合同,对当事人具有法律约束力。当事人应当按照约定履行自己的义务,不得擅自变更或者解除合同。依法成立的合同,受法律保护。

2.《合同法》第十二条规定,合同的内容由当事人约定,一般包括以下条款:……(七)违约责任;(八)解决争议的方法。

案例分析

一、问题的提出

在旅游旺季,旅行社经常向旅游管理部门反映饭店违约,擅自取消已经预订的客房,导致旅行社被旅游者投诉;而在旅游淡季,饭店也向旅游主管部门诉苦,旅行社不讲信用,随意取消已经预订的客房,导致饭店客房空置。这样的现象经常发生,究竟如何操作才可以避免旅游企业违约,进而避免旅游纠纷的发生?

二、旅游主管部门是否可以有所作为

答案是肯定的。作为行业主管部门,旅游主管部门接到旅游企业的投诉,应当采取一些措施,对双方当事人进行协调,促成双方当事人达成和解,化解矛盾。旅游主管部门或者其他主管部门,仅仅是对矛盾进行调解,没有对纠纷进行裁决的法定权力和职责。因此,旅行社与饭店发生民事纠纷后,主要还是依赖旅行社自己与饭店的协商,如果协商不成,最后只能诉诸法律。

三、诉讼虽好但对于旅行社绝非首选

诉讼是公民法人维权的最后一道屏障,一般情况下,旅行社不愿为纠纷走上诉讼之路,因为诉讼不仅成本高,特别是饭店在异地,旅行社支付给律师的律师费、差旅费等费用不少,而旅行社的标的往往较小,诉讼到最后的结果是,

赢了官司,却亏了效益,从经济效益角度看,旅行社是不愿轻易上法院的,而且诉讼时间较长,不是一两天能够解决的。所以,旅行社大多还是停留在协商阶段,而不会通过诉讼维权,因为维权不能为其带来实际效益。

四、难道旅行社就别无他法防止饭店违约吗

答案是否定的。事实上,只要旅行社借助我国法律规定,并与饭店事先约定,就可以遏制饭店随意违约行为的发生。《合同法》第十二条规定,合同的内容由当事人约定,其中要求合同中有违约责任和解决争议的方法的约定。而旅行社恰恰没有关注《合同法》的这些规定,只忙于业务,其他一概不感兴趣。我们只要去看看旅行社和饭店之间往来的传真件就能得到印证。

五、旅行社防止饭店擅自取消客房预订的路径

旅行社可以在原来权利义务约定的基础上,在双方的确认件上明确约定:如果饭店擅自取消客房,每减少一间客房,饭店必须为此承担违约责任,并明确违约金的具体数额,比如取消客房,每间违约金为800元。只要饭店对此予以确认,饭店就不会轻易取消预订的客房,因为违约成本过高,对于饭店而言得不偿失,也就促使饭店认真履行合同。

如果没有明确的违约金约定,饭店擅自取消旅行社已经预订的客房,违约行为是清楚的,饭店应当承担违约责任也是清楚的,但责任和损失的具体计算有难度,仍然不能将维权行为简单化。如果有违约金的明确约定,若饭店违约,旅行社不需要求助他人,直接和饭店交涉,就能迅捷地得到赔偿。当然,约定违约责任的目的,不是为了得到饭店的赔偿,而是为了督促饭店更好地履行合同义务,减少旅行社和旅游者的纠纷。旅行社为让饭店遵守承诺,在合同中约定违约金;同样,为了防止旅行社擅自取消订房,也要对违约金做出约定,确保饭店权益不受侵害,否则对饭店不公平。

不论旅行社还是饭店,与其向旅游主管部门抱怨,还不如花点时间来研究法律,运用我国现有的法律规定,制约各方的违约行为,确保旅游合同顺利履行。

052 旅行社知道"定金"的法律含义吗？

 **相关案例**

某旅行社向旅游主管部门咨询：旅行社收客后由于人数不够而无法成团，于是通知旅游者取回旅游团款，旅游线路的价格是3000元，旅游者到门市后，不仅要求旅行社退还全额团款，而且要求旅行社双倍返还团款，理由是旅行社出具的发票上注明为定金，按照规定必须双倍返还。旅游者的要求是否合理？

 相关法律规定

1.《担保法》第八十九条规定，当事人可以约定一方向对方给付定金作为债权的担保。债务人履行债务后，定金应当抵作价款或者收回。给付定金的一方不履行约定的债务的，无权要求返还定金；收受定金的一方不履行约定的债务的，应当双倍返还定金。

2.《担保法》第九十一条规定，定金的数额由当事人约定，但不得超过主合同标的额的百分之二十。

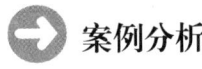 **案例分析**

一、旅行社不知道定金的含义

该旅行社的疑问，代表了不少旅行社的共同心声，也说明旅行社对于定金的真正含义知之甚少。按照当下的说法，旅行社在收取旅游者团款时，如果是收取了全额旅游团款，在发票上就注明是旅游团款；如果收取的团款为部分团款，或者是签证费，旅行社注明款项性质时可谓五花八门，有的是"定金",有的是"订金";有的是"预付款",还有的是"旅游费"等。旅行社在发票或者收据上注明旅游团款的性质至关重要,尤其是注明为"定金"时,因为法律对于定金有特别的规定,旅行社如何确定旅游团款的性质,应予以特别注意。

二、定金具有惩罚性特点

从上述规定看,定金本质上是当事人为了某项民事活动提供的担保,促使旅游者和旅行社认真履行合同。具体用到旅游活动中,如果旅行社收取了旅游者的定金,本身就是为了保证旅游行程顺利开展。按照法律规定,如果旅行社违约,按照定金规则,旅行社不仅要退还旅游者交纳的旅游团款,还需要向旅游者支付同倍的违约金,对于旅游合同的违约方具有惩罚的作用。虽然定金和欺诈的构成要件不同,主观过错程度不同,但从旅游纠纷处理结果看,定金纠纷和欺诈纠纷有一定的相似,都具有对违约方的惩戒作用。确定定金规则,其出发点是为了促进和鼓励交易活动的开展,而不是为了守约方获得赔偿。

三、定金规则的具体运用

按照规定,如果旅行社给旅游者出具了定金的凭证,若旅行社违约,不组织旅游者旅游,旅游者可以根据定金规则,要求旅行社承担双倍返还责任。当然,定金规则适用于旅游合同的双方当事人,旅游者没有按照约定继续旅游行程,旅行社也可以按照定金规则处理,即使旅行社没有任何经济损失,旅行社也可以没收旅游者的定金。可以说,定金规则是一把双刃剑,适用于旅行社和旅游者双方。作为旅行社,把旅游者预付的旅游团款定性为"定金",要特别慎重,免得陷入被动。同样,旅游者也要理解定金的含义,如果对于未来能否确定参加旅游尚有疑虑,则可以要求旅行社将"定金"改为"预付款"。总之,旅游者和旅行社都应慎用"定金"。

四、定金惩罚性的限制

按照规定,定金的双倍返还有数量上的一定限制,即双倍返还的额度限定在总标的额的20%以内。假如旅游团款为1万元,旅游者交纳了5000元定金,当旅游者解除合同时,旅行社只可以收取2000元的违约金,而不是5000元;同样,假如旅行社违约,旅行社退还全额定金,还应当赔偿旅游者2000元。不能简单片面地理解定金的内涵,把全额旅游团款按照定金规定来处理。

综上所述,上述案例中,由于旅行社把旅游团款已经确定为定金,而且旅行社违约在先,旅行社就必须按照定金规则来处理,先退还旅游者全额旅游团款,然后再赔偿旅游者600元违约金,而不是全额双倍返还。

053 旅行社如何承担行程延误的赔偿责任?

相关案例

付先生参加旅行社组织的北京游,由于航班临时取消,导致付先生等旅游者延误一天时间返回。付先生等要求旅行社为延误向旅游者赔偿,旅行社认为没有过错,拒绝赔偿。付先生等向旅游主管部门投诉,坚持要求旅行社赔偿。

相关法律规定

1. 《旅游法》第六十七条规定,因不可抗力或者旅行社、履行辅助人已尽合理注意义务仍不能避免的事件,影响旅游行程的,按照下列情形处理:……(四)造成旅游者滞留的,旅行社应当采取相应的安置措施。因此增加的食宿费用,由旅游者承担;增加的返程费用,由旅行社与旅游者分担。

2. 《旅游法》第七十一条规定,由于公共交通经营者的原因造成旅游者人身损害、财产损失的,由公共交通经营者依法承担赔偿责任,旅行社应当协助旅游者向公共交通经营者索赔。

案例分析

一、旅游行程延误的本质

行程延误,本质上是延长约定时间出团或者返程,大致包括三种情形,第一种情形:由于种种原因,旅游团不能按时出团,压缩了整个旅游行程;第二种情形，旅游团队按时出团，但是返程遇到障碍，不能按时返程，延长了整个旅游行程；第三种情形，团队既不能按时出团，又不能按时返程，既可能缩短旅游行程，也可能延长旅游行程。行程延误，不仅给旅游者带来不愉快，更主要的是可能给旅游者带来其他的损失，如已经安排的工作或者商谈不能进行。不论何种原因造成延误，旅游者总是要求旅行社赔偿。

二、不可抗力或者意外事件引起的延误，旅行社尽到了注意义务，就不需要承担赔偿责任

《旅游法》第六十七条对此有明确规定。只要是不可抗力或者意外事件导致的旅游行程延误，合同双方当事人均没有过错，只要旅行社尽到了合理的注意义务，就不需要为此承担责任。用一句通俗的话来描述：大家晦气，自认倒霉，共同承担自己的损失，不能要求对方赔偿，按照《旅游法》的规定，滞留期间食宿费用旅游者自己承担，返程交通费用双方分担。不可抗力或者意外事件导致景点来不及游览，旅行社只需要退还门票、导游费、市内交通费等，但不需要赔偿。不可抗力或者意外事件导致旅游者不能按时返回，旅行社也不需要为旅游者耽误工作承担责任。

三、旅行社自身原因引起的延误，旅行社要承担赔偿责任

由于旅行社工作疏忽，或者供应商协作不利，导致旅游行程延误，不能按照旅游合同提供约定的服务，旅行社要承担全部违约责任，并赔偿旅游者经济损失。如旅行社租用的旅游车被临时取消，旅行社通过其他渠道再租用旅游车，延误了旅游者的行程，旅行社不仅要承担延误时间的赔偿责任，还要对景点取消承担违约赔偿责任，如果有违约金约定，按照违约金赔偿；如果没有约定，旅行社不仅要退还门票、导游费、市内交通费等，还要承担同倍的违约金赔偿。

四、公共交通引起延误，旅行社不需要承担赔偿责任

按照《旅游法》和最高人民法院出台的司法解释的规定，公共交通如航班、铁路、轮船、高速快客等的延误或者取消，造成旅游者行程延误，减少甚至取消了旅游服务项目，或者导致旅游者延迟返程，旅行社不需要承担赔偿责任，但要退还尚未发生的费用，如门票、导游费、市内交通费等。旅行

社应当特别注意的是,旅行社组织的包机、包船、火车专列等交通工具,由于不向公众开放,只是为旅游者提供服务,不属于公共交通的范畴。如果这些交通工具发生延误,导致旅游者权益受损,旅行社仍然要承担赔偿责任。

五、旅行社延误导致返程推迟,要向旅游者赔偿误工费

如果旅行社的失误,导致旅游者延迟返程,旅游者提出误工费赔偿是合理的。旅行社需要掌握的原则是,假如旅游者提出的误工费赔偿数额很高,旅行社可以要求旅游者出具个人所得税纳税证明,凭证明支付赔偿。如果旅游者不能出具证明,就按当地上年人均收入支付赔偿。造成退休人员和未成年人的延误,旅行社酌情予以补偿。

六、延误导致旅游者的间接损失,旅行社不予赔偿

旅游者会以延误使得旅游者不能及时返程、丧失了和客户签订合同的机会,要求旅行社赔偿损失,旅行社可以不予理会。因为旅行社必须赔偿直接损失,没有赔偿间接损失的义务。当然如果延误是旅游者自身原因造成的,与旅行社无关,损失由旅游者自己承担。

总之,旅行社对于旅游行程延误的赔偿,首先要区分责任和原因,然后根据不同的责任和原因,分别以给予赔偿或者退还余款等不同的方式处理。

054 旅游者出团前解除合同就不需要承担责任吗?

📋 相关案例

黄先生和旅行社签订书面旅游合同,准备前往云南旅游,由于黄先生家中突然有急事,无法参加旅游,黄先生要求解除合同,并退回全额团款。旅行社同意解除旅游合同,但要求旅游者承担5%的损失,旅游者不愿意承担,理由是旅游行程尚未开始,旅行社没有什么损失。

相关法律规定

1.《旅游法》第八条规定，依法成立的合同，对当事人具有法律约束力。当事人应当按照约定履行自己的义务，不得擅自变更或者解除合同。依法成立的合同，受法律保护。

2.《旅游法》第六十三条规定，旅行社招徕旅游者组团旅游，因未达到约定人数不能出团的，组团社可以解除合同。但是，境内旅行社应当至少提前七日通知旅游者，出境旅游应当至少提前三十日通知旅游者。

3.《合同法》第一百零八条规定，当事人一方明确表示或者以自己的行为表明不履行合同义务的，对方可以在履行期限届满之前要求其承担违约责任。

 案例分析

一、行程开始前解除旅游合同也属正常

旅行社与旅游者签订旅游合同，虽然双方的主观愿望都是为了顺利履行合同，各自实现合同目的，但在现实中，由于各种因素导致合同不能履行，其中一方或者双方提出解除旅游合同的案例不在少数，解除旅游合同本身问题不大，障碍来自于双方对于损失理解所产生的分歧。按照旅游合同的约定，通常情况下，除了《旅游法》规定的特殊情况和不可抗力等因素，不论旅游者还是旅行社提出合同解除，都应当承担相应的责任。

二、法律对于旅行社解除旅游合同做出了规定

按照《旅游法》第六十三条的规定，如果旅行社解除旅游合同，符合上述规定，旅行社可以不承担赔偿责任。但从旅游实践看，虽然有法律规定，旅行社要完全不承担责任也很难，旅游者会以报名浪费时间、报名产生交通费用为由，要求旅行社承担责任。同时，该法条并没有排除旅游者和旅行社之间的约定，如果在签订旅游合同时，双方仍然约定合同签订后不可解除、否则要承担违约责任，有了这样的约定，旅行社还是要按照约定进行赔偿。同时，如果旅行社解除旅游合同不符合上述规定，旅行社应当向旅游者承担违约责任，或者支付旅游者已经产生的直接的实际损失，至于旅游者专门为旅游购买的物品、

向单位请假等间接损失，旅行社不需要承担赔偿责任。

三、法律并没有对旅游者出团前解除合同做出专门规定

按照相关法律规定，如果旅游合同已经约定了违约责任，只要旅游者解除旅游合同，旅行社就可以按照合同约定收取违约金。如果旅游者解除旅游合同的行为给旅行社造成了损失，且该损失超出违约金的约定，旅行社可以要求旅游者在违约金的基础上再补足差额。由于旅行社服务非常特殊，旅游者交纳了旅游团款，但旅游行程开始时间晚于团款交纳时间，而旅行社和旅游者签订旅游合同后，就会立即开始作业，随之就会产生费用，而且越是接近出团日期，实际投入将越大。这也是为什么出团当天提出解除合同，旅行社返还给旅游者的团款很少，因为绝大部分的费用已经产生。旅游者不能接受旅行社的解释，是因为旅游者对于旅行社服务特点不了解的缘故，这也要求旅行社为了减少纠纷，在签订旅游合同要向旅游者做出详尽的说明，包括解除旅游合同的后果。

四、如果没有违约金约定，就按照实际损失赔偿

如果双方事先没有约定违约金，只要有违约发生，守约方就可以要求违约方赔偿实际损失。如果旅游者解除旅游合同，就要承担旅行社已经发生的操作费、已经支付给地接社且不能返还的费用；如果旅行社解除合同，就要承担旅游者的交通费用、误工费等。如果旅游者解除住宿合同，导致饭店客房空置，旅游者应当全额赔偿；如果饭店解除住宿合同，就应当承担旅游者的交通费、重新选择饭店的费用等。

五、出具实际损失凭据

违约金的赔偿不需要提供凭证，因为收取违约金的前提，是当事人有违约行为发生，是否有实际损失和支付违约金没有关联性。但如果是赔偿实际损失，守约方必须出具实际损失的凭证。如果守约方不能出具有效凭证，就只能推断损失没有发生。

总之，旅游者在旅游行程开始前解除旅游合同，必须向旅行社承担实际已经发生的费用，不能以旅游行程尚未开始为由，拒绝承担违约责任。

055 旅行社擅自解除旅游合同如何承担责任？

相关案例

某广告公司准备组织本公司职员前往庐山度假，广告公司与旅行社签订了旅游合同。广告公司要求旅游团必须住在庐山某饭店，并约定了违约责任：如因乙方（指旅行社）原因，致使甲方（指旅游者）不能成行，在旅游开始前5～3日通知到的，支付全部旅游费用20%的违约金；在旅游开始前3～1日通知到的，支付全部旅游费用30%的违约金。旅行社购买了赴庐山的火车票后，地接社告知组团社，客房已被全部预订，出发前3天组团社告知广告公司无法成行，广告公司要求组团社出具书面通知。组团社出具了"由于不能按照约定提供客房，此团不能成行"书面告知书，并着手处理善后事宜。旅行社希望广告公司能够承担退火车票的损失，并承担20%的违约金；广告公司则要求旅行社退还全额预付款的同时，按照合同约定，向广告公司赔偿总团款30%的违约金。双方互不相让，在协商未果的情况下，广告公司向旅游主管部门投诉，请求得到赔偿。

相关法律规定

1. 《旅游法》第八条规定，依法成立的合同，对当事人具有法律约束力。当事人应当按照约定履行自己的义务，不得擅自变更或者解除合同。依法成立的合同，受法律保护。

2. 《合同法》第一百一十四条规定，约定的违约金低于造成的损失的，当事人可以请求人民法院或者仲裁机构予以增加；约定的违约金过分高于造成的损失的，当事人可以请求人民法院或者仲裁机构予以适当减少。

3. 《旅行社条例》第二十九条规定，旅行社和旅游者签订的旅游合同约定不明确或者对格式条款的理解发生争议的,应当按照通常理解予以解释;对格式条款有两种以上解释的,应当作出有利于旅游者的解释;格式条款和非格式条款不一致的,应当采用非格式条款。

 **案例分析**

一、旅行社的违约显而易见

在这起纠纷中,对旅行社必须承担违约责任不必进行过多的讨论,因为旅行社必须为自己单方解除旅游合同承担违约责任。必须要关注的焦点是,第一,旅行社应当如何承担违约责任?这是旅行社和广告公司的分歧焦点所在,旅行社也愿意承担违约责任,但对于违约责任的承担、承担多少有不同的理解。第二,旅游者是否必须分担旅行社的退票损失。旅行社提出要求旅游者分担火车票费用,理由是旅行社买票就是为了准备旅游团队出行,旅行社产生了实际损失,旅游者理应承担。

二、对格式条款含义的理解

旅行社和广告公司书面约定:"在旅游开始前5~3日通知到的,支付全部旅游费用20%的违约金;在旅游开始前3~1日通知到的,支付全部旅游费用30%的违约金。"单纯从约定的内容看,旅行社和广告公司关于违约金支付的说法都有道理,但按照《旅行社条例》关于"对格式条款有两种以上解释,应当做出有利于旅游者的解释"的规定,由于该旅游合同由旅行社提供,当旅行社和广告公司对格式条款的解释有争议时,应当做出对广告公司有利的解释。按照如此解释,旅行社应当赔偿全额旅游团款30%的违约金。

三、如何认定违约金的高或低

通常情况下,只要旅行社和广告公司签订旅游合同,包括对于违约金的约定,旅行社和广告公司就必须遵守合同约定。对于旅游合同内容的改变,需要通过两个途径来解决:第一,双方协商。不论旅行社还是广告公司都可以对旅游合同内容进行协商,只要双方同意,可以对旅游合同内容进行调整,包括对违约金的约定也是如此。第二,通过法院诉讼解决。比如案例中旅行社认为违约金过高，难以承受，在协商未果的前提下，旅行社向人民法院提起诉讼，要求法院判定降低违约金的支付。

总之，由于是旅行社的工作失误，导致旅游团无法成行，由此造成的直接经济损失只能由旅行社承担。旅行社为旅游团购买的车票被退掉不能归责于旅游团，在整个过程中旅游团没有过错，所以旅行社要求广告公司承担退票损失缺乏依据。除此之外，旅行社还要向广告公司支付全部团款30%的违约金。

056 旅行社可以放弃对旅游者违约责任的追究吗？

相关案例

十一黄金周前夕，某旅行社和张先生、李先生两家各9人共18人签订了去云南的旅游合同。旅游合同签订后，旅行社和旅游者各自进行准备工作。就在出团前两天，张先生家发生了车祸，死亡一人，受伤三人。张先生要求取消行程，解除旅游合同，并愿意按约承担违约责任。考虑到张先生家的不幸，旅行社没有收取张先生一家的违约金，全额返还旅游团款。由于张先生一家已经放弃了旅游行程，旅游团旅游人数不足，旅行社告知李先生取消旅游行程的原因，希望李先生不要追究旅行社的违约责任。李先生则坚持追究旅行社的违约责任。在双方协商不成的情况下，李先生向旅游管理部门投诉，要求旅行社承担责任。

相关法律规定

1.《合同法》第九十三条规定，当事人协商一致，可以解除合同。当事人可以约定一方解除合同的条件。解除合同的条件成就时，解除权人可以解除合同。

2.《合同法》第九十四条规定，有下列情形之一的，当事人可以解除合同：（一）因不可抗力致使不能实现合同目的；……

 **案例分析**

一、旅游合同不得随意解除

根据《合同法》的规定，旅游合同签订后，对旅行社和旅游者具有同等的约束力。旅行社和旅游者都不能轻易违反合同约定，或者解除合同，否则就必须承担违约责任。因此，不论旅行社，还是张先生、李先生及其家人，都应当按照诚实信用原则，积极妥善地履行合同，在获取权利的同时，主动承担相应的义务。

二、在特定条件下可以解除旅游合同

在旅游者和旅行社协商一致的前提下，旅游合同可以解除；不可抗力发生导致旅游合同不能实现，比如长时间的冰雪大气，导致旅游行程被取消等。除此之外，提出旅游合同解除的一方当事人就属于违约方，应当承担违约责任。

从纯粹的法律上说，张先生的家庭变故，导致其部分家庭成员不能履行旅游合同，并不是约定或者法定的旅游合同解除条件。如果解除旅游合同，张先生仍然应当按照合同约定，向旅行社按照合同约定支付违约金，旅行社也有权利收取违约金，其行为并无不妥。当然，从纯粹的人情角度说，在这样特殊的情况下，旅行社还坚持要收取张先生家人的违约金，不合乎常理。所以，旅行社出于人道主义，放弃收取张先生家人的违约金，其行为值得称道。

三、旅行社应当向李先生支付违约金

旅行社放弃向张先生家人主张违约金的权利，是旅行社和张先生家之间的法律关系，李先生坚持要求旅行社向他支付违约金，则是另一层法律关系，两个法律关系之间没有因果关系，不能混为一谈。旅行社放弃收取张先生的违约金，并不必然导致李先生放弃向旅行社索要违约金的结果，虽然旅行社放弃索要张先生的违约金行为符合社会大众心理，但也不能强行要求李先生放弃对旅行社违约责任的追究，如果李先生愿意放弃追究旅行社的违约责任，则另当别论。

在签订旅游合同时，张先生、李先生已经向旅行社交纳了全额团款，旅行社也已经接受了团款，在旅行社和张先生、李先生的债权债务关系中，张先生、李先生分别是旅游合同的债权人，而旅行社处于债务人的地位。法律规定，权利是可以放弃的，具体而言，旅行社收取张先生、李先生违约金是权利，放弃收

取张先生的违约金符合法律规定,而义务则必须履行。具体而言,旅行社向李先生支付违约金是合同义务,是否收取违约金的权利在李先生手里,和旅行社无关。

就违约事件而言,不论张先生家里发生了怎样的变故,不参加团队旅游就是违约行为,其性质不会因为张先生家的变故而改变。相对于张先生,旅行社是债权人,而相对李先生而言,旅行社是债务人。也就是说,旅行社按合同约定,向张先生主张违约金是旅行社的合法权利,也是作为债权人的合法权利。旅行社愿意放弃违约金的追究,应得到尊重。同样,李先生主张旅行社承担违约责任,支付违约金也应当受到法律保护。

总之,旅行社可以放弃张先生的违约责任,但必须向李先生承担违约责任,支付合同约定的违约金。

057 旅游者可以要求旅行社退还全额团款吗?

相关案例

范小姐参加旅行社组织的北京旅游,行程结束后,要求旅行社退还全额旅游团款,理由是由于旅行社的工作失误,造成故宫被漏游,如果她自己下次再去北京游览故宫的话,还要支付和全额旅游团款差不多的款项,所以等旅行社退还全额旅游团款后,准备再去北京一趟,以弥补这次漏游的遗憾。旅行社拒绝了范小姐的要求。和范小姐一样,少数旅游者结束旅游行程后,以服务质量存在问题为由,向旅行社提出退还全额旅游团款。旅游者这样的要求究竟是否合理?

相关法律规定

1.《合同法》第一百零七条规定,当事人一方不履行合同义务或者履行合同义务不符合约定的,应当承担继续履行、采取补救措施或者赔偿损失等违约责任。

2.《合同法》第一百一十三条规定,当事人一方不履行合同义务或者履行合同义务不符合约定，给对方造成损失的，损失赔偿额应当相当于因违约所造成的损失，包括合同履行后可以获得的利益，但不得超过违反合同一方订立合同时预见到或者应当预见到的因违反合同可能造成的损失。

3.《旅游法》第七十条规定，旅行社不履行包价旅游合同义务或者履行合同义务不符合约定的，应当依法承担继续履行、采取补救措施或者赔偿损失等违约责任；造成旅游者人身损害、财产损失的，应当依法承担赔偿责任。

案例分析

一、法律规定不认可旅游者的赔偿要求

不论《旅游法》还是《合同法》都已明确，旅行社在为旅游者提供服务时，不能擅自降低服务标准、擅自增减副项目、擅自漏游旅游景点、强迫旅游者消费等，如果旅行社有这些违约行为，旅行社就必须承担违约责任。法律同时明确规定，在民事赔偿纠纷的处理中，通常必须贯彻一个基本原则，就是民事赔偿需要遵循"补偿性原则"，或者说是"填平式原则"，即旅行社的违约行为给旅游者造成了多大的损失，旅行社就赔偿多少损失，而不应当存在旅行社违约，旅游者在赔偿中不仅获得了赔偿，而且还从中获利现象，比如违约损失是100元，旅游者却获得了150元的损失赔偿。旅游者因为旅行社漏游故宫一个景点，就要求旅行社退还全额团款的赔偿请求，显然违背了法律精神。

二、行业特点决定了旅游者的要求不现实

旅行社产品的特殊性，决定了全额返还旅游团款的不可行。一方面，旅游赔偿必须遵循补偿性原则，决定旅游赔偿的必须是"就事论事"，旅行社在哪个环节给旅游者造成了损失，就应该在哪个环节做出赔偿，而不是无限扩大到整个行程。另一方面，旅行社产品由"食、住、行、游、购、娱"六要素组成，六要素之间各自独立，不能把它们视为有机整体，旅游服务的哪一个环节出现了违约，旅行社应当就"这一个环节"，而不是"另一个环节"，或者是整个旅游产品进行赔偿。如旅行社安排的饭店档次下降，旅游者有权要求旅行社就饭店的违约给予赔偿，而不能因此要求旅行社全额返还旅游团款，对于景点被漏游的处理也是如此。

三、旅行社必须为自己的违约或者侵权承担全额赔偿的责任

否认旅游者提出的全额团款要求的合理性，并不意味着否认旅行社应当按照补偿性原则向旅游者作出赔偿，旅行社要根据旅游者的损失程度予以全额赔偿，不论旅行社违约行为或者侵权行为严重与否，给旅游者造成损失的多少，旅行社都逃脱不了全额赔偿的命运。即使赔偿费用大大高于旅游者交纳的旅游团款，旅行社也是责无旁贷，而不能以全额旅游团款为限。比如旅行社组团旅游期间发生重大交通事故，旅行社的赔偿一定高于全额旅游团款。所以，在实际赔偿纠纷的处理中，旅行社支付给旅游者的赔偿金或补偿金，大多数低于旅游团款，有时也高于旅游团款，但这笔赔偿费用不能定性为全额返还旅游团款。

四、旅行社的赔偿必须以旅游者的直接损失为限

旅游者是否应当得到赔偿的额度，主要依据是旅行社的违约行为或者侵权行为给旅游者造成的直接损失。法律已经明确，合同违约或者侵权的赔偿原则是补偿性原则，而且该补偿性原则是对直接损失的补偿，而不是直接损失和间接损失的全额补偿。如果旅游者提出间接损失的赔偿，也得不到法律的支持。比如行程延误，导致旅游者在旅游目的地多停留一天，旅行社应当赔偿旅游者的误工费，因为这是行程延误给旅游者造成的直接损失。旅游者提出，由于行程延误，导致他不能及时返回与客户签订商务合同，旅行社必须对商务合同未签订造成的损失予以赔偿，这样的赔偿要求就缺乏法律依据，因为商务合同可能给旅游者带来的赢利损失是间接损失，旅行社不需要为此承担赔偿责任。

五、旅行社必须提升服务品质

旅行社必须制定合理的旅游线路，严格按照合同约定，为旅游者提供服务，同时旅行社必须严格掌控服务供应商的服务品质，不让少数旅游者有机可乘，这是解决问题的关键所在。如果旅行社服务质量存在不足，也难怪旅游者要提出赔偿要求。如果服务质量问题已经发生，旅行社就应当积极主动和旅游者协商，尽快就赔偿事宜达成协议，而不能像有些旅行社那样，面对旅游者合理的赔偿要求，采取消极躲避和拖延战术，把小投诉激化成大矛盾，不利于服务纠纷的妥善解决。

总之，漏游景点后，范小姐要求旅行社退还全额团款的理由不成立。

058 旅游者要求旅行社返还三倍旅游团款合理吗？

 相关案例

洪先生参加旅行社组织的境内旅游后，向旅行社提出三倍返还旅游团款的要求，理由是旅行社漏游了长城，是旅行社的主观故意，属于欺诈行为，导致了旅游者损失的发生。按照新近修订的《消费者权益保护法》的规定，要求旅行社承担三倍全额团款的赔偿，而旅行社则认为，由于行程中交通堵塞严重，旅行社被迫取消了长城景点，愿意承担违约责任，但不能接受旅游者提出的赔偿要求。经过旅游主管部门的核实，旅行社的说法符合事实。

 相关法律规定

1.《消费者权益保护法》第五十五条规定，经营者提供商品或者服务有欺诈行为的，应当按照消费者的要求增加赔偿其受到的损失，增加赔偿的金额为消费者购买商品的价款或者接受服务的费用的三倍；增加赔偿的金额不足五百元的，为五百元。法律另有规定的，依照其规定。

2. 最高人民法院《关于贯彻执行〈中华人民共和国民法通则〉若干问题的意见》规定，一方当事人故意告知对方虚假情况，或者故意隐瞒真实情况，诱使对方当事人做出错误意思表示的，可以认定为欺诈行为。

 案例分析

一、违约与欺诈的区别

违约和欺诈的共同点，就是都有主观故意，都损害对方当事人的合法权益，但区别十分明显。第一，违约就是"不作为"或者"乱作为"，欺诈是"积极作为"。在违约责任中，旅行社没有按照约定为旅游者提供服务，以漏游景点、擅自增加景点最为典型，而欺诈是处心积虑地积极促成交易的达成，比如旅行社明知当地没有五星级饭店，却想方设法让旅游者相信可以入住五星级饭店。第二，违约直观表现为违法。违约行为不做表面文章，直截了当，损害权益。比如旅行社擅自漏游景点，具有相当的直接性。欺诈表面合法，目的非法，欺诈行为过程中，从表面上看没有任何破绽，合法有效，但其目的为非法。如果旅行社故意杜撰不存在的服务，从表面上看不出违法性，但其目的就是为了骗取旅游者的信任，并非真正为旅游者提供服务。

二、欺诈行为的构成要件

根据法律的规定，欺诈行为的构成必须同时满足四个条件，缺一不可，否则就可能是违约行为，而不是欺诈行为：

1. 旅行社具有欺诈的故意　旅行社必须具有主观故意，明知向旅游者承诺的服务不可实现，或者旅游目的地根本不存在合同约定的服务项目或者设施，仍然向旅游者做出承诺，即所谓的虚构事实，或者隐瞒真相。如果旅行社没有主观故意，对旅游目的地的情况不了解，只能说旅行社的工作不扎实，不能认定旅行社欺诈。比如旅行社发布旅游广告，将原定的2000元的线路标注为200元，这样的行为一般属于工作失误，而不是旅游欺诈，旅游者要求旅行社承担欺诈责任不成立。当然，在此情况下，旅行社的非主观故意应由旅行社举证，旅行社不能完成举证责任，也应当认定旅行社有主观故意，构成了欺诈的要素之一。

2. 旅行社实施欺诈行为　只有欺诈的主观意愿，没有欺诈的行为，即欺诈的意愿没有得到具体的体现，欺诈的认定依据仍然不足。在旅游欺诈的认定中，旅行社的欺诈必须要有具体的行为，而不能仅仅停留在主观想象中。旅行社必须把主观欺诈故意付诸实施，旅行社刊登欺诈广告，仅仅可以认定为旅游广告的欺诈；如果旅行社不仅刊登了欺诈的旅游广告，还与不明真相的旅游者签订旅游合同，向旅游者收取旅游团款，至此，旅行社的行为满足了旅游合同欺诈行为的部分条件。

3. 旅游者因欺诈而陷入错误决定　简单地说，就是旅游者对于旅行社的欺诈行为事先毫不知情，而且完全相信。旅游者之所以和旅行社签订旅游合同，主观上认为旅行社的承诺真实可信，是旅行社的行为误导了旅游者的判断。如果旅游者事先知道旅行社有主观故意，或者对旅游目的地情况了如指掌，仍然和旅行社签订旅游合同，即使旅行社做出的承诺具有欺诈的故意，旅游欺诈仍然不能成立，因为旅游者对于旅行社的主观故意了如指掌，并未因此受骗。

4. 旅游者因欺诈而做出了意思表示　同样，旅游者尽管受到欺诈或者误导，如果也只是停留在主观判断层面，没有采取具体的实施行为，旅游者很难被认定受到欺诈。只有当旅游者在受到旅行社误导或欺骗的前提下，采取了相应的行为，如和旅行社签订了旅游合同，旅游者才真正成为旅行社欺诈的受害者。

综上所述，旅行社漏游长城，是地接旅行社的违约造成的后果，不构成欺诈。组团社应当为此承担违约责任，向洪先生做出赔偿，但不必向洪先生赔偿三倍旅游团款。

059 旅行社的单方声明能够免除旅行社的责任吗？

相关案例

方先生参加旅行社组织的团队旅游，到了旅游目的地之后，地陪要求方先生及其家人交纳共计3000元的自费项目，方先生质问地陪为何要强迫消费，地陪说，这是旅游合同中已经明确约定的；当方先生表示要在途中离开团队去看朋友，地陪又说要方先生交纳800元的离团费，并说这也是旅游合同上已经约定的内容。方先生仔细阅读注意事项时，果然看到了相关内容，地陪并没有说谎。由于有自己的签名认可，方先生只怪自己当时没有看清合同内容，于是忍气吞声，交纳了自费项目，而取消了探望朋友的计划。行程结束后，方先生向旅游主管部门咨询，旅行社这样的服务约定是否合理。

相关法律规定

1.《消费者权益保护法》第二十六条规定，经营者不得以格式条款、通知、声明、店堂告示等方式，作出排除或者限制消费者权利、减轻或者免除经营者责任、加重消费者责任等对消费者不公平、不合理的规定，不得利用格式条款并借助技术手段强制交易。格式条款、通知、声明、店堂告示等含有前款所列内容的，其内容无效。

2.《最高人民法院关于审理旅游纠纷案件适用法律若干问题的规定》第六条规定，旅游经营者以格式合同、通知、声明、店堂告示等方式作出对旅游者不公平、不合理的规定，或者减轻、免除其损害旅游者合法权益的责任，旅游者请求依据《消费者权益保护法》第二十四条的规定认定该内容无效的，人民法院应予支持。

3.《合同法》第五十四条规定，下列合同，当事人一方有权请求人民法院或者仲裁机构变更或者撤销：……（二）在订立合同时显失公平的。一方以欺诈、胁迫的手段或者乘人之危，使对方在违背真实意思的情况下订立的合同，受损害方有权请求人民法院或者仲裁机构变更或者撤销。

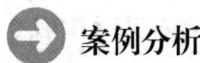
案例分析

一、旅游合同中是否存在霸王条款

通常人们把对旅游者不利的、不公平的合同条款称为霸王条款。霸王条款的特点，就是仅仅维护合同条款制定方的权益，免除经营者的责任和义务，加重消费者的义务。这样的条款在我们的日常生活中屡见不鲜，在旅行社的服务中照样存在。上述案例中的有关旅游者参加自费项目、不允许离团等的约定，就属于霸王条款的范畴。必须交纳自费项目款项，属于强迫消费；不允许旅游者离开团队，有限制旅游者人身自由的嫌疑。事实上，旅行社服务中类似的格式条款不在少数，比如出境旅游中，未成年人参加旅游，必须交纳全额旅游团款，但旅行社不为未成年人提供床位；即使有景点免费进入的凭证，如老龄证、教师证等，旅行社声称可以享受优惠的人员参团后，就不再享受优惠。再如，旅行社在旅游合同中声称，只要不减少旅游服务项目，旅行社有随时调整旅游行程顺序的权利，等等。

二、旅行社和旅游者地位平等

旅行社和旅游者作为完全平等的民事主体，在民事活动中各自拥有的权利和义务是对等的，旅行社和旅游者不能将自己的意志强加给对方。也就是说，旅行社希望旅游者参加自费项目，前提是和旅游者充分协商，在此基础上就自费项目达成一致，而不是简单地将自费项目纳入行程中，由旅游者签字认可。如果要把自费项目内容纳入其中，必须向旅游者做出特别清楚的说明，由旅游者根据自己的需求做出选择。否则，旅行社在给自己增加变更合同权利的同时，剥夺了旅游者的选择权。旅行社这样的约定本身就是对公平精神的违背，看上去很严谨的合同条款实为不平等的条款。按我国《合同法》的规定，显失公平的合同属于可撤销合同。这样的合同一旦被撤销，自成立之时起就不具备法律效力。因而，该合同条款对旅游者不具备约束力，对旅行社合法权益的保护也起不到任何作用。

三、旅游合同必须体现自愿原则

根据合同自愿原则，合同双方当事人可以就合同的签订、履行、转让、变更、解除等内容自愿达成协议，这样达成的协议应当受到保护和尊重。在履行旅游合同的过程中，旅行社和旅游者有权就双方的权利、义务协商一致，在此基础上进行变更。旅游合同变更的关键是应当符合程序，充分尊重双方当事人，任何一方的擅自行为，都要承担相应的违约责任。因此，旅行社在旅游合同中约定权利义务，应当由旅行社和旅游者在平等自愿的基础上协商，征得旅游者的同意，而不是由旅行社单方说了算。

总之，旅行社在签订旅游合同或者提供服务时，应当按照公平原则确定旅行社和旅游者双方的权利义务。上述案例中方先生可以要求旅行社退还交纳的自费项目费用。

060 旅行社是否应承担行程调整的不利后果？

相关案例

旅游者王先生在参团过程中，遇到一件很郁闷的事，就是在行程制定后，导游随意调整行程，虽然服务项目没有减少，但整个行程乱七八糟的，顺序完全被打乱，他向导游提出多次意见，导游就是置之不理。行程结束后，王先生来到旅行社投诉，旅行社质量总监对此不以为然。质量总监告诉王先生，调整旅游顺序，是旅行社服务的惯例，而且在旅游合同中已经做出了声明：本公司在保证不减少行程的前提下，保留调整行程的权利。这样的约定表明，旅行社和导游都有调整行程的权利，只要不减少景点就没有任何问题，也没有损害旅游者的权益。王先生对此解释不能接受，转而向旅游主管部门投诉。

 相关法律规定

1. 《旅行社条例》第三十三条规定，旅行社及其委派的导游人员和领队人员不得有下列行为：……（二）非因不可抗力改变旅游合同安排的行程。
2. 《合同法》第七十七条规定，当事人协商一致，可以变更合同。
3. 《最高人民法院关于审理旅游纠纷案件适用法律若干问题的规定》第六条规定，旅游经营者以格式合同、通知、声明、店堂告示等方式作出对旅游者不公平、不合理的规定，或者减轻、免除其损害旅游者合法权益的责任，旅游者请求依据消费者权益保护法第二十四条的规定认定该内容无效的，人民法院应予支持。

 案例分析

一、行程调整的含义

按照法律规定，在旅游行程中，导游（领队）应当严格按照旅游合同的约定，为旅游者提供服务，通常情况下不得对旅游行程进行调整，但在实务中，旅游行程调整的现象并不在少数。旅游行程的调整包括两个方面，第一，旅游服务内容的变化。不论增加旅游服务项目，还是减少旅游服务项目，或者用某一个旅游服务项目替代另一个旅游服务项目，都属于旅游行程调整范畴。对于这样的行程调整，旅行社一般都会认可。第二，在旅游服务项目不减少的情况下，对旅游服务项目的服务顺序进行调整，这样的调整也属于旅游行程调整范畴，旅行社认为这样的调整并没有影响旅游者的权益，把这样的调整也视为侵权是少见多怪、小题大做。但对照法律规定可以看出，旅行社的观点是错误的。

二、导游（领队）的权利义务

在带团过程中，旅游行程调整的发起人和执行者主要是导游（领队），导游（领队）在调整行程中的作用毋庸置疑，这就涉及导游（领队）的权利义务这个话题。在带团过程中，导游（领队）的权利义务是明确的、有限的。导游（领队）的权利，主要表现在其人身权、人格权、休息权不受侵犯，义务则主要表现在按照约定为旅游者提供服务方面，但无论如何，导游（领队）没有擅自调整旅游行程的权利。因为在为旅游者服务中，导游（领队）代表旅行社法人在工作，更多的是执行旅游合同的义务，那种认为导游（领队）可以随意调整行程的观点是错误的。

三、调整必须征得旅游者的书面同意

旅游行程是旅行社和旅游者的事先约定，最为理想的是不对旅游行程做任何调整，但在一些情况下，旅游行程仍然可以进行调整。第一，导游（领队）和旅游者协商，既可以调整服务项目的顺序，也可以增加旅游服务项目、减少旅游服务项目等，前提是协商一致。第二，在遭遇不可抗力的情况下，导游（领队）必须对旅游行程做出果断调整，降低不可抗力对于旅游者人身财产带来的风险，最大限度地保证旅游服务质量不受太大的影响。第三，在行程中遭遇突发事件，导游（领队）也必须当机立断，调整行程，比如团队交通堵塞，导游（领队）要机动灵活地处置，而不是简单地等待。除此之外，导游（领队）不可以随意调整行程，否则就要承担违约责任。

总之，旅游行程必须得到严格的执行，除非调整行程行为符合法律规定，否则旅行社就要承担违约责任。上述案例中旅行社的解释苍白无力，没有说服力，王先生可以要求旅行社承担违约责任。

061 旅行社处理"尾单"属于不合理低价吗？

相关案例

季先生参加旅游团旅游，支付的旅游团款为3000元，而在同一团队中，有一个旅游者的旅游团款只支付了1500元，线路和服务完全相同。季先生向该旅

游者打听缘由,该旅游者的解释是购买了旅游"尾单",得到了实惠。季先生想要知道,《旅游法》不是禁止低价竞争吗?旅行社处理"尾单"合理吗?

 相关法律规定

1.《旅游法》第三十五条规定,旅行社不得以不合理的低价组织旅游活动,诱骗旅游者,并通过安排购物或者另行付费旅游项目获取回扣等不正当利益。

2.《反不正当竞争法》第十一条规定,经营者不得以排挤竞争对手为目的,以低于成本的价格销售商品。有下列情形之一的,不属于不正当竞争行为:……(二)处理有效期限即将到期的商品或者其他积压的商品。

 案例分析

一、何为"尾单"

所谓"尾单",是因生产量过大(超出客户要求)或海关原因剩余、滞留的部分,以及生产环节中出现轻微瑕疵部分的统称。服务行业尾单,主要是指存在于服务行业的尾单,如酒店尾单、旅游尾单、度假尾单等,商家提供的服务是固定的,其付出的成本与卖出的服务数量没有太大的关系,多卖出一份服务,利润就能增长一份,故服务行业尾单与一般正常购买的服务没有任何异样,不存在区别,只是销售价格会比原有价格低。

二、旅行社是否可以出售"尾单"产品

"尾单"产品是旅行社推出正常旅游线路后,在出团前仍然没有销售完的产品。旅行社为了尽可能在同一团队中获得更多利润,将尚未出售的产品以较低的价格向旅游者销售。通常情况下,"尾单"产品的处理法则,就是降低产品价格,甚至低于正常产品的成本价,这就涉及《旅游法》所称的不合理低价的问题。对照《旅游法》和《反不正当竞争法》的有关规定,"尾单"产品的价格低于成本价,是旅行社灵活处理即将到期产品的策略,而不是低价倾销。因为旅游服务的不可贮存性,如果旅行社不及时处理"尾单",旅行社的有效供给就被浪费,所以,旅行社及时处理"尾单"产品,既符合市场实际,又能

给旅行社带来利润，既不违反《旅游法》，也不违反《反不正当竞争法》的规定。

三、旅行社不得借"尾单"之名出售线路

"尾单"线路价格普遍低于市场价，对于旅游者有较大的吸引力，而且旅行社处理"尾单"也不违法，旅行社是否可以借"尾单"之名，行低价竞争之实呢？答案是否定的。如果旅行社仅仅看中"尾单"的营销形式，把正常的旅游线路都包装成"尾单"产品，就属于不合理低价范畴，涉嫌低价竞争，会受到旅游主管部门和工商主管部门的查处。

四、如何判断是"尾单"，而不是低价竞争

如果旅行社推出完整的旅游线路，就冠以"尾单"的名义，行低价竞争之实，就是偷换概念，以合法的形式掩盖非法的目的。只要有关部门对旅行社具体的旅游产品价格构成进行检查，要求旅行社提供确凿证据证明，证明旅游产品不是一经推出，就低于成本价，旅行社能够给出充分的理由，再低的价格也属于合理；如果旅行社给不出合理的解释，旅行社的低价竞争就成立。

五、"尾单"产品品质不能降低

旅行社出售"尾单"后，不能因为价格较低，就给予购买"尾单"的旅游者以特殊待遇，提供的服务标准低于同团旅游者，或者在行程中要求购买"尾单"的旅游者额外消费。旅行社要确保购买"尾单"的旅游者得到同团旅游者同等的服务待遇。

六、"尾单"产品处理成为常态可能带来的危害

"尾单"服务实际上是一把双刃剑，在提高旅行社的销售率、为旅行社获得利润的同时，也吊足了一些旅游者的胃口。这些旅游者抓住旅行社有"尾单"出售的特点，总是在最后一刻下单，这样固然可以提高旅行社"尾单"的销售效率，但同时又可能降低正常的销售率。因此，"尾单"销售应当是旅行社销售的副产品，而不是主产品。

062 旅游者以非实名制为由拒绝乘车是否合理？

相关案例

某地旅行社组织旅游者前往青海、西藏旅游，地接社为成都某旅行社，旅游者按时顺利抵达成都，地接社为旅游者事先购买了动车票。当旅游者拿到车票后发现，车票上的名字和身份证并非旅游者本人，旅游者以安全等为由，拒绝乘坐动车。旅行社向旅游者解释，由于时间紧迫，在没有获得旅游者真实信息前，旅行社想办法购买了车票。旅行社请旅游者先上车，但旅游者断然拒绝，在多次劝说无效的情况下，组团社和地接社之间相互指责，组团社要求地接社承担责任，地接社要求组团社立刻付清地接费用，把旅游者晾在一边，导致旅游者的投诉。

案例分析

一、何为火车票实名制

所谓火车票实名制，是指乘客在购买火车票乘坐火车时，需要登记、核实个人的真实姓名和身份的一种制度。2010 年的春节，广铁集团、成都铁路局开始试行火车票实名制。2011 年 6 月 1 日，动车组开始实施火车票实名制，2012 年元旦起，全国所有旅客列车实行火车票实名制。

火车票实名制的实施，已为普通大众所接受，但支持和反对的声音仍然不断，似乎都有一定的道理。其中，反对者的主要观点是，《铁路法》、《居民身份证法》都没有对居民购买火车票需要实名做出规定，铁路部门要求居民购买火车票必须实名制缺乏依据。因此，火车票实名制充其量是一种管理手段和方式，而不是法律法规的强制性规定。

二、旅行社服务是否有瑕疵

旅行社的服务存在瑕疵显而易见。不论火车票实名制是法律还是管理手段，作为旅行社必须遵循这个制度，在为旅游者购买火车票时，应当向火车站提供旅游者的真实姓名和身份证号，确保旅游者人票相符。不可否认的事实是，旅行社的服务有其特殊性，旅行社购票服务与收客服务不完全同步，尤其是旅游旺季，旅游团队的车票量加大，临时购票的确存在难题，为了确保旅游团队顺利出行，如果旅行社和铁路部门事先沟通，并取得可以采取变通方式购票的共识，旅行社采取非实名制购票的操作模式也未尝不可。

即使旅行社和铁路部门达成默契，旅行社的购票可以变通，但组团社在和旅游者签订旅游合同时，应当明确告知以下内容：第一，为了提前购买火车票，旅游者的车票非旅游者本人的真实信息；第二，如果由于非实名制对旅游者权益造成损失，比如被铁路部门拒绝乘车造成的损失，由旅行社承担。如果这是地接社的行为，组团社事先不知，也是组团社选择供应商失误所致，假如由于非实名制对旅游者权益造成损害，也应当由组团社承担。

三、旅游者是否可以以非实名制为由拒绝上车

旅游者仅仅以车票非实名制为由，拒绝上车，影响到后段旅游行程，旅游者这样的行为是否合适，值得探讨：

1. 旅游者拒绝上车的理由是否成立？火车票实名制固然有规定，但这个规定是一种铁路部门的管理规定，是铁路部门对旅游者乘坐火车的要求。也就是说，如果旅游者在乘坐火车时没有实名制火车票，铁路部门可以拒绝其乘坐。

2. 在实际操作中，虽然规定明确，但严格执行该规定的情况并不普遍，更多是订票需要实名制，而乘坐火车时很少核查。当然，只要有规定，且该规定合理，相关当事人就应当主动服从，不能以不检查为由，就抱着侥幸的心理蒙混过关。

3. 最为关键的问题是，旅行社没有执行实名制有错，但这样的错误不足以影响旅游者乘坐火车的权利，并不必然导致旅游行程不能履行。只要旅游者按照旅行社的安排乘坐火车，如果能够顺利抵达目的地，就能顺利实现旅游合同目的，如果因为旅游者人票不合一被拒绝乘坐火车，所有损失由旅行社承担。

综上所述，该纠纷的责任承担包括两个方面：第一，旅行社为旅游者购买

的车票非实名制，旅行社有过错，由于没有给旅游者造成直接的损失，旅行社需要向旅游者赔礼道歉。第二，旅游者简单地以非实名制为由拒绝乘坐火车，人为扩大了损失，并造成后段旅游行程迟延，服务项目被取消，原因在旅游者自身，应当由旅游者自己承担。

063 如何界定旅行社拒绝履行合同义务？

相关案例

旅游者和当地出境社签订了赴日本旅游的合同，合同约定的行程是北海道进、东京出，出团时间为8月20日。8月6日，旅行社以搞错行程为由，将线路调整为东京进、北海道出，并减少了3个购物点。旅游者以旅游的目的就是为了到东京购物，线路调整后不便购物为由，坚持要旅行社按照原线路履行合同义务。旅行社提出两个解决方案：第一，按照旅行社提供的新线路旅游，旅行社给予补偿；第二，如果旅游者不愿继续参加旅游，就地解除旅游合同，并按照合同约定赔偿。旅游者接受第二个方案，但对于赔偿数额表示异议，要求按照旅行社拒绝履行合同义务的规则来处理，双方僵持不下。

相关法律规定

1.《旅行社条例》第三十二条规定，旅行社及其委派的导游人员和领队人员不得有下列行为：（一）拒绝履行旅游合同约定的义务……

2.《旅游法》第七十条规定，旅行社不履行包价旅游合同义务或者履行合同义务不符合约定的，应当依法承担继续履行、采取补救措施或者赔偿损失等违约责任；造成旅游者人身损害、财产损失的，应当依法承担赔偿责任。旅行社具备履行条件，经旅游者要求仍拒绝履行合同，造成旅游者人身损害、滞留等严重后果的，旅游者还可以要求旅行社支付旅游费用一倍以上三倍以下的赔偿金。

3.《导游人员管理条例》第三十二条规定，导游人员有下列情形之一的，由旅游行政部门责令改正,暂扣导游证 3 个月至 6 个月;情节严重的,由省、自治区、直辖市人民政府旅游行政部门吊销导游证并予以公告:……(三)擅自中止导游活动的。

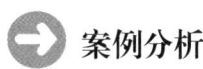

案例分析

一、拒绝履行的构成要件

《旅游法》对于旅行社拒绝履行合同做出了规定,并且给出了具体的赔偿额度,于是许多旅游者往往将旅行社的违约往拒绝履行上靠,其心情可以理解,因为只要旅行社的行为能够被认定为拒绝履行,旅游者就可以获得较为丰厚的赔偿。这里就涉及对于拒绝履行合同义务含义的理解。拒绝履行合同义务,必须包含以下几个方面的内容:

1. *合同约定没有被履行* 旅游合同约定的服务内容,本质上是旅行社向旅游者事先作出的承诺,在旅游行程中必须为旅游者提供的服务,除非发生了不可抗力,或者经过旅行社和旅游者双方的协商变更,旅游合同的约定必须得到完全履行。通常情况下,旅游合同没有按照约定被履行,就意味着旅行社违反了旅游合同的约定,旅行社就要承担相应的违约责任。合同约定没有被履行,是旅行社拒绝履行合同义务的要件之一。

2. *旅行社具备履行能力* 既然旅行社已经向旅游者做出了服务承诺,就可以推断旅行社必然具备履行合同义务的能力,或者说具备了为旅游者提供服务的能力。比如旅行社行业出现过的甩团、扣团,并不是旅行社没有为旅游者提供相应服务的能力,而是因为地接社和组团社为了解决团款纠纷所产生的后果。当然,如果旅行社欠缺履行能力仍然做出承诺,就涉嫌欺诈,又形成了另外一个法律关系。

3. *旅行社有主观的故意* 既然具备履行合同义务的能力,又不为旅游者提供服务,直接的原因就是旅行社的主观故意。就是说,旅行社明明有履约能力,但出于某种原因,或者是为了团款,或者是为了自费项目,或者是为了购物,当其目的不能实现时,就采取不为旅游者提供服务的手段,迫使对方就范,旅行社带有强烈的主观故意。套用古人说的一句话:"非不能也,不为也"最为恰当。

二、违约与拒绝履行

1. 从本质上看　拒绝履行包括在违约的大范畴之内,是违约中的一个分支。所谓旅行社违约,就是旅行社完全没有履行旅游合同约定的义务,或者为旅游者提供的服务不符合约定。具体而言,旅行社的漏游景点,就是典型的完全没有履行旅游合同约定的义务;旅行社的降低住宿标准,则是典型的为旅游者提供的服务不符合约定。拒绝履行就是旅行社具备履行条件,但以明确的态度告诉旅游者,不再为旅游者提供某项或者某段服务,没有摆脱违约的性质。

2. 从形态上看　根据违约发生的时间,总体上分为预期违约和实际违约,实际违约可分为不履行(包括根本违约和拒绝履行)和不符合约定的履行。拒绝履行就是指履行期届满时,债务人无正当理由表示不履行合同义务的行为。在旅行社服务中,旅行社签订旅游合同后,仅仅觉得旅游者难缠,而没有别的合理理由,就拒绝旅游者参团;或者由于旅游者不参加自费项目,就拒绝提供住宿等,均构成拒绝履行。

3. 从主观上看　违约和拒绝履行存在的共同点是,不论违约还是拒绝履行,旅行社都有主观因素渗透其中,仔细辨别,违约具备主观故意的特点,拒绝履行具备主观恶意的特点。违约和拒绝履行的出发点并不是为了违约和拒绝履行,而是为了违约和拒绝履行带来的直接或间接利益,违约的表现手法温和含蓄,拒绝履行的表现方式直接且粗暴。比如导游为了旅游者能够多购物,故意延长购物时间,结果造成旅游者误机,此类违约行为的产生,并不是旅行社延长购物时间的本意和目的。拒绝履行则是旅行社具备履行条件,能够为旅游者提供服务,但却以拒绝为旅游者履行义务为要挟,强迫组团社、辅助人或者旅游者达成旅行社的愿望,具有强烈的主观故意,如以公开拒绝提供住宿为手段,迫使旅游者参加自费项目和购物,或者以甩团、扣团为威胁要求组团社支付旅游团款等。

4. 从后果上看　违约和拒绝履行都没有按照合同约定给旅游者提供服务,都给旅游者的合法权益造成了损害,但从损害程度上看,显然前者损害较轻,后者的后果更为严重。旅行社的违约行为虽然给旅游者造成损害,但旅行社毕竟还在继续为旅游者提供服务,比如降低了饭店标准,住宿由四星级降低为三星级,旅游者还是可以继续住宿,可以得到一定的服务。而在拒绝履行中,旅行社为了达到目的,中止了行程或者服务,轻则导致旅游者无所事事,重则导

合同履行篇

致旅游者财产损失或者滞留不归，给旅游者的身心造成重大伤害。所以《旅游法》对于拒绝履行予以特殊的规定，并给出了特别的救济。

三、旅行社和旅游者观点分析

如果能够排除旅行社的欺诈嫌疑，那么上述旅行社退出的处理方案可行。当预期旅游合同履行不能，或者履行后不能实现旅游合同目的，而协商又不能取得实质进展时，不论旅行社还是旅游者都可以提出解除旅游合同，并且按照合同约定承担责任。如果违约金不足以弥补旅游者的损失，只要旅游者能够举证，旅行社就必须对旅游者的损失进行赔偿。

关键的问题是，旅游者认为违约金约定得过低，这就涉及旅游者对旅游合同的认识问题。在签订旅游合同时，绝大部分旅游者都把合同签订当作简单的程序，仅仅是签名而已，而没有仔细研究合同内容，只有纠纷发生了，才去研究旅游合同内容。这种方式是值得商榷的。因为在签订旅游合同时，由于是参团旅游，对于服务项目等内容的协商和变更有一定的难度，但对于违约责任约定的协商和变更是可行的，虽然该合同文本是管理部门推荐的合同文本。

总之，旅游者既然接受解除旅游合同的方案，旅行社只能按照合同约定向旅游者做出赔偿，即使旅游者认为赔偿过低，也没有更好的解决途径，除非旅游者能够证明损失的存在，且该损失大于违约金。

064 如何界定旅行社服务中的擅自行为？

相关案例

浙大徐老师携两小朋友参加港澳游，按照当时的行程安排，在香港旅游期间，旅行社要为旅游者提供观赏太平山夜景项目（现在观夜景项目已被调整），由于当天下雨，烟雨迷蒙，考虑到夜晚行车安全及观赏效果，导游建议把观夜景项目提前到傍晚，有旅游者口头同意，有旅游者默不作声，旅游团随即前往太平山观景。行程结束后，徐老师对旅行社擅自将太平山观夜景改为傍晚观看颇有意见，要求旅行社承担违约责任。旅行社则自感委屈，认为当时已经征得旅游者的同意，徐老师的投诉有些过分。

 相关法律规定

1. 《旅游法》第四十一条规定，导游和领队应当严格执行旅游行程安排，不得擅自变更旅游行程或者中止服务活动。

2. 《合同法》第七十七条规定，当事人协商一致，可以变更合同。

3. 《中国公民出国旅游管理办法》第十六条规定，组团社及其旅游团队领队不得擅自改变行程、减少旅游项目，不得强迫或者变相强迫旅游者参加额外付费项目。

4. 《最高人民法院关于民事诉讼证据的若干规定》第五条规定，在合同纠纷中，主张合同关系成立并生效的一方当事人对合同订立和生效的事实承担举证责任；主张合同关系变更、解除、终止、撤销的一方当事人对引起合同关系变动的事实承担举证责任。

 案例分析

一、旅行社擅自行为的实质

1. 旅行社的服务行为与原合同约定不一致　如果旅行社的服务与原合同约定完全一致，则不存在旅行社的擅自行为。擅自行为的出现，必然导致旅游行程的变动，万变不离其宗，要么是增加了服务项目，要么是减少了服务项目，或者是降低了服务标准，或者是调整了服务顺序。总之，实际服务与原合同的约定不符。

2. 旅行社的服务行为是单方决定的　所谓旅行社的擅自行为，一定是旅行社的单方行为，是不与旅游者协商的行为，这在旅游纠纷中表现得最为突出，不论强迫购物还是强迫参加自费项目，也不论降低标准还是擅自增减项目，莫不如此。通常情况下，只要旅行社抱着诚实信用的态度，与旅游者进行协商，旅游者就不会对旅游合同服务的变动投诉。

3. 旅行社的服务行为是主观故意的　擅自行为，必定是旅行社及其从业人员的主观故意行为，是有计划、有目的的行为。在旅游行程中，如果遭遇不可抗力，或者其他突发事件，旅行社及时调整行程，不仅不应受到指责，还应得到肯定。比如遇到地震、海啸等，旅行社必须在确保安全的前提下，调整行程，最大限度地维护旅游者的权益。

当然，在旅行社的服务中，也会出现旅游者的擅自行为。如上述法律中规定的那样，参加出境旅游团的旅游者不得随意分团和脱团。最为常见的旅游者擅自行为，是出团前由于某种原因，擅自取消旅游行程，旅游者必须按照合同约定承担责任。

二、法律是否绝对禁止行程调整

1. 从上述法律法规的规定看，法律法规并没有绝对禁止旅行社服务中的行程调整，禁止的是单方的、不经协商的行为，或者说是单方的强迫行为，一方当事人依仗强势地位，迫使对方当事人无条件接受其意志，比如旅行社及其导游、领队，利用其掌控的服务，要求旅游者参加自费项目或者购物活动，否则就不提供相应的住宿、餐饮等服务，旅游者为了尽快得到服务，不得不按照旅行社及其导游领队的要求，参加自费项目或者购物。这样的行为被法律法规所禁止。

2. 在旅行社目前的服务实务中，旅游服务和合同约定多少会有差异，因为在整个旅游服务中，或多或少会有些许或者较大的调整，比如更换景点，或者提高参与标准，更不用说增加自费项目和购物活动了。这些调整只要符合法律规定，就没有任何问题。旅行社和旅游者都必须牢记一句话：双方自愿，不上法院。只要经过协商，充分表达了双方当事人的意愿，该行为就会得到法律的保护。

3. 旅游服务的调整，虽然属于旅行社和旅游者个人之间的民事行为，可以按照双方的协商进行，但有一个基本的原则，即旅行社和旅游者协商的服务内容，必须符合我国的法律法规，即使是在出境旅游过程中也是如此。如果双方协商的服务内容违反了我国法律法规强制性规定，协商的服务内容也必须被禁止。比如在出境旅游期间，旅行社组织或者旅游者提出观看成人秀表演、到赌场赌博等，不论协商还是强迫，这样的服务都违反法律规定。

三、旅行社如何举证为非擅自行为

1. 当旅游者提出旅行社服务中存在擅自行为时，就涉及举证责任承担的问题，即由旅行社还是旅游者来证明，旅行社的服务行为为擅自行为，或者来证明旅行社的服务行为为非擅自行为。按照民事纠纷"谁主张谁举证"的原则，旅行社是否可以要求旅游者对其主张提出相应的证据？因为是旅游者提出旅行社的服务中存在擅自行为。必须明确的是，按照我国现有法律规定，旅行社的观点是错误的，在此类纠纷中，应当由旅行社来举证服务中不存在擅自行为，如果不能证明没有擅自行为，就可以推定旅行社的服务的确存在擅自行为，旅行社就应当承担相应责任。

2. 在是否存在擅自行为的争议中，旅游者主张的是旅行社有擅自行为，旅行社肯定主张没有擅自行为，而是与旅游者经过协商，是合同的变更，即经过协商对服务项目进行调整（包括服务项目的增加、减少、更换、取消、降低标准、顺序调整等）。按照上述司法解释，旅行社主张合同关系的变更，就应当对引起合同关系变动的事实承担举证责任。这就是为什么在旅游行程变动的纠纷中，需要旅行社来承担"是与旅游者协商一致"证明的原因。

3. 要更为有利地证明，旅游行程的变动是双方当事人协商一致的结果，旅行社就必须做好充分的准备工作。第一，旅行社管理层要有强烈的意识，建立规章制度，规范服务流程，从制度和流程上确保证据意识深入人心。第二，导游领队在旅游行程变动中，要和旅游者充分协商，而不是单凭导游领队说了算，或者以拒绝提供服务为要挟，迫使旅游者参与服务项目的变动。第三，与旅游者协商的内容，导游领队要采用书面固定下来。在所有形式中，纸质的书面形式为最佳，虽然法律规定口头合同也是合同的形式之一，也受到法律的保护，但是口头合同举证难，阻碍了旅行社的顺利举证，电子数据也是书面合同的形式，但也存在举证的一些障碍。

总之，上述案例中，如果领队没有足够的证据证明游览时间调整的原因是双方的协商，旅行社就应当承担违约责任。

065 旅游合同条款约定不明有利于旅行社吗？

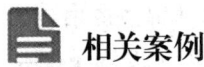

相关案例

某组团社组织旅游者华东4晚5日游，旅游合同对于住宿的约定是：全程三星。由于市中心的饭店客房紧俏，且房价高，各地的地接社把饭店均安排在郊区，旅游团每到一地，几乎都要乘坐1个多小时的旅游车才能到达饭店，旅游者对此向组团社和地接社表达了强烈的不满，要求在行程的最后一站可以安排在市中心住宿。当旅游团到达该市后，再次被安排在郊区住宿，有旅游者拒绝上车，地接社以安排在郊区并没有违约为由，不接受旅游者的要求。经过长时间的交涉，部分旅游者忍无可忍，拒绝入住旅行社约定的饭店，自己在市中心一家三星级饭店开房入住，并要求地接社支付房费，地接社拒绝支付额外的房费，以致产生旅游纠纷。

相关法律规定

1.《旅游法》第五十八条规定，包价旅游合同应当包括对于交通、住宿、餐饮等旅游服务安排和标准的书面约定。

2.《合同法》第四十一条规定，对格式条款的理解发生争议的，应当按照通常理解予以解释。对格式条款有两种以上解释的，应当做出不利于提供格式条款一方的解释。格式条款和非格式条款不一致的，应当采用非格式条款。

3.《旅行社条例》第二十九条规定，旅行社和旅游者签订的旅游合同约定不明确或者对格式条款的理解发生争议的，应当按照通常理解予以解释；对格式条款有两种以上解释的，应当做出有利于旅游者的解释；格式条款和非格式条款不一致的，应当采用非格式条款。

案例分析

一、旅行社对约定不明情有独钟

在实务操作中，旅行社总是一相情愿地认为合同约定不能过于明确，需要一定的模糊性。如果合同中的权利义务约定过于明确，就意味着旅行社没有辗转腾挪的余地，在服务中处于劣势。通过上述分析可以清楚地看到，格式条款权利义务约定不明，不仅不能维护旅行社的权益，结果可能恰恰相反，一些旅游者利用格式条款的约定不明，临时向旅行社提出要求，旅行社往往难以应对，并且还要为此承担相应的损失。过往的事实表明，旅行社的上述观点是错误的，许多旅行社为此付出了沉重的代价。只有旅行社做到明明白白服务，事先清晰明白地约定双方的权利义务，清楚明了的约定在给旅行社自己约束的同时，也给旅游者维权中所谓的"漫天要价"设置了法律上的障碍，这对旅行社的合法权益是非常有力且有效的保障。

二、"全程三星"的约定是否合乎规范

旅游合同对于权利义务的约定，既直接关系到旅行社经营的规范性，也关乎旅行社和旅游者自身合法权益的保护。"全程三星"、"准三星"或者"相当于三星"的表述，依然是目前旅行社对于饭店约定的主要方式，这样的表述，究竟是否规范，主要要看现有法律法规的规定。从法律法规的规定看，上述旅行社对于饭店标准的约定存在较为明显的瑕疵。按照诚实信用原则，旅行社不仅应当告知旅游者住宿饭店的标准，而且还必须告知该饭店的名称及位置，即合同约定的饭店既要有标准，更要有名称。如果饭店尚未取得星级标准，只需要确定饭店名称即可。只有这样的约定才符合上述法律的规定。

我们以"全程三星"的约定为例。"全程三星"的确已经说明，旅游者在旅游服务过程中住宿的饭店为三星级标准，但没有具体标明三星级饭店所在的地理位置，旅行社不论提供市区还是郊区的饭店、新建的饭店还是老旧的饭店，只要该饭店是三星级，似乎旅行社的服务就是按约提供。但就旅游者的权益而言，住宿在市区或者郊区、新建饭店或者老旧饭店，虽然是同一星级，但旅游者的舒适度和便捷度相差甚远。因此，即使是约定"全程三星"，旅游者权益的实现尚存很大变数，仍然属于权利义务约定不明的范畴。至于所谓的"准三星"或者"相当于三星"的约定，则更是无从谈起，因为这样的表述缺乏科学依据，在星级饭店评定的标准中，没有所谓的"准三星"或者"相当于三星"，这样的表述，既不科学，又没有可操作性。尽管在实务中，旅游者往往会要求旅行社注明饭店相当于几星级，旅行社也是这样操作的。

三、合同条款约定不明的处理

《合同法》和《旅行社条例》关于格式条款约定不明的规定，基本内容一致，可以说后者是直接从前者中脱胎而来。总的原则是，更加注重对于非格式条款提供方权益的保护，因为格式条款的提供方会在不知不觉中、有意无意中，重视自己权益的保护，忽视对方当事人权益的保护。因此，对于非格式条款提供方权益的保护显得尤为重要，具体体现在上述法律规定中。

按照法律规定，只要旅游合同的格式条款中，出现了对格式条款的理解发生争议、对格式条款有两种以上解释、格式条款和非格式条款不一致三种情形中的任何一种，都要按照有利于非格式条款提供方的利益做出解释。结合本文案例，站在各自不同的角度，旅行社和旅游者对于住宿饭店的看法，均有其合理性，双方的理解都是对的，但当旅行社和旅游者就三星级饭店的地理位置发生争议时，由于有关住宿标准的格式条款提供者为旅行社，应当做出有利于旅游者的解释。也就是说，旅行社和旅游者为应当在郊区还是在市区三星级饭店住宿发生争议时，只要旅游者提出要求在市区任何一家三星级饭店住宿都不过分，旅游者要求旅行社承担市区三星级饭店的住宿费用合理。

总之，旅行社希望通过约定不明来给自己留有余地，但在实际操作中恰恰相反。通过上述分析不难看出，旅行社应当为旅游者支付所谓"额外"的房费。

066 旅行社要为旅游者的行李物品损害担责吗？

相关案例

某旅行社组织旅游者参加北京旅游，行李交由旅行社统一办理托运，到达北京机场后，旅游者声称放置在行李内的数码相机不见了，导游带领旅游者到机场有关部门报案，旅行社也协助多方寻找。返程后旅游者要求旅行社出具书面说明，相机的确在行李托运过程中遗失，并且给予经济赔偿，旅行社明确拒绝。在交涉过程中，双方互不让步，情绪较为激动，直至报警。

相关法律规定

1.《最高人民法院关于审理旅游纠纷案件适用法律若干问题的规定》第二十二条规定，旅游经营者或者旅游辅助服务者为旅游者代管的行李物品损毁、灭失，旅游者请求赔偿损失的，人民法院应予支持，但下列情形除外：

（1）损失是由于旅游者未听从旅游经营者或者旅游辅助服务者的事先声明或者提示，未将现金、有价证券、贵重物品由其随身携带而造成的；

（2）损失是由于不可抗力、意外事件造成的；

（3）损失是由于旅游者的过错造成的；

（4）损失是由于物品的自然属性造成的。

2.《旅游法》第七十一条规定，由于公共交通经营者的原因造成旅游者人身损害、财产损失的，由公共交通经营者依法承担赔偿责任，旅行社应当协助旅游者向公共交通经营者索赔。

3.《合同法》第三百七十四条规定，保管期间，因保管人保管不善造成保管物毁损、灭失的，保管人应当承担损害赔偿责任，但保管是无偿的，保管人证明自己没有重大过失的，不承担损害赔偿责任。

4.《合同法》第三百七十五条规定，寄存人寄存货币、有价证券或者其他贵重物品的，应当向保管人声明，由保管人验收或者封存。寄存人未声明的，该物品毁损、灭失后，保管人可以按照一般物品予以赔偿。

案例分析

一、行李物品损害多发点

旅游者行李物品的损害，在旅游服务的全过程都有可能发生，但行李物品损害最为集中的发生点不外乎以下几点：

1. **旅游者住宿或者就餐期间的损害**　住宿饭店期间行李物品的损害，主要包括行李物品遗失在饭店、行李物品在住宿饭店被盗、旅游者在用餐时行李物品遗失或者被盗。

2. **行李物品在托运期间的损害**　包括航空托运到目的地行李破损、箱包内财物灭失或者损毁，在乘坐公共交通工具或者旅行社提供的城际交通工具时，遗忘行李物品在交通工具上。

3. **旅游者在参观游览中损害**　在参观游览期间，旅游者的行李物品被损害，比如旅游者的双肩包被不法分子割破，包内钱物被盗等，在一些著名景点也不乏这样的案例。

二、行李物品损害赔偿

旅游者的行李物品损害,包括旅游者的随身物品损害、小件行李物品损害和大件行李物品损害三类。对于这三类行李物品的损害赔偿,应当予以不同的处理。

1. *旅游者的随身物品损害的处理* 通常情况下,旅游者的随身物品,诸如现金、证件、信用卡等的损害,基本上可以归责于旅游者自己,因为旅游者作为完全民事行为能力人,有妥善保管随身携带行李物品的义务,旅游者没有尽到妥善保管义务,后果理所当然由旅游者自负。

2. *旅游者随身的小件行李损害的处理* 比如旅游者的双肩包遗忘在景点,被其他旅游者顺手牵羊,最终无法找回,给旅游者造成了损失,旅行社、景区除了协助寻找外,也都没有多大的赔偿责任。理由和第一种情况相同。

3. *旅游者的大件行李损害的处理* 由于旅游者的大件行李大多交由旅行社、旅游车或者饭店等经营者代为保管,只要这些行李是由经营者代为保管的,经营者对于行李物品的损害负有赔偿责任。只要经营者提示过旅游者贵重物品随身携带,赔偿也仅仅局限于箱包等普通物品。

特别要关注的是,旅游者行李物品被盗,经营者和旅游者都有义务及时报警,由公安部门侦查破案。如果公安部门认定经营者有责任,旅游者可以要求保管人赔偿,也可以要求组团社为服务供应商的过失承担赔偿责任。

三、保管合同关系

上述纠纷的实质,就是旅游者与经营者之间是否存在保管合同关系。判断经营者和旅游者之间的保管合同关系是否成立的关键,是看旅游者的行李物品是否在经营者的管控中。如果行李物品不在经营者的管控中,保管合同关系就不成立,经营者只需要尽到告知提醒义务即可,不需要承担赔偿责任。如果保管合同关系成立,经营者就必须为行李物品遗失、损毁、灭失、被盗等承担责任。

按照《合同法》的一般规定,保管合同关系自保管物交付时成立,保管人要向寄存人出具保管凭证。在旅游服务中,行李物品的保管大致分为四类:第一类,旅游者将行李物品交付住宿饭店保管,饭店会出具保管凭证;第二类,旅游者把贵重物品保管在客房的保险柜中;第三类,旅游者将大件行李交由旅游车驾驶员或者导游领队保管；第四类，旅游者临时交由相关服务供应商保管。不论行李物品的大小，只要是旅游者将行李物品交给保管人，保管人就有妥善保管的义务。

特别要提醒的是，旅行社从业人员，尤其是导游和领队，在旅游团队行进过程中，往往会有旅游者提出导游领队代为保管行李的要求，比如在机场候机时，当旅游者提出这样的要求时，导游领队要特别慎重地对待：要么委婉拒绝，要么认真看管。假如选择帮助旅游者看管行李物品，要特别提示旅游者贵重物品、现金等随身携带，不要等到旅游者的行李遗失，双方再为箱包内是否有贵重物品、现金等纠结。

四、关于损害举证

在明确经营者的赔偿责任的前提下，旅游者负有具体损害的举证责任，即经营者比如旅行社的行为，直接导致旅游者行李物品损害的发生，且损失具体明确。比如旅游者的箱包交由旅游车驾驶员代管，由于驾驶员的疏忽，导致箱包丢失，旅游者要证明箱包何时购买，价格几何。如果旅游者不能举证箱包的价格等相关事项，旅游者的合同赔偿同样不会顺畅，因为旅游者的赔偿额度缺乏具体的参考依据。

五、关于公共交通

按照《旅游法》的规定，公共交通和非公共交通对于行李物品的损害具有截然不同的处理结果。如果旅行社使用了公共交通，旅游者的行李物品损害，包括遗失、毁损或者被盗，旅行社只要协助旅游者向公共交通提供者索赔即可，由公共交通提供者承担赔偿责任。公共交通包括正常航班、高铁、班轮等。旅游者在非公共交通上出现行李物品损害，只要认定非公共交通提供者对于行李物品损害的发生存在过错，旅游者可以向非公共交通提供者主张赔偿权利，也可以要求组团社承担赔偿责任。非公共交通包括包机、邮轮、旅游大巴等。

因此，上述案例中，旅游者在正常航班托运的相机灭失，旅行社应当积极协助旅游者向航空公司索赔，但旅行社本身不需要承担赔偿责任。

067 旅行社组织旅游者出游价格必须统一吗？

相关案例

徐先生在旅游途中发现，同一个团队中他交纳的旅游团款最高，有些旅游者比他的价格低了900元，徐先生在整个旅游期间特别郁闷，在行程中就要求导游退还差价，因为在徐先生看来，他得到的服务和同团其他旅游者没有什么两样。但导游要他返回后和组团社交涉，因为收费的是组团社，和地接社没有关系。行程结束后徐先生立即找组团社，要求退还旅游差价900元。组团社拒绝了他的要求。问题是，旅行社是否有权拒绝旅游者退还差价的要求？旅行社是否有义务确保同一旅游团价格整齐划一？

相关法律规定

1.《价格法》第十一条 经营者进行价格活动，享有下列权利：（一）自主制定属于市场调节的价格。……

2.《价格法》第十三条规定，经营者销售、收购商品和提供服务，应当按照政府价格主管部门的规定明码标价，注明商品的品名、产地、规格、等级、计价单位、价格或者服务的项目、收费标准等有关情况。

案例分析

徐先生的投诉，是旅游主管部门经常遇到的旅游投诉之一。旅游者要求组团社退还"差价"的理由是，和其他旅游者交流后得知，唯独他的旅游价格最高，旅游者认为在这个行程中，面对同样的团队、同样的线路，旅游价格就必须统一,而且他也没有得到旅行社特殊的服务,他不能接受所谓的同团不同价,所以要求组团社退还"差价"。旅行社有时迫于压力,极不情愿地退款,有些旅行社不愿退款,但又说不出理由。因此,是否必须退款成了旅行社的纠结所在。这样的"差价"到底是否需要退还,需要从以下几个方面看:

一、旅游者的感受

旅游者参加旅游时,面对同样的线路、同样的服务,本能地认为服务价格应当是一致的。而当自己交纳的旅游团款较高时,旅游者心理不平衡是可以理解。但可以理解,并不代表合理。只要旅游者稍作思考就能明白,在日常生活中,同样的产品、同样的服务,支付不同价格的现象比比皆是,只不过是旅游者在这些消费过程中没有比较的机会,不能发现而已。旅游者以此为由要求商家退还所谓的"差价",基本属于合情不合理。

二、同团不同价的原因

同团不同价存在于组团社组的团队中,散客拼团更是如此。让旅游者产生退款念头的原因,一方面是旅行社的经营特点,因为旅行社的服务价格属于市场调节价,旅行社可以根据经营状况确定服务价格;另一方面,旅游者是受计划经济的影响和简单的比较。虽然改革开放30多年,但整齐划一的计划经济影响仍在,许多旅游者,特别是老年旅游者本能地认为旅行社的价格应当一致,当同样的产品和服务价格不一致时,旅游者就不能接受。同时,简单的比较直接促成纠纷的产生,可以说是比较惹的祸。

三、相关法律的规定

《价格法》规定经营者必须明码标价,只要旅行社在旅游者报名参团时,明确地告知旅游价格和服务构成,旅行社的收费行为就不违法。至于旅行社如何定价、定价多少,旅行社可以自行确定。从法律规定看,只要旅行社的服务价格符合三个规定,一是旅行社的收费没有高于广告价;二是旅行社在收费时事先告知,明码标价;三是旅行社的收费没有强迫旅游者,旅行社就不必退还所谓的差价。如果旅行社愿意退还,那是旅行社自愿放弃收费的权利。

四、理想的模式

虽然只要旅行社的服务符合法律规定，旅行社就不必退还所谓的差价，但毕竟这样的现象让旅游者不舒服，也为投诉的产生埋下伏笔。因此，作为组团社，最为理想的收费方式，还是尽可能保持团队收费的一致性，尤其是组团社委托其他旅行社收客时，对于代理社的收费要适当控制，不能任由他们随意定价，防止价格差距过于悬殊。这既是收费问题，也是管理问题。

总之，只要旅行社明码标价，没有欺诈和强迫消费，旅游者就不可以要求退还所谓的差价。

068 没有书面旅游合同当事人就不承担责任了吗？

相关案例

某旅行社向旅游主管部门抱怨，旅游者要求参加旅游团，旅行社为其操作联络，有些旅游者突然告诉旅行社取消行程，旅行社向旅游者收取损失费用，旅游者以没签订书面旅游合同为由，拒绝承担任何损失，旅行社有苦难言。旅行社的困惑是，不签订书面旅游合同，旅行社的损失就难以挽回吗？同样，也有旅游者投诉旅行社，报名之后旅行社不能成团，只是要求旅游者取回旅游团款，拒绝向旅游者做出赔偿，理由也是尚未签订书面旅游合同。没有书面旅游合同当事人就不承担责任的观点成立吗？

相关法律规定

1.《合同法》第三十六条规定，法律、行政法规规定或者当事人约定采用书面形式订立合同，当事人未采用书面形式但一方已经履行主要义务，对方接受的,该合同成立。

2.《旅游法》第五十八条规定,包价旅游合同应当采用书面形式。

3.《旅行社条例》第五十五条规定,违反本条例的规定,旅行社有下列情形之一的,由旅游行政管理部门责令改正,处2万元以上10万元以下的罚款;情节严重的,责令停业整顿1个月至3个月:(一)未与旅游者签订旅游合同……

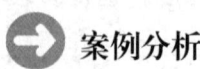
案例分析

一、签订书面旅游合同有法律强制性规定

《旅游法》、《旅行社条例》对签订旅游合同都做出了明确而详尽的规定。《旅游法》规定,旅行社组织和安排旅游活动,应当与旅游者订立合同。包价旅游合同应当采用书面形式。《旅行社条例》也规定,旅行社必须与旅游者签订书面旅游合同,并对旅游合同的具体内容做出详细的要求。这是法律对旅行社经营的强制性规定,旅行社必须不折不扣地履行义务,如果旅行社不能严格执行,将受到相应的行政处罚。

二、行政规定和民事关系不可相互混淆

《旅游法》、《旅行社条例》对于旅游合同的签订和内容都有明确规定,但这并不意味着没有签订书面的旅游合同,旅行社和旅游者之间的合同关系就不存在。只要旅行社或者旅游者履行了义务,旅行社和旅游者的旅游合同关系就是客观存在的。而旅行社和旅游者之间的服务与被服务是一种民事关系,与书面旅游合同签订没有必然的联系,是两个不同层面的法律关系。不能说没有签订书面旅游合同,合同关系就不存在,或者说有了旅游合同关系,必然导致书面旅游合同的签订,因为书面旅游合同的签订有一定滞后性。

三、没有签订书面旅游合同并不妨碍合同关系的存在

根据上述法条的规定,虽然法律法规规定,旅行社必须与旅游者签订书面

旅游合同,但在收取定金的过程中,旅行社没有和旅游者签订书面旅游合同,但旅游者已经履行了交纳定金的主要义务,旅行社也已经收取了定金,旅行社和旅游者之间的合同关系成立。而并不像旅行社或者旅游者所说的那样,由于没有签订旅游合同,旅行社和旅游者之间就没有合同关系。显然,这个观点是错误的。

四、旅游者应当承担旅行社的损失

旅游者由于自身原因,临时取消旅游行程,其行为应当定性为违约。在此基础上,旅行社有权向旅游者追究民事责任,即可以要求旅游者承担旅行社已经发生的损失。对于旅行社而言,要求旅游者承担相应的损失,必须解决一个技术问题,就是承担举证责任,即旅游者的行为给旅行社造成的具体损失,且能够给出充分的证据。如果旅行社不能提供证据,或者证据不堪 击,旅行社仍然不能向旅游者收取损失费用。当然,旅行社收取旅游者的旅游团款后,即使没有签订书面旅游合同,旅行社也应当保留相关书面证据,以便纠纷的解决,而不能停留在口头约定上。

五、旅行社擅自取消行程也要承担责任

与此相对应的是,如果旅行社收取旅游者定金后,擅自解除旅游合同,旅行社也不能以尚未签订书面旅游合同为由,拒绝承担违约责任。旅行社不能只要求旅游者承担责任,自己违约却不承担责任,这是《合同法》公平原则的基本要求。同时,我们建议旅行社在收取定金时,应当附上简单的协议,明确旅行社和旅游者合同关系已经成立,双方都必须履行各自的义务,对于可能出现各种情况双方所各自要承担进行约定,一旦纠纷发生,可以按照约定解决问题。

总之,只要旅行社和旅游者达成了出游协议,不论该协议是书面形式还是口头形式,都表明双方旅游合同关系成立。任何一方擅自解除旅游合同,都必须承担违约责任,不能以没有书面合同为借口,拒绝承担责任。

069 导游应为保管物遗失承担赔偿责任吗？

相关案例

某旅行社组团赴北方某著名景点旅游。在游览过程中一位旅游者要上洗手间，临时将随身携带的背包交给地陪保管，由于地陪的疏忽大意，竟然丢失了背包。旅游者声称她的背包内有现金5000元，还有身份证、信用卡等物。旅游者要求地陪赔偿共计人民币6000元，组团社也要求地陪按照旅游者的要求全额赔偿。地陪以旅游者证据不足为由，拒绝赔偿。组团社给地接社施加压力：假如地陪不给旅游者全额赔偿，以后团队不再交给该地接社接待，旅游者这次的损失费用直接从团款中扣除。在组团社和地接社的共同施压下，地陪不得不屈从，按照旅游者的要求给予全额赔偿，但地陪郁闷的心情难以平复。

相关法律规定

1. 《合同法》第三百七十四条规定，保管期间，因保管人保管不善造成保管物毁损、灭失的，保管人应当承担损害赔偿责任，但保管是无偿的，保管人证明自己没有重大过失的，不承担损害赔偿责任。

2. 《合同法》第三百七十五条规定，寄存人寄存货币、有价证券或者其他贵重物品的，应当向保管人声明，由保管人验收或者封存。寄存人未声明的，该物品毁损、灭失后，保管人可以按照一般物品予以赔偿。

案例分析

一、导游的过失显而易见

这是一起由保管合同引起的纠纷。旅游者将背包交给地陪，地陪接收了旅游者的背包，虽然没有书面承诺，也没有签订书面保管合同，但以实际行动表明愿意为旅游者保管背包。按照法律规定，旅游者和导游之间的保管合同关系成立。既然如此，导游就有妥善保管背包的义务，不得使背包损坏或者灭失，并及时将背包交还给旅游者。显然，地陪没有尽到保管人妥善保管背包的义务，地陪丢失旅游者背包的行为过失明显，地陪应当承担因丢失旅游者的背包的所有损失。

二、地陪应当如何赔偿旅游者的损失

地陪有过失，赔偿是肯定的，但应当如何赔偿是一件犯难的事。第一，地陪必须赔偿旅游者的背包，虽然这个方案没有任何异议，但要解决这个背包的价格和折旧的问题。背包的价格和使用年限应当由旅游者来提供证明。第二，地陪是否必须承担旅游者声称的包内5000元现金的赔偿？如果地陪要全额赔偿5000元现金，会遭遇两个难题：

1. 旅游者如何证明包内的确有5000元现金，这个问题几乎无法证明。包内是否有现金、有多少现金，只有旅游者自己知道，但由旅游者自己来证明，显然缺乏说服力。对旅游者而言，携带多少现金是个人隐私，旁人无从证明。

2. 上述法律已经明确规定，现金、贵重物品的寄存保管，寄存人必须事先声明，且由保管人验收。按照这样的规定，对照上述案例的情形，旅游者把背包交给地陪时，应当事先声明，并由地陪验收。从理论上说，旅游者并没有这样做，旅游者也存在过错，但从实务中看，如此操作不符合实际状况。因此，虽然地陪丢失旅游者背包的事实不容怀疑，但旅游者希望得到6000元的赔偿依据并不充分。从法律的角度说，地陪最多全额赔偿旅游者购买背包的款项。

三、导游应当吸取的教训

在这起纠纷的处理过程中，地陪愤愤不平的心情完全可以理解，我们也无意指责旅游者动机不善。但地陪应当从该事件中吸取教训，在以后的工作中，为旅游者提供服务时，既要热情周到，又要把握分寸，既要让旅游者满意，又不能因额外服务伤及自身，分内服务全力以赴，分外服务量力而行。

总之，迫于组团社和地接社的压力，地陪违心地向旅游者赔偿了6000元，平息了事态，但旅行社的做法是不正确的，对地陪不公平，但地陪也应从中吸取教训，避免类似事件再度发生。

070 旅行社宣称提供豪华游服务合适吗？

相关案例

某国内旅行社组团到某著名景点旅游，旅游广告宣称旅游者将乘坐豪华飞机出行，组团标准有豪华A档、豪华B档旅游团及普通等旅游团，每人的价格分别是4080元、2860元和1480元。旅游者尹女士根据自己的需要，选择了豪华B档旅游团，并交纳了旅游团款。旅游合同约定，旅游目的地全程由豪华空调大巴接送，住三星级饭店。但在实际履行合同中，旅游者得到的住宿服务是：一个晚上住的饭店没有星级，另一个晚上住的酒店虽为三星级，但客房没有窗户，在景点旅游期间，尹女士乘坐的车辆均为当地景点提供的普通中巴车，并且没有座位，旅游者认为旅行社提供的服务不仅不豪华，而且连普通的服务都未达到，在和旅行社协商未果的情况下，尹女士向人民法院提起民事诉讼，要求旅行社退还全额旅游团款。

相关法律规定

1.《旅游法》第三十二条规定，旅行社为招徕、组织旅游者发布信息，必须真实、准确，不得进行虚假宣传，误导旅游者。

2.《旅行社条例》第二十四条规定，旅行社向旅游者提供的旅游服务信息必须真实可靠，不得作虚假宣传。

案例分析

一、什么是豪华旅游团

关于豪华旅游团的定义，在法律上没有明确的界定，但旅行社圈内前些年似乎有一种说法较有代表性,就是旅游者往返乘坐飞机,住三星级及三星级以上饭店的旅游团就是豪华团。这样的标准放在改革开放之初应当不成问题,尽管这样的定义没有法律和行业依据,但毕竟是一种说法。当普通百姓还在为温饱问题发愁,旅游对百姓来说是奢侈的享受,更何况能够乘飞机,住星级饭店。但随着人们生活水平的提高,生活质量的改善,旅游已经走进千家万户,乘坐飞机,入住星级饭店不再是普通百姓的奢望,再以之前的豪华标准来营销显然过时。

二、豪华具有强烈的主观色彩

所谓的"豪华"缺乏客观标准,具有明显的不确定性,无法做定量分析,对"豪华"、"高档"的理解因人而异,完全取决于旅游者的主观感受。就我国的实际情况看,对于偏远落后的山村平民百姓来说,也许城市普通公交车对他来说已经很"豪华";而对于拥有私家车的白领阶层来说,"豪华"在他们心目中也许就意味着乘奔驰车、住五星级饭店。不管旅游行程是否豪华,但有一点可以肯定,"豪华"、"高档"这类辞藻无形中提高了旅游者出团前的期望值,使旅游者对旅游活动充满憧憬和渴望,当旅游者觉得该游程并不"豪华"、"高档"时,或者旅游行程的确很普通时,旅游者的满意度就会随之降低,旅游纠纷的产生就不可避免。

三、豪华给旅行社带来不利

旅游广告的"豪华"至少给旅行社带来两个不利后果:第一,没有相关部门对"豪华"出具权威论证。这就意味着,假如旅游者向有关部门投诉,或者向人民法院提起诉讼,旅行社无法举证,就存在败诉的风险。案例中的尹女士曾经问我们,什么是"豪华飞机",我的回答是不知道。事实上,不仅是我们不知道什么是豪华飞机,估计民航部门也无法说明怎样的飞机属于豪华飞机。第二,提高了旅游者的期望值,无形中降低了旅游者的满意度。在服务质量一定的情况下,期望值和满意度呈反比。旅游者在旅游团出发前期望值越高,相对应的在旅游行程中满意度就越低。假如旅行社没有使用这些具有诱惑力的辞藻,旅游者也许会以平常心来看待旅游行程中的服务,但旅行社自我标榜为豪华,就主动提升了旅游者的期望值,导致旅游者的满意度降低,最终的结果是得不偿失。

四、案例给旅行社的启示

查阅旅游广告就可以发现,到目前为止,旅行社还是喜欢用一些华丽的辞藻吸引旅游者，也许本意并不是为了欺骗旅游者，而是为了更好地包装旅游线路，但客观效果上存在欺诈的嫌疑。所以，上述纠纷案例给予旅行社的启示是，在旅游广告宣传中，应当使用平实的语言，使用可以定量的语言来描述旅游服务，切忌浮夸宣传，华而不实，甚至是无中生有，只知道出团前吸引旅游者的眼光，不考虑旅游服务的实际品质，也不顾旅游者参团后的感受。这样的经营模式，的确能够引起部分旅游者的关注，但归根结底是缺乏诚信意识，不仅要承担旅游者的损失，而且还要受到旅游主管部门的行政处罚。

总之，旅游者根据旅行社的宣传和旅行社实际提供的服务，有权要求旅行社承担赔偿责任。

071 旅游者拒绝下车的理由成立吗？

相关案例

浙江某旅行社组织旅游者前往福建旅游，行程结束后在宁波火车东站下车，然后乘坐旅行社提供的大巴返回。当旅游者抵达宁波火车东站时，恰逢大雨，导游带领旅游者步行5分钟，登上久已等候的大巴，在此过程中一些没有随身携带雨具的旅游者被大雨淋湿。旅游者抵达居住地时，有四位旅游者拒绝下车，因为有一位旅游者的iphone手机被雨淋湿，不能使用，旅游者要求旅行社全额赔偿手机费用4000元，理由是旅行社没有提醒他应当妥善保管iphone手机。旅行社提出为旅游者修理手机，修理费由旅行社承担，但旅游者坚持要全额赔偿，僵持不下，旅游者在大巴上滞留了5小时，最后在警方的干预下，旅游者才离开了大巴。

相关法律规定

1.《民法通则》第九条规定，公民从出生时起到死亡时止，具有民事权利能力，依法享有民事权利，承担民事义务。

2.《民法通则》第十一条规定,十八周岁以上的公民是成年人,具有完全民事行为能力,可以独立进行民事活动,是完全民事行为能力人。

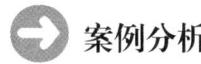
案例分析

一、纠纷中的法律关系

在该纠纷中,存在着两个法律关系。第一,旅游者认为旅行社的服务存在过错,理由是冒着下大雨走路,旅行社有责任提醒旅游者妥善保管行李物品。既然没有提醒,旅行社就应当承担赔偿责任。这是旅行社和旅游者之间存在的第一层法律关系,但该法律关系是否存在,取决于旅游者能否提供证据加以证明。如果旅游者提供不了旅行社过错的证明,该法律关系就不存在,反之则存在。第二,是旅游者拒绝下车导致旅行社权益损害责任追究的法律关系。旅游者拒绝下车的事实是清楚的,旅游者拒绝下车,导致了旅游车使用权被限制,旅行社或者旅游车公司可以就此追究旅游者的责任。这是旅行社和旅游者之间存在的第二层法律关系,当然事实上不会有人追究旅游者的责任。这两个法律关系相互独立,互不干涉,不能混为一谈。

二、旅行社是否存在过错

旅游者是具备完全民事行为能力人,妥善保管随身行李物品是旅游者的基本义务,iphone手机为旅游者的随身物品,理应由旅游者自己妥善保管,根本不需要旅行社加以提醒,旅游者认为旅行社没有提醒就有过错,说得严重一点,就是旅游者存心找碴,借此向旅行社索要钱财。显然,旅游者要求旅行社赔偿iphone手机理由不成立。这是从法律层面的解释。当然,如果从服务层面上说,旅行社的服务也存在改善的空间,导游在冒雨乘坐大巴前,征求一下旅游者的意见,是否等雨停后再上车,或者提醒旅游者保管好个人物品也不多余。这些瑕疵并不是原则的错误,也不能成为旅游者向旅行社赔偿iphone手机的理由。对于旅游者提出的赔偿要求,旅行社既可以置之不理,也可以给旅游者一些补偿和安慰,由旅行社自己决定。

三、旅游者拒绝下车行为的性质

旅游者拒绝下车的行为,是人为扩大损失的表现。旅游者认为旅行社服务有过错,是旅游者的一家之言,不论旅行社是否存在过错,都不能成为旅游者拒绝下车的理由。按照《合同法》的有关规定,谁扩大了损失,谁就应当为扩大的损失承担责任。从法律规定看,旅游者拒绝下车,导致旅行社车辆营运的损失,应当由旅游者承担。法律虽然如此规定,但不可否认的是,旅行社或者旅游车公司不可能为此向旅游者主张权利,更不会把旅游者告上法院。

四、文明旅游任重道远

《旅游法》的亮点之一,就是对于旅游者的文明旅游提出了具体要求。《旅游法》要求旅游者在旅游活动中或者在解决纠纷时,不得损害旅游经营者和旅游从业人员的合法权益。但在实际操作中,旅游者在理性消费、理性维权方面,离法律规定尚存在不小的距离。旅游者的如此现状,不仅需要旅游者的不断提升和完善,而且更依赖于有关管理部门和旅游企业的指导、引导和疏导,循序渐进地培养旅游者的文明旅游意识,推进旅游者文明旅游活动。

总之,旅行社可以拒绝向旅游者做出赔偿。

072 驾驶员可以擅自抛弃旅游者遗留的物品吗?

相关案例

旅行社组织旅游团旅游,旅游行程结束时,旅游车送全团旅游者到约定地点,导游提醒旅游者不要遗忘私人物品。尽管如此,仍有一位旅游者一时疏忽,将自己的老花镜和雨伞遗忘在车内,等到旅游者想起时已是晚上,通过导游联系到旅游车驾驶员,驾驶员说看到过这些物品,但以为是旅游者遗留下的垃圾,已经当作垃圾处理了。旅游者要求旅行社承担赔偿责任。

相关法律规定

1.《合同法》第三百六十五条规定,保管合同是保管人保管寄存人交付的保管物,并返还该物的合同。

2.《民法通则》第七十一条规定,财产所有权是指所有人依法对自己的财产享有占有、使用、收益和处分的权利。

案例分析

一、旅游者行李物品的保管义务

1. *旅游者托运行李物品的保管义务* 旅游者的行李物品大致分为两类,大件行李物品一般是脱离旅游者控制而随旅游车、飞机等托运,这类行李物品从旅游者交付托运开始,到行李物品交还给旅游者期间,与旅游车、飞机的管理者形成了保管关系,即使没有书面的保管合同,事实上的保管关系也是存在的,核心是行李物品由这些管理者实际控制。相对而言,飞机在行李物品托运中履行严格的手续,而旅游车等企业对于行李物品的管理较为松懈。

2. *旅游者随身携带行李物品的保管义务* 既然是随身携带行李物品,说明这些行李物品和旅游者形影不离,由旅游者自己实际控制。既然随身行李物品的实际控制者、保管人是旅游者自己,旅游者就有义务保管好自己的随身行李物品。如果随身行李物品遗失或者被盗,通常情况下是旅游者的自身疏忽所造成的,旅游者应当为此承担主要责任。比如旅游者在就餐时将手机放在餐桌上,离开后被人偷窃,餐厅虽有安全保障义务,但旅游者自己的疏忽是主要原因。

二、驾驶员是否可以擅自处置旅游者的遗留物

旅游者随身携带行李物品遗留在旅游车上,旅游者当然有责任,但当旅游车驾驶员看到这些遗留物品时,想当然地认为是旅游者的抛弃物,擅自将其作为垃圾处理显然不合适,理由有两个:

1.《旅游汽车服务质量》规定,驾驶员在完成任务与旅游者告别时,要主动征求旅游者与陪同、导游的意见,仔细查看有无遗留物,如发现有遗留物,应及时归还失主。按照行业服务标准的规定看,驾驶员的过失明显。第一,驾驶员没有仔细检查是否有旅游者的遗留行李物品。第二,发现旅游者遗留的行李物品,首先认为是旅游者的抛弃物,而不是旅游者的遗留物品。从常理看,如果驾驶员看到旅游者的遗留行李物品,即使是旅游者已经离开旅游车,驾驶

员也完全应当及时和导游取得联系,确认旅游者遗留行李物品是否为旅游者所抛弃,而不是自己擅自抛弃。

2. 按照《民法通则》的规定,旅游者随身携带的物品,只有旅游者才有处置权。如果旅游者的确是将随身行李物品作为抛弃物,驾驶员的处置没有法律上的障碍。关键的问题是,驾驶员在情况不明的情况下,擅自处置旅游者的遗留行李物品,从法律层面看,为无权处分行为,属于侵权行为的范畴,驾驶员的责任不言自明。

三、导游是否存在过失

《导游服务质量》规定,在当次旅行结束时,全陪应提醒旅游者带好自己的物品和证件,征求旅游者对接待工作的意见和建议。很显然,对照该标准的要求,导游存在的过失也不容回避。因为在旅游者结束旅程下车时,导游并没有及时提醒旅游者带好自己的行李物品。只要导游在旅游者下车时给予提醒,旅游者遗留行李物品的事件就可以避免发生,也不会出现相应的纠纷。

四、驾驶员擅自抛弃旅游者遗留物品的处理

上述纠纷中,旅游者自己首先应当承担责任,驾驶员擅自抛弃旅游者遗留的行李物品,也应该承担相应的责任,各自承担一半为宜。如果驾驶员不愿意承担责任,应组团社先行赔偿旅游者的损失,然后向驾驶员或者驾驶员所在公司追偿。

073 旅游者应当如何保障自身安全?

相关案例

高先生高高兴兴随团旅游,返程后再也高兴不起来了。因为他在旅游途中,为了座位与其他旅游者发生争执,继而发生肢体冲突,在双方的混战中,高先生的鼻梁被对方打断,虽然对方赔偿了所有医疗费用,但伤害的阴影很长一段

时间挥之不去，于是向旅行社提出赔偿要求，理由是旅行社没有采取适当措施，防止他被另外旅游者伤害。旅行社则认为高先生人身伤害的原因，很大程度上是高先生不约束个人行为，和旅行社无关，拒绝承担任何责任。

相关法律规定

1.《民法通则》第十一条规定，十八周岁以上的公民是成年人，具有完全民事行为能力，可以独立进行民事活动，是完全民事行为能力人。

2.《侵权责任法》第六条规定，行为人因过错侵害他人民事权益，应当承担侵权责任。

案例分析

一、旅游者必须具备安全意识

旅游活动顺利开展，旅游者人身财产安全的实现，固然需要旅行社和履行辅助人的通力协作，但旅游者自我准备、自律配合、遵纪守法、文明旅游同样重要。如果旅游者在旅游行程中不顾他人的利益，放任自我，不注意自我人身财产的保护，就可能给自己造成伤害。因为每个人是自己利益的最大维护者。上述案例中的高先生为了争抢座位，而与其他旅游者发生冲突造成伤害，旅行社除了履行相关的注意义务外，诸如现场劝说之外，就是报警、送医。只要履行了这些义务，旅游者的伤害就与旅行社的服务无关，也就无须承担赔偿责任。因此，为了确保旅游者人身财产安全，旅游者必须具备安全意识。

二、旅行社要提前做好准备

旅游的特点，就是旅游者前往不熟悉的环境进行活动。作为一个理性的旅游者，应当在前往旅游目的地之前，对该旅游目的地的各种情况，包括当地社会治安、天气、餐饮、交通、民俗等状况有一个基本的了解，使得自己有所准备。如果是出境旅游，除了要对我国的法律了解之外，还必须对旅游目的地的法律、习俗做进一步的掌握，避免损失的发生和扩大。比如不把贵重物品和有价证券放置在行李中托运，在旅游商场慎重购买价格较高的物品等，免得造成经济损失。在参加长途旅游前，旅游者最好进行一次全面的身体检查，判断是否适合参加旅游团,并携带必备的药品。

三、旅游者要服从旅行社的管理

这里所谓的管理,是旅行社的服务管理,而不是行政管理。旅行社的这些管理,都是为了旅游者更好地实现旅游权利,而不是强加义务给旅游者。旅游者参加旅游团,就必须服从旅游团的总体安排,这样的安排不可避免地会与旅游者的个人需要有冲突。比如旅游行程中没有游泳安排,旅行社就会要求旅游者不要自行前往游泳;旅行社告知旅游者行进中的注意事项,就是希望能引起旅游者的特别注意,避免人身财产损害事件的发生。有些旅游者对于旅行社的管理十分戒备,生怕被旅行社下套,凡是旅行社的要求,旅游者总是做相反的理解,这也是我国旅行社行业的悲哀。这样的现象当然也值得旅行社深思,并寻求改进经营和服务模式。

四、旅游者应当量力而行

旅游活动需要旅游者有相适应的体力,而适合何种旅游项目,虽然有导游领队的提醒和建议,但只有旅游者对自己的身体状况最为清楚,是否适合参加某些活动也只有旅游者自己知道。在旅游活动中,普通旅游者应当遵循不逞能、不勉强、不挑战的原则,平平稳稳地参加旅游活动,高高兴兴地返程。现在经常发生旅游者猝死事件或者其他伤害事件,在很大程度上与旅游者的过度疲劳或者身体不适有关系。尤其是老年旅游者,在选择旅游线路时,对于体力消耗较大的线路要三思而后行;即使参加了这样的线路,也尽可能选择体力消耗较小的方式,比如在景区内选择乘坐电瓶车、乘坐缆车等,而不能一味地选择步行。

五、旅游者要对自己的行为负责

旅游者参加旅游团,并不意味着生老病死都由旅行社负责,旅行社承担的责任有限,比如违约责任、侵权责任。不可否认的是,有些人身伤害是旅游者自己造成的,比如上述案例中旅游者之间的肢体冲突,应当由冲突双方当事人负责。作为完全民事行为能力人,旅游者要为自己的行为负责。比如旅游者要保管好自己随身携带的行李,旅游者不得擅自离开团队等。如果旅游者因此受到伤害,很大程度上责任应当由旅游者自己承担。

074 公共交通包含包机、专列等交通工具吗？

相关案例

丁先生参加的旅游团乘坐旅行社的包机出境旅游，整个行程的服务质量符合合同约定，丁先生等比较满意。就在丁先生等准备返程时，领队告诉他们，由于航空公司的原因，包机被推迟6小时，旅行社愿意在飞机起飞前再组织旅游者就近旅游。等到丁先生等赶到机场，航班再次推迟2小时起飞，丁先生等到家已是凌晨5点多，疲惫不堪。丁先生等要求旅行社赔偿经济损失，旅行社说是交通部门的原因造成飞机推迟起飞，旅行社没有责任，丁先生等不能接受旅行社的解释，继而投诉至旅游主管部门。

相关法律规定

1.《旅游法》第七十一条规定，由于公共交通经营者的原因造成旅游者人身损害、财产损失的，由公共交通经营者依法承担赔偿责任，旅行社应当协助旅游者向公共交通经营者索赔。

2.《合同法》第一百二十一条规定，当事人一方因第三人的原因造成违约的，应当向对方承担违约责任。当事人一方和第三人之间的纠纷，依照法律规定或者按照约定解决。

3.《最高人民法院关于审理旅游纠纷案件适用法律若干问题的规定》第十八条规定，因飞机、火车、班轮、城际客运班车等公共客运交通工具延误，导致合同不能按照约定履行，旅游者请求旅游经营者退还未实际发生的费用的，人民法院应予支持。合同另有约定的除外。

案例分析

从最高人民法院的司法解释到《旅游法》，对于旅行社民事责任的承担都做出了相应的划分，减轻了旅行社部分责任，其中公共交通对于旅行社免责即为一例。但有些旅行社想当然地认为，旅行社的包机、专列也属于公共交通，这样的理解是错误的。

一、何谓公共交通

所谓公共交通，是向不特定人群开放的交通工具，只要有剩余交通票，不特定的人都可以购买该交通票，比如正常航班、高铁等交通工具。只要乘客凭借身份证明，都可以向民航、铁路售票处购买所需的机票或者火车票，对于购买交通客票的乘客，没有特别的限制。这就是所谓的公共交通。

二、为什么包机、专列不属于公共交通

旅行社的包机或者专列，是旅行社事先通过约定，向民航、铁路等部门整体购买该交通工具的承运权，然后由旅行社再次向旅游者销售。假如不通过向旅行社报名参团旅游，普通公众是无法购买到这些客票的，也不能乘坐这些交通工具。因此，旅行社的包机、专列等不属于公共交通范畴之内。

三、《旅游法》关于公共交通免责的规定

考虑到公共交通对于旅行社而言具有不可控的特点，要求旅行社承担由公共交通造成旅游者损害的责任，显然超出了公平的范畴，所以《旅游法》予以明确的规定。比如旅游者托运的行李丢失或者损坏，赔偿主体在公共交通部门，比如民航，发现损害后，导游领队协助办理赔偿申请等。所以《旅游法》的颁布大大减轻了旅行社的经营压力和风险。

四、公共交通造成旅游者时间延误的处理

旅游者参团旅游非常讲究时效性，时间延误就意味着旅游服务项目的减少或者压缩，直接损害旅游者的权益。由于公共交通的原因，导致旅游行程延误，应当如何承担责任？上述《最高人民法院的司法解释》第十八条已经做出了规定，公共交通造成旅游团队的行程延误，旅行社不可以被追究违约责任，只需要向旅游者退还未发生的费用。比如航班延误，导致北京长城游取消，旅行社只需退还景区门票、市内交通费、导游服务费等，不需要再赔偿。

五、旅行社包机、专列责任的承担

如果包机、专列出现违约，没有按照约定时间把旅游者运送到旅游目的地，旅行社应当承担违约责任。相对于旅游合同中旅行社和旅游者而言，航空公司、铁路等属于旅游合同的第三人，第三人违约，要由其中一方当事人承担责任。比如包机、专列的延误，旅行社不仅要向旅游者退还景点的相关费用，承担违约责任，还必须为延误的时间承担责任，然后可以向包机、专列所在公司追偿。

六、包机、专列运行时间的不确定性

与公共交通相比，旅行社组织包机、专列旅游，就有很大的风险，因为包机、专列往往不属于正常的航班和火车，而是有点类似于临时加班航机和加班火车，和追偿航班、火车相比，包机、专列出发时间随时调整是常态，火车专列的停靠点也是经常调整，旅行社缺乏对于包机、专列强有力的控制力。这样的状况，对于旅游者而言打乱了旅游计划，无法游览预订的景点；而对于旅行社而言，往往是措手不及，随之而来的就是承担赔偿责任。

总之，由于旅行社安排的包机不属于公共交通，丁先生等可以要求旅行社承担航班延误的法律责任，旅行社不得以任何理由拒绝。

规范管理篇

075 旅行社有义务提醒旅游者购买意外保险吗？

 **相关案例**

武女士参加了旅行社组织的团队旅游，行前旅行社的业务员告诉她，旅行社已经为她办理了保险，请她放心地参加旅游团。在行程中，武女士不小心崴了脚，在治疗的过程中，她要求旅行社支付保险金。导游告诉她，旅行社办理的是责任保险，武女士受伤的原因是自己不小心，属于意外事故，不在责任保险的理赔范围中。武女士到旅游主管部门投诉，要求旅行社承担医疗费。旅游主管部门受理了该旅游投诉。

 相关法律规定

1.《旅游法》第六十一条规定，旅行社应当提示参加团队旅游的旅游者按照规定投保人身意外伤害保险。

2.《旅行社责任保险管理办法》第二条规定，在中华人民共和国境内依法设立的旅行社，应当依照《旅行社条例》和本办法的规定，投保旅行社责任保险。本办法所称旅行社责任保险，是指以旅行社因其组织的旅游活动对旅游者和受其委派并为旅游者提供服务的导游或者领队人员依法应当承担的赔偿责任为保险标的的保险。

 案例分析

一、旅游保险的分类

目前，和我国旅行社组团旅游有关的旅游保险主要有旅行社责任保险和旅游意外保险两大类，这两类保险对于旅行社和旅游者具有不同的意义，从不同侧面保障旅行社和旅游者的权益。旅行社责任保险是强制保险，由旅行社购买，而旅游意外保险是任意险，由旅游者自己购买。当然，除此之外，旅游者还可以根据自己的需求，选择其他种类的旅游人身财产伤害保险。在实务中，旅行社往往和保险公司达成协议，将旅行社责任保险和旅游者意外保险打包，一并购买；另外一种方式就是直接购买旅游综合保险。从实际操作上来说，购买打包保险产品或者综合旅游保险产品，既实惠，又方便，受到旅行社的欢迎，但从法律上说，这样的销售和购买方式是否合乎规范，值得探讨。

二、旅行社责任险

旅行社责任保险的投保人是旅行社，直接受益人也是旅行社。当旅行社的经营有过错，给旅游者造成人身财产损害，需要旅行社承担赔偿责任时，由保险公司向旅游者承担赔偿责任，旅行社不需要自己额外支付赔偿金。总之，旅行社责任保险就是旅行社为了自己将来发生的过错购买的保险，也就是为自己的过错而买单。旅行社在推销旅游线路时，在旅游保险方面存在一些问题：

1. 业务员在推销旅游产品时，或者是对旅行社责任保险的作用不明，或者是有意为之，对外销售时只是简单地告诉旅游者，旅行社已经办理了保险，而不介绍责任险的真正含义，导致旅游者误以为旅行社购买的保险涵盖了所有的保险，旅游者自己无须再购买另外的保险。正如上述案例中的情况一样。

2. 旅行社对旅行社责任保险不以为然。少数旅行社一致认为，办理旅行社责任保险，就是为了完成《旅行社条例》规定的任务，而且自己的旅行社从来不出事，办理责任保险纯粹是浪费钱。所以，在具体的责任保险办理中，只选择保费最低的责任保险，目的就是不要被旅游主管部门追究行政责任，根本没有意识责任保险的意义和作用。

3. 旅行社没有特别关注医疗费的限额。对于旅游者的死亡，责任保险通常都有较高的赔偿额度，而旅游者医疗费的额度很低，导致由于旅行社的责任旅游者需要就医时，医疗费用不足，旅游者的权益难以保障，最后还是由旅行社自己直接承担。这样一来，旅行社的感觉就是责任保险不管用，而不反思自己的保险做法。

三、旅游意外保险

旅游意外保险的投保人应当是旅游者，受益人也是旅游者。《旅行社条例实施细则》规定了旅行社"可以"向旅游者推荐意外险，是一种任意性的规范，而不是像旅行社责任险那样属于强制性规范。《旅游法》对此做出了明确的修正，要求旅行社向旅游团队推荐旅游意外保险。这样的修正更加符合旅游保险的实际需要。

1. 旅游者发生的伤害以意外事故为多。从旅游者人身伤害的纠纷中看，大部分伤害来源于意外，而不是责任，旅行社为了避免麻烦和损失，应当向旅游者推荐旅游意外险。

2. 旅游者拒绝投保意外险要得到书面确认。如果旅行社向旅游者推荐意外险，而旅游者拒绝投保，旅游者的行为没有过错，但为了保险起见，旅行社应当得到旅游者的书面确认，以防将来出现意外后旅行社举证不能。

总之，根据武女士的受伤情况，以及旅行社在业务操作中的过失，武女士的医疗费用应当由旅行社承担。

076 旅游保险服务中旅行社有哪些注意事项？

相关案例

旅行社组织赵女士等人参加团队旅游，由于在旅游行程中发生了意外事故，赵女士等要求旅行社承担医疗费用，由于旅行社购买了责任保险，也提醒过赵女士购买旅游意外保险，被赵女士拒绝。赵女士受伤后不断和旅行社协商，旅行社最后同意启用旅行社责任保险，用于赵女士的医疗费用赔偿。事后，旅行社向保险公司申请，希望保险公司能够承担赵女士的医疗费用，保险公司明确表示不同意，旅行社对此难以理解，经过多次交涉未果，这笔费用只能由旅行社自己承担。

相关法律规定

1.《旅游法》第六十一条规定，旅行社应当提示参加团队旅游的旅游者按照规定投保人身意外伤害保险。

2.《侵权责任法》第六条规定,行为人因过错侵害他人民事权益,应当承担侵权责任。

3.《旅行社责任保险管理办法》第四条规定,旅行社责任保险的保险责任,应当包括旅行社在组织旅游活动中依法对旅游者的人身伤亡、财产损失承担的赔偿责任和依法对受旅行社委派并为旅游者提供服务的导游或者领队人员的人身伤亡承担的赔偿责任。

 案例分析

一、旅行社是否应当承担旅游者的损失

从案例情况看,旅游者的不小心导致损害发生,应当属于意外事故范畴,旅行社没有责任,因而不是旅行社责任事故。作为完全民事行为能力人的旅游者,在旅游行程中应当履行注意义务,保护好自己的人身财产安全,不小心造成的后果应当由旅游者自己承担,或者通过旅游意外保险的理赔途径解决。

二、旅行社擅自启动责任保险是否合适

旅行社经不起旅游者的软磨硬泡,启动旅行社责任保险向旅游者做出赔偿不合适。意外事故不适用责任保险,这是基本常识,旅行社把意外事故混同于责任事故,显然不合乎规定。同时,旅行社在征求保险公司意见之前,直接向旅游者赔偿责任保险,也有悖于常理。保险公司拒绝承担旅行社的赔偿款,也在情理之中。

三、旅行社启动责任保险的基本程序

旅游保险的启动有严格的程序,尤其是旅行社责任保险的启动更是如此。通常情况下,旅行社责任保险的启动,必须依赖人民法院的判决。人民法院判决旅行社对于旅游者的人身财产损害负有责任,保险公司将根据法院判决支付保险金;如果人民法院判决旅行社对于旅游者的人身财产损害无须承担责任,保险公司将不承担旅游者的损害赔偿。如果通过旅游者和旅行社之间的和解、旅游主管部门的调解,甚至是人民法院的法庭调解,旅行社与旅游者达成赔偿

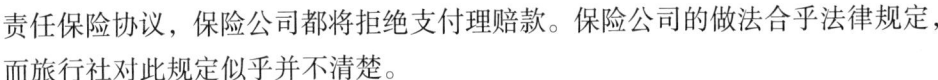

责任保险协议,保险公司都将拒绝支付理赔款。保险公司的做法合乎法律规定,而旅行社对此规定似乎并不清楚。

四、保险公司必须向旅游者推荐意外保险

《旅游法》对《旅行社条例实施细则》有关意外保险的规则做出了根本性的调整,向旅游者提示和推荐旅游意外保险,是旅行社的法定责任。如果旅行社不提示、不推荐旅游意外保险,旅行社就没有尽到安全保障义务,就将承担相应的责任,这是多个意外保险赔偿案例给予我们的启示。当旅游者投诉说不知道旅游意外保险时,旅行社就有义务证明,旅行社已经履行了告知义务。最有说服力的是,旅行社能够出示书面的推荐旅游意外保险材料,而不是仅凭借口头约定。

五、旅行社需要取得保险代理资格

工商部门对旅行社进行例行检查中发现,旅行社在办理旅游保险时,存在诸多问题,特别是旅行社保险代理资格不全的问题最为引人注目。我们知道,在旅行社业务经营许可证和旅行社营业执照中,都没有代理旅游保险的业务范围,所以,旅行社没有保险代理资格就从事旅游保险代理业务,从旅游主管部门角度看,不会因此对旅行社进行行政处罚,但从工商部门角度看,旅行社就涉嫌超范围经营,工商部门会对旅行社的种种经营行为进行查处。所以,旅行社要从事旅游意外保险业务的代理,应当取得代理资格。

六、保险公司的佣金处理

旅行社帮助保险公司代理旅游意外保险,保险公司会按照比例给旅行社返佣。当然,这部分返还是佣金还是回扣,各方有不同的看法。笔者倾向于:如果保险公司的返还直接进入业务员或者负责人的腰包,可以认定为回扣,涉嫌商业贿赂。但只要保险公司的返还进入旅行社公司的账户,应当被认定为佣金。因此,旅行社还面临着如何处理保险公司的利润返还问题,处理得不好,会给旅行社带来意想不到的麻烦。

总之,旅行社不应当混淆旅行社责任保险和旅游意外保险之间的界限,更不能随意启动旅行社责任保险的赔偿程序。

077 旅行社是否可以要求旅游者承担额外的业务损失?

相关案例

钱先生向旅游主管部门反映,他全家5人和旅行社签订了书面旅游合同,准备参加旅行社组织的北京旅游,由于他爱人突患疾病,只能放弃旅游行程。当钱先生向旅行社提出全额退还旅游团款时,旅行社的答复是,由于钱先生全家临时决定放弃行程,旅行社不仅已经产生了操作费用,而且由于钱先生全家的退团,导致旅行社团队人数不足,旅行社本来可以从履行辅助人拿到的优惠被取消。所以,钱先生全家除了要承担退团的违约责任,还需要承担旅行社优惠被取消给旅行社带来的损失。钱先生觉得违约损失可以接受,但不能接受旅行社提出所谓的优惠损失。

相关法律规定

1. 《合同法》第一百零七条规定,当事人一方不履行合同义务或者履行合同义务不符合约定的,应当承担继续履行、采取补救措施或者赔偿损失等违约责任。

2. 《合同法》第一百一十三条规定,当事人一方不履行合同义务或者履行合同义务不符合约定,给对方造成损失的,损失赔偿额应当相当于因违约所造成的损失,包括合同履行后可以获得的利益,但不得超过违反合同一方订立合同时预见到或者应当预见到的因违反合同可能造成的损失。

3. 《最高人民法院关于审理旅游纠纷案件适用法律若干问题的规定》第十二条规定,旅游行程开始前或者进行中,因旅游者单方解除合同,旅游者请求旅游经营者退还尚未实际发生的费用,或者旅游经营者请求旅游者支付合理费用的，人民法院应予以支持。

案例分析

一、旅游者取消行程给旅行社带来的损失

旅游者取消约定的行程，是旅游者人身自由的具体表现。签订了旅游合同，旅游者就不能解除旅游合同，涉嫌限制旅游者的人身自由。旅游者解除旅游合同，给旅行社造成的损失包括两部分，第一部分为直接损失，即旅行社操作中的业务损失，第二部分为间接损失，即上述案例中旅游团优惠损失。在这种情况下，旅游者的解除合同，降低了旅行社的利润，甚至可能使旅行社亏本。

二、旅行社可以要求旅游者承担赔偿责任

旅游者和旅行社签订了旅游合同，除了协商和不可抗力等，旅游合同不得擅自解除，否则就要承担违约责任。旅行社是否可以要求旅游者承担优惠价被取消的间接损失呢？答案是否定的。

1. 旅行社可以要求旅游者承担旅行社已经支付的操作成本　旅行社必须提供相应的操作成本证据，不能信口开河。如果不能提供证据，旅行社不能向旅游者主张赔偿的权利。这种方式对于旅行社有时有难度，比如旅行社要求旅游者承担已经产生的住宿费用，就目前的实务看，旅行社能够提供的证据的证明力很弱，几乎难以形成证据链，从而获得赔偿有难度。

2. 旅行社可以要求旅游者承担违约责任　如果旅行社和旅游者事先有明确的违约责任的约定，在这种情况下，不论旅行社是否有实际损失，只要旅游者解除旅游合同，旅行社就可以按照约定直接向旅游者收取违约金，不需要旅行社提供任何证据。这种方式简便实用，但关键是旅行社是否和旅游者有事先约定。没有事先约定，就不可以收取违约金。

三、旅游者向旅行社赔偿的是直接损失，和间接损失无关

旅游者解除旅游合同给旅行社造成的损失，毫无疑问必须由旅游者来承担，但给旅行社造成的间接损失，旅游者没有义务来赔偿。如果间接损失存在的话，也只能归入旅行社的经营风险，而旅行社主张的优惠价损失，假如真的存在，

就属于旅游者解除旅游合同造成的间接损失范畴。因此，对于旅行社的优惠价损失，旅游者没有赔偿义务，除非在旅游合同签订时，旅行社已经明确告知和约定了这些损失。一旦旅游者解除合同，旅行社在向旅游者主张直接损失赔偿外，还可以向旅游者主张间接损失的权利。

总之，上述案例中的钱先生没有向旅行社赔偿间接损失的义务。

078 旅行社可以向旅游者收取出境游保证金吗？

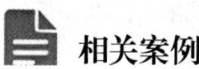
相关案例

旅游者常先生向旅游主管部门咨询：他和旅行社签订出境旅游合同后，业务员打电话给他，要求他除了旅游团款外，还必须向旅行社交纳5万元的保证金，防止他滞留在境外，不按时回国。常先生说自己肯定按时回国，不需要再交纳保证金了，但业务员坚持必须交纳，否则就不能参团旅游，这让常先生不解。常先生的困惑是，旅行社的行为是否合法？旅游主管部门是否有这样的规定？

相关法律规定

1.《旅游法》第十六条规定，出境旅游者不得在境外非法滞留，随团出境的旅游者不得擅自分团、脱团。

2.《担保法》第二条规定，在借贷、买卖、货物运输、加工承揽等经济活动中，债权人需要以担保方式保障其债权实现的，可以依照本法规定设定担保。

案例分析

一、出境游保证金溯源

近年来，极少数旅游者借出境旅游的机会滞留他国不归，给我国和旅游目的地国家及地区带来各种问题,为了防止我国公民在境外滞留不归,旅游目的地国家和地区通过对地接社和我国组团社采取经济和行政处罚等手段,我国政府和组团社也采取相应的措施,遏制旅游者滞留不归现象的发生。所谓出境游保证金,是指国内组团旅行社在组织旅游者出境旅游时,为了防止旅游者滞留不归行为,要求旅游者在出团前向组团旅行社交纳一定数量的现金作为担保。旅游者交纳的这些现金即为出境游保证金。

二、境外组团社的要求

旅游目的地国家和地区要求地接社严格按照行程为旅游者提供服务,如果发生旅游者滞留不归的情况,首先对地接社进行经济处罚,甚至取消接待我国公民旅游的权利;其次是会根据情节对我国组团社采取相应的处罚措施,如暂停或者永久停止该组团社办理签证手续等措施。只要发生旅游者滞留不归的情况,不论对于地接社还是组团社,其直接和间接的损失是难以承受的。为了强化组团社对旅游者背景资料的审核,防止和杜绝旅游者滞留不归现象的发生,地接社要求组团社做出承诺,一旦有旅游者滞留不归,组团社就将给予地接社经济赔偿。组团社为了规避自己直接承受各种损失,也只能将此潜在的风险转嫁给旅游者。这是组团社向旅游者收取出境游保证金最为根本的原因。

三、出境游保证金的收取

从理论上说,法律也明确规定旅游者不可以滞留不归,旅游目的地国家和地区对组团社也有同样要求,境外地接社和组团社之间也有协议,组团社自然会加强对出境游旅游者背景资料的审核,组团社只能对那些可能滞留不归的旅游者收取保证金。因为滞留境外不归的旅游者毕竟只占旅游者的极少数,组团社向所有出境游旅游者收取保证金不妥,但由于组团社只能进行书面审核,对于旅游者参团旅游的目的难以明察,为了稳妥起见,组团社向所有出境游参团旅游者收取保证金。总之,是外国政府和我国政府的经济处罚和行政制裁直接催生了出境游保证金的产生。

四、收取出境游保证金的依据

旅游者参加旅行社组织的出境旅游,严禁滞留不归,这是法律的明确规定。旅游者参团旅游，其行为实质上就是与旅行社之间发生的民事法律关系。根据《民法通则》、《合同法》等民事法律关系的规定，只要民事主体在平等自愿的前提下，双方就任何民事活动所达成的协议，只要该协议不违反法律法规强制性规定，其民事行为都将受到法律的保护。而在民事法律规定中，没有哪一部法律明文规定出境游保证金为非法，按照"法无明令禁止即可为"的原理，只要组团社在组团招徕过程中，明确告知有关出境游保证金的相关事项，并在充分协商的基础上与旅游者达成协议，组团社的行为就属于合法范畴。

在旅游服务合同关系中，旅游者和旅行社互为债权人和债务人，只要旅游者和组团社签订了出境旅游合同，旅游者已经全额交纳了旅游团费，旅游者就必须承担如期回国的义务。该义务既是旅游者必须对国家承担的义务，也是必须对组团社承担的义务，虽然该义务在旅游合同中并没有得到书面约定。若旅游者不如期返回国内，不仅境外地接社要承担经济和行政责任，组团社同样要遭受经济和行政的处罚，组团社完全有理由要求出境游旅游者为其如期返回提供担保，这与《担保法》的规定不谋而合。可见，组团社向旅游者收取保证金的行为完全合法，其行为应当受到我国法律的保护。

总之，组团社可以向旅游者收取出境游保证金，以保证其债权的实现，但必须在签订旅游合同时明确告知，在收取和退还出境游保证金中不得从中获利，更不能损害旅游者的合法权益。

079 旅行社如何应对出境游保证金管理问题？

相关案例

金先生参加旅行社组织的出境旅游，旅行社要求金先生在旅游团款之外，再交纳每人8万元的出境游保证金。金先生按照旅行社的要求交纳了保证金，但保证金汇入业务员个人账户中，当时金先生问业务员，为何不汇入旅行社的账户，业务员的回答是，汇入公司账户也可以，但返还时程序很多，会比较麻烦。回国后，金先生几次催促业务员退还保证金，业务员总是顾左右而言他，经过金先生多次讨要和投诉，总算在一年之后拿到了业务员退还的保证金。

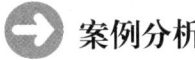

案例分析

一、出境游保证金管理中存在的问题

1. 出境游保证金直接汇入业务员个人账户　由于出境旅游业务的销售和招徕具有一定的灵活性和独立性，出境中心的业务员，特别是一些兼职业务员，在招徕业务时往往单兵作战，组团社负责人较为关注业务的增长而疏忽对相关事宜的管理。一些业务员在组团的同时，要求旅游者将保证金直接汇入自己个人账户，由业务员自由支配；许多旅游者对业务员的话深信不疑，认为是组团社的操作程序，按照业务员的要求汇款，为业务员个人掌握。业务员直接向旅游者收取保证金，将给组团社带来较大的风险，因为业务员销售组团属于职务行为，其法律后果应当由组团社法人承担。

2. 保证金被挪用，成为组团社的流动资金　保证金收取在旅游者出团前，而退还保证金在旅游者如期返回后，保证金的收取和退还有一个时间差。许多组团社发现，收取旅游者的保证金后，将保证金挪作流动资金，流动资金短缺的现象得到了一定程度的缓解。挪用保证金已成为许多组团社的"常规"操作，但隐患也不言而喻。

3. 旅游者滞留后保证金处置缺乏制度　若旅游者没有如期返回，组团社可以从保证金中扣除相关违约金，但由于缺乏对保证金管理的统一标准，组团社根据各自的情况处置保证金，特别是当组团社支付给地接社违约金后仍有余款时，组团社有了更大的处理空间，甚至直接将余款纳入组团社的小金库，被组团社据为己有。

4. 组团社与旅游者缺乏保证金书面协议　组团社在经营过程中，存在诸多制约因素，其中签证是最为组团社头疼的因素。尽管仔细审核，严格把关，但组团社仍然无法确定旅游者是否会被领事馆拒签，也无法判断办好签证的确切时间。有鉴于此，通常的情况是，组团社和旅游者签订旅游合同的时间往往在出团前，甚至是在机场，组团社与旅游者之间几乎没有收取保证金的书面合同。在实务中，时常发生组团社机票已确认、旅游者临时拒绝交纳保证金的纠纷，组团社甚为尴尬。

5. 极个别组团社假借收取保证金非法牟利　极个别组团社违反国家法律规定，有意与偷渡客联手，组织不法分子假借因私出境旅游的渠道，行组织非法偷渡勾当。这些组团社借机向不法分子收取高额"保证金"，不法分子也心甘情愿交纳"保证金"，双方心照不宣，共谋损害国家利益。

二、出境游保证金管理的对策和建议

1. 加强对出境游保证金的管理　组团社必须建立健全保证金管理制度，与专职和兼职业务员签订书面合同，明确双方的权利和义务，特别约定保证金必须纳入组团社管理，从制度上规范业务员销售组团行为；同时建立出境游保证金专款账户，确保保证金及时足额进入组团社账户，统一管理，不把保证金纳入流动资金，以便向旅游者按时足额退还。

发生旅游者境外滞留不归情况后，要及时将违约金支付给境外地接社，如果有剩余保证金，组团社不得以要滞留不归旅游者承担间接损失为由，克扣保证金差额，也不得私分，而应当将剩余部分交由旅游者在国内亲属处理。至于滞留旅游者返回后向组团社索要保证金，组团社可以向旅游者出示已向境外支付的违约金凭证，委婉拒绝旅游者的要求。

2. 加强对出境游保证金书面协议的管理　组团社必须与旅游者签订书面协议。虽然组团社较为重视出境游保证金的收取，但较为漠视收取出境游保证金的程序与规范。最为突出的表现就是，组团社业务员在组团中，往往与旅游者达成"君子协定"，不重视和旅游者签订收取保证金书面协议，口头协议代替书面协议。如果旅游合同履行不顺利，旅游者是否交纳保证金、应当交纳多少保证金的纠纷随之而来。由于组团社未与旅游者签订书面协议，在解决纠纷时难以提供相关证据，为快速维权带来意想不到的障碍和困难。

3. 规范出境游保证金协议内容　虽然按照法律规定，组团社可以向旅游者收取保证金，但组团社必须和旅游者签订规范的书面协议，明确告诉旅游者相关事宜，如保证金收取的数额、时间、形式、交纳地点和退还时间。如果组团社没有履行告知义务，或者履行告知义务不清晰，或者组团社业务员违规操作，旅游者可以拒绝交纳保证金，组团社也不可以此为由拒绝旅游者参加团，否则组团社将承担相应的法律责任。

080 旅行社要为业务员扣留出境游保证金担责吗？

 相关案例

A 公司为组织该公司部分经销商及家属出境旅游，与 B 旅行社签订旅游合同，参加欧洲六国 10 日游，费用为每人 16200 元。A 公司将旅游团款以支票的形式交给 B 旅行社业务员。B 旅行社为防止旅游者出境后滞留不归，业务员以 B 旅行社的名义要求每人交纳保证金 5 万元。大部分旅游者由 A 公司担保，少数旅游者向 B 旅行社直接交纳保证金，其中 4 位旅游者的保证金被要求汇入业务员个人账户。旅游结束后，旅游者均按期回国。B 旅行社向部分旅游者退还了保证金，唯独冯先生的保证金一直未退。经过多次调解，B 旅行社业务员仍然不退还 5 万元保证金，冯先生请求法院判决 B 旅行社退还保证金 5 万元，支付利息、交通费、通信费等费用，并承担诉讼费用。

 相关法律规定

1. 《合同法》第六条规定，当事人行使权利、履行义务应当遵循诚实信用原则。

2. 《合同法》第一百一十三条规定，当事人一方不履行合同义务或者履行合同义务不符合约定，给对方造成损失的，损失赔偿额应当相当于因违约所造成的损失，包括合同履行后可以获得的利益，但不得超过违反合同一方订立合同时预见到或者应当预见到的因违反合同可能造成的损失。

3. 《民法通则》第四十三条规定，企业法人对它的法定代表人和其他工作人员的经营活动，承担民事责任。

 案例分析

一、业务员的个人行为是否代表旅行社法人的行为

在旅游主管部门的调解阶段，旅行社一直强调一个话题，旅行社的确要求旅游者交纳出境游保证金，而且都需要汇到旅行社的账户上，而不是交给业务员个人，旅行社也不会授权业务员以个人名义向旅游者收取保证金，旅行社并没有收到冯先生交纳的出境游保证金。即使业务员以旅行社的名义向冯先生收取了保证金，也是业务员的个人行为，甚至是欺诈行为，冯先生可以向公安部门举报。业务员的个人行为不代表旅行社法人的行为，旅行社不应当为此承担退款责任，而是应当由业务员自己承担。

旅行社负责人的观点显然是错误的。业务员是以旅行社的名义组团收客，有旅行社法人的授权，尽管也许并不是每一次业务员的业务活动都得到法人的授权，但作为旅行社的员工，只要是在工作期间，行为就代表旅行社法人。业务员的工作流程也清晰表明，业务员对外推销旅游线路时，一定会非常明确地告诉旅游者，他（她）是某个旅行社的业务员，希望旅游者购买旅游服务，在后续的服务中，当然也是以旅行社的名义进行。收取旅游团款和保证金，当然是旅行社的行为。如果仅仅是业务员个人行为，旅游者会交旅游团款和保证金吗？答案是否定的。

二、协调未果后的法院判决

A 公司与 B 旅行社之间签订的旅游合同符合法律规定，约定了 A 公司与 B 旅行社之间的权利义务关系，合法有效。业务员的行为性质，从合同履行情况看，向 A 公司收取了支票并向参加旅游的旅游者收取了现金，且以 B 旅行社的名义通知旅游者交纳保证金；从合同约定的内容看，业务员向 A 公司行使的权利是 B 旅行社的权利。在本案中，交纳保证金虽非 A 公司与 B 旅行社之间的旅游合同明确约定，但 B 旅行社也认可了 A 公司曾为出境人员担保、交纳保证金均是为保证出境人员按期回国所为。A 公司也有足够的理由相信业务员的行为代表 B 旅行社，且从业务员的领队资格考试报名表中，B 旅行社也明确了业务员的工作单位系 B 旅行社，故业务员的行为后果应由 B 旅行社承担法律责任。

根据合同相对性的原则，B 旅行社应当向其合同相对人承担民事责任。旅行社与业务员之间的法律关系，和本案无关，可另行解决，与 A 公司、冯先生无关。本案中，保证金 5 万元是冯先生交纳的，在合同履行终结后，B 旅行社应当将保证金本金归还冯先生。冯先生的其他诉讼请求被法院驳回。

081 组团社对旅游者有哪些安全保障义务？

 相关案例

姚先生参加某旅行社组织的旅游，在旅游途中发生了食物中毒事件，导致同团 10 多人住院治疗，误工 3 天，所幸没有造成严重后果。姚先生和组团社交涉，组团社的回答是，对于食物中毒事件的发生很遗憾，但责任在旅游目的地的餐馆，组团社在整个事件中没有过错，不存在赔偿的问题。而且餐馆也已经给予姚先生赔偿和补偿，姚先生等旅游者已经接受，如果还有另外的赔偿，请姚先生直接和餐馆联系。姚先生对此不能接受。

 相关法律规定

1.《旅游法》第七十一条规定，由于地接社、履行辅助人的原因造成旅游者人身损害、财产损失的，旅游者可以要求地接社、履行辅助人承担赔偿责任，也可以要求组团社承担赔偿责任。

2.《合同法》第一百二十一条规定，当事人一方因第三人的原因造成违约的，应当向对方承担违约责任。当事人一方和第三人之间的纠纷，依照法律规定或者按照约定解决。

案例分析

组团社的观点存在明显的错误。按照法律规定，只要旅游者有损害，不论人身损害还是财产损失，造成旅游者损害的原因是组团社、地接社或者履行辅助人，旅游者可以直接要求肇事方赔偿损失，也可以要求组团社概括承担赔偿责任。由此引出一个话题，在旅行社服务中，组团社应当如何承担旅游者的安全保障义务。

一、旅行社要制作合适的旅游线路

旅行社最大的职能和优势,就是优化现有旅游要素,把互不相干的要素组合起来,出售给旅游者享受,旅行社是旅游线路的制造者。因此,旅行社在组合线路时,首先要考虑线路的安全性,要对线路有实证,即要有亲身体验,对于存在安全隐患的具有探险性质的线路尤其如此,发现问题及时修正。同时,根据不同旅游者的年龄和身体状况,区别对待,对老年旅游者和未成年旅游者给予特别关注。

二、履行安全保障义务

就组团社而言,为了确保旅游者的出行安全,要对旅游者进行安全教育,让旅游安全贯穿于旅游服务全过程。提升保险意识。旅行社一方面要按照规定办理责任保险,另一方面要向旅游者推荐意外保险。同时要对业务员进行培训,弄清责任保险和意外保险的区别。在推销线路时,尽可能动员旅游者购买意外保险,减少因意外伤害的纠纷。旅行社要特别重视旅游车的使用,因为许多旅游者的伤害与旅游车的安全息息相关。同时,在签订旅游合同和履行旅游合同中,明确告诉旅游者相关的安全注意事项。

三、选择合适的服务供应商

在旅游行程中,组团旅行社自身为旅游者提供的服务有限,绝大部分服务来自服务供应商。组团旅行社特别需要对地接旅行社和交通供应商进行监控,选择了合适的地接旅行社和供应商,就为提供安全的服务奠定了基础。在特殊时段,尤其是十一黄金周和春节黄金周期间,要特别关注天气变化等给团队出行带来的诸多不确定因素。

四、管理引导好旅游者

旅游者是需要管理的,也是需要引导的。这里所谓的管理,并不是行政管理,而是服务管理。旅游团队强调步调一致,而不是各行其是,这是团队旅游的特点。旅行社要协调好整个团队的节奏,提高导游领队的业务能力和水平。同时引导旅游者在行程中理性旅游,如不能任由旅游者前往不安全的地带,参加危险项目。

五、防止损害的发生和扩大

防止损害的发生包括两个方面：第一，事先采取措施，排除安全隐患，避免安全事故的发生。预防第一，安全为主，已经概括了安全预防工作的全部要求。这句话大家都耳熟能详，关键是抓落实。第二，安全事故一旦发生，要及时采取措施，把损害降低到最低限度。不论该事故与旅行社的服务是否有关，只要是团队中的旅游者发生了人身财产损害事故，旅行社就要在第一时间及时送医、报案，防止因为旅行社的人为拖延而造成旅游者人身财产损害的扩大。

082 地接社对旅游者有哪些安全保障义务？

相关案例

边老师行程结束后就到旅游主管部门投诉，起因是在旅游行程中在农家乐吃饭，农家乐餐饮味道不错，关键的问题是，农家乐没有营业执照，也就是说餐饮店没有合法资质。边老师对于旅行社安排团队到这样的餐馆吃饭很有意见，认为旅行社没有真正重视旅游者的人身安全，旅行社应当给出说法。组团社的辩解是，因为是旅游旺季，的确难以预订到合适的餐馆，地接社也是不得已而为之，只能请旅游者谅解。

相关法律规定

1.《旅游法》第三十四条规定，旅行社组织旅游活动应当向合格的供应商订购产品和服务。

2.《旅游法》第五十条规定，旅游经营者应当保证其提供的商品和服务符合保障人身、财产安全的要求。

案例分析

在旅游服务供应商中,地接社是其中重要的角色。除了大交通的预订和安排外,在旅游目的地的所有服务基本由地接社来完成,所以,选择一个合格的地接社,关系到旅游团服务的成败。对照上述案例和法律规定,不难看出,边老师的投诉有道理,地接社把旅游者安排在无执照的农家乐吃饭欠妥。

一、地接社要对住宿饭店进行选择

旅游者住宿的饭店必须是有合法资质的,杜绝在无资质饭店住宿。尤其是在旅游旺季,地接社要慎选农家乐住宿,因为许多农家乐尚处于自然状态,没有资质,其安全也没有纳入有关部门的管理范围中。如果农家乐发生消防、治安等问题,组团社和地接社都要承担相应的责任。同时,地接社还必须关注有证饭店的安全隐患,如果有证饭店经常发生治安事件,影响旅游者的权益,地接社也不能选择这样的饭店住宿。

二、地接社要关注食品卫生

安全卫生是餐馆的基本要求,尤其是夏季,必须高度关注餐馆卫生。海滨城市的地接社为内地旅游者安排餐饮时,不要向旅游者推荐容易引起肠胃不适的海产品。在餐馆就餐时最好不安排冷菜,在热菜中不安排四季豆等因烹饪不当容易引起食物中毒的菜肴。告诉旅游者不要随意在路边小摊吃东西。旅游者出现食物中毒症状后,除了将其送医院治疗外,还应当报当地卫生防疫部门。

三、地接社要妥善安排景点

地接社安排的景点,一定要有经营资质且对外开放,绝对不能为省门票,安排旅游者前往尚未开放的景点。如果接待老年旅游者,要考虑到老年旅游者的生理特点,尽可能降低老年旅游者的体力消耗。在旅游景点旅游期间,导游人员要将景点存在的安全隐患告知旅游者,如提醒旅游者不能独自游泳、攀岩等,防止出现意外。参加漂流等项目时,必须劝阻不适合参加这些项目的旅游者。

四、地接社要确保车辆安全

就地接社而言,最大的安全隐患存在于旅游车,给旅游者造成重大损失的也往往是旅游车。只要把好旅游车安全关，旅游安全隐患就消除了大半。旅游车的安全隐患存在于车辆的营运资质、车辆本身车况、旅游车的维护保养、驾驶员的资质、驾驶员的责任心、旅游车保险的额度等方面。地接社要与旅游车队签订合作合同，对旅游车的所有要求纳入合同中，明确责任的承担。而且每一次租用旅游车，都必须对旅游车及驾驶员的资质进行审核，坚决杜绝使用无营运证车辆。

五、地接社要履行安全告知义务

组团社履行告知义务，主要体现在行前的告知和引导，并把相关注意事项纳入书面旅游合同中，让旅游者签字确认。地接社由于对当地情况较为熟悉，履行安全告知义务则主要体现在地陪对旅游者的提示和警示，把旅游行程中存在的安全隐患如实告诉旅游者，提高旅游者的防范意识和能力，减少损害发生。一旦发生安全事故，要采取积极的救助措施，把旅游者送往医院治疗，尽可能降低旅游者的损失。同时，要形成书面材料，分析事故原因，认真总结教训，积极落实整改。

083 履行辅助人对旅游者有哪些安全保障义务？

相关案例

苏先生在旅游餐馆就餐时，由于地面湿滑，不小心摔倒在地，造成手臂骨折，餐馆和地接社及时送医院救治。苏先生虽然骨折的手臂已经痊愈，但为此请假三个月，损失近万元。苏先生要求旅行社承担该费用，旅行社以已经帮助苏先生治愈，其余损失应当由苏先生自己承担。苏先生不能接受旅行社的说法，于是向旅游主管部门投诉。经过多次协商未果，苏先生将旅行社和餐馆告上法院，请求法院判令旅行社赔偿误工费、精神损害共计1万元。

相关法律规定

1.《旅游法》第七十一条规定，由于地接社、履行辅助人的原因导致违约的，由组团社承担责任；组团社承担责任后可以向地接社、履行辅助人追偿。由于地接社、履行辅助人的原因造成旅游者人身损害、财产损失的，旅游者可以要求地接社、履行辅助人承担赔偿责任，也可以要求组团社承担赔偿责任；组团社承担责任后可以向地接社、履行辅助人追偿。

2.《合同法》第一百二十一条规定，当事人一方因第三人的原因造成违约的，应当向对方承担违约责任。当事人一方和第三人之间的纠纷，依照法律规定或者按照约定解决。

 案例分析

在旅游团队的服务中，除了组团社外，其他为旅游团服务的服务企业统称为履行辅助人，包括旅游交通、餐饮、景点、饭店、商场等企业。这些企业在服务中也必须齐心协力，确保组团旅行社安全保障义务的履行。如果发生安全事故，按照《旅游法》等法律法规的规定，组团旅行社固然是第一责任人，但组团社承担责任后，可以向相关的履行辅助人追偿。因此，履行辅助人不仅有义务保障旅游者的人身财产安全，而且对于旅游者安全的负责，就是对履行辅助人自己权益的最终负责。

一、交通企业的安全责任

旅游交通企业要保证交通工具安全可靠，定期参加年检，定期维护保养。如果交通工具性能存在缺陷，不能及时排除机械故障，就无法保证旅游团队的安全。旅游交通企业还必须强化对驾驶人员的培训，提高其执业能力，尤其要对长途旅游车驾驶员培训。与此同时，旅游交通企业还必须强化对驾驶人员的监管，提升其责任心和职业操守。目前，旅行社及其导游人员，总体来说对于旅游车驾驶员的执业操守不敢苟同，但也无可奈何。交通企业要重视旅游车保险，购买足额保险以防不测。同时，地接社也不能向没有营运资质的车主或者租赁公司租用车辆，用作接待旅游者之用。

二、餐饮企业的安全责任

餐饮企业要保证食品源的安全。严格控制食品的采购环节关，防止不安全的食品进入餐馆。餐饮企业还需要严格把好食品储存关。储存地必须保持适当的温度和湿度，确保食品不发霉不变质。餐饮企业还要把好烹饪关。根据食品的特点进行烹饪，不能因为食品菜肴烹饪不得当而给旅游者造成损害。对于大型团队就餐，餐饮企业要根据规定留样，以备检查。同时，餐饮服务人员要提醒外地旅游者，慎用当地某些食物，防止发生肠胃不适事件。餐饮企业环境卫生工作也十分重要，给旅游者营造干净卫生的就餐环境，也是餐饮企业义不容辞的责任。

三、旅游景点的安全责任

旅游景点的游步道设置必须符合规定，总体要求是平整、防滑、畅通，台阶高低适度、宽度合适。对于存在安全隐患的区域设置警示牌和栏杆，防止旅游者涉险受到伤害；在险峻路段或者陡峭路段设置扶手，防止旅游者摔倒；不能为了给旅游者停留休息，在可能有落石区域设置休闲区、座椅等，防止旅游者被落石砸伤。景点还要对一些细节加强管理，派出工作人员专门巡查，及时消除安全隐患，如修剪枯死树枝等，给旅游者营造安全的旅游环境。同时，大型景区要设置医疗站等安全救护部门，以备不时之需。

四、旅游饭店的安全责任

旅游饭店开业必须获得主管部门的许可，有合格的卫浴设备和配套设施，服务人员操作合理，在开夜床时为旅游者放置好浴帘、地巾、防滑垫等，防止旅游者在卫生间摔跤，并有明显的告知说明。旅游饭店要强化消防安全管理和特种设施设备的管理，如对锅炉、电梯的管理，定期检查，定期维护，发现问题及时整改。饭店要加强治安管理，杜绝赌博、吸毒、卖淫等不法行为在饭店发生，同时还要加强对食品卫生的监管，防止食物中毒事件发生。

五、娱乐场所的安全责任

娱乐场所作为特殊的公共场所，人员密集，鱼龙混杂，如何为旅游者提供安全舒心的消费环境是娱乐场所管理者要关注的问题。首先必须在消防安全和紧急疏散通道上做文章，娱乐场所上演的节目也必须安全。同时要规范所有消费者的行为，不能携带危险品进入娱乐场所。

084 组团社如何掌控地接社的服务质量?

相关案例

某组团社向旅游主管部门控诉地接社不讲信用,不按照事先双方的确认,为旅游者提供服务,结果旅游者在行程中向组团社投诉,要求组团社制止地接社不负责任的行为,并为地接社的违约行为赔偿损失,搞得组团社手忙脚乱,无暇应对,既赔钱,又赔形象。组团社要求地接社立即更换导游,严格执行约定进行服务,并向旅游者做出经济赔偿,地接社虽然更换了导游,但就是不愿意承担赔偿责任。

相关法律规定

1. 《旅游法》第六十九条规定,经旅游者同意,旅行社将包价旅游合同中的接待业务委托给其他具有相应资质的地接社履行的,应当与地接社订立书面委托合同,约定双方的权利和义务,向地接社提供与旅游者订立的包价旅游合同的副本,并向地接社支付不低于接待和服务成本的费用。地接社应当按照包价旅游合同和委托合同提供服务。

2. 《合同法》第六条规定,当事人行使权利、履行义务应当遵循诚实信用原则。

案例分析

只要看看组团社和地接社不同的抱怨,就会发现组团社和地接社各自面临的困局:组团社对地接社服务质量不放心,地接社对组团社的应付款颇有戒心。地接社是组团社服务承诺的实施者,组团社对于地接社的掌控至关重要。

一、组团社向旅游者收费要合理

不论组团社还是地接社,为旅游者提供服务的目的,就是获得合理的利润。一些组团社在组团时,为了抢占市场份额,把低价作为唯一的竞争手段,然后将低价压力转嫁给地接社,地接社又进一步迫使相关履行辅助人和导游就范,层层加压,导致强迫消费行为的发生,其结果就是服务质量下降。我们认为,虽然旅行社可以自由定价,但必须对低价竞争后果有清醒的认识。为了减少纠纷的发生,旅行社较为合理的操作模式,是同一条线路有不同的品质,不同价格,明码标价,并对旅游者做理性的引导,共同培育旅游市场走向成熟。

二、对地接社等履行辅助人做选择和考察

对组团社而言,对履行辅助人的选择,首先就是对地接社的选择。选择一家合适的地接社,服务质量就能得到基本的保障。道理很简单,地接社除了提供导游等服务工作外,还承担了旅游目的地的"食、住、行、游、购、娱"六要素的预订和协调工作,没有强有力的地接社,就不能保证组团社的服务质量,旅游者的满意度必然下降。因此,选择合适的地接社对于组团社而言非同小可。同时,组团社对于地接社提供的各项服务,必须以旅游者的身份事先体验,检验线路安排是否合理、餐饮是否符合口味、住宿是否适当等,确保旅游者按照约定得到服务。虽然现在有互联网,可以随时了解地接社和线路的实时情况,但旅行社要记住,"纸上得来终觉浅,绝知此事要躬行"的道理。

三、实时监控团队质量

组团社组团后,仅仅是服务工作的开始,接下来就面临选择地接社等工作。为了确保旅游者的服务质量,旅行社必须实时监控地接社等履行辅助人,其中最好的办法就是委派有责任心的全陪,而这正是目前许多组团社所欠缺的。组团社为了降低成本,给旅游者留下直观的低价印象,往往采取专人送机的方式,而不是委派全陪的方式。这样的操作模式,虽然组团社可以节约成本,但组团社不能及时发现服务质量的隐患,而一定是等到质量状况发生,且旅游者向组团社投诉后,延误了最佳的处理机会,给旅游者造成损失的同时,也给组团社处理纠纷失去了良好的机会,处理难度随之提高。

四、签订详尽的合同

这里所说的合同，包括组团社与旅游者签订的旅游合同及与地接社签订的合作合同。组团社必须更新观念，按照《旅游法》的要求，与旅游者签订详尽的书面旅游合同，要求地接社按照约定提供服务。这既是法律要求，更是保护自身权益的重要手段。有些旅行社认为，旅游合同签订应当含糊，给旅行社留下回旋余地，但按照法律规定，旅游合同内容有争议时，将做出有利于旅游者的解释，旅行社的设想将落空。同时组团社要和地接社签订书面的合作合同，把旅游合同传真给地接社，要求地接社按照组团社向旅游者做出的承诺提供服务，并监督地接社具体实施。

除了上述操作，组团社与地接社之间最为重要的是相互信任，以诚信为合作的基础，地接社的诚信服务，组团社的及时付款，形成良性氛围才是合作的王道。

085 地接社是否有办法防范组团社拖欠团款？

相关案例

A地接社突然宣布破产，关门歇业，让业内人士大吃一惊，因为该旅行社曾业务红火，事先毫无征兆。经过了解，该地接社破产的直接原因，是不堪欠款的压力。一些组团社欠了A地接社很多款项，导致A地接社资金运转失控，A地接社经过多方追讨团款未果，最后不得不关门了事。A地接社的破产，给其他以地接业务为主的旅行社提出了重要的课题：如何掌控组团社的拖欠团款。

相关法律规定

《合同法》第六条规定，当事人行使权利、履行义务应当遵循诚实信用原则。

案例分析

组团社和地接社本是唇齿相依的合作关系，但在现实中，总有一些组团社和地接社的合作磕磕绊绊，为债权债务闹得不可开交。从地接社角度而言，如何防止团款被组团社拖欠，是一个必须解决的问题，否则地接社就难以正常经营。

一、选择合适的组团社

通常情况下，和组团社相比，地接社往往处于相对被动和弱势的地位，决定团队是否给你接待的权力掌握在组团社手里。尽管如此，地接社还是需要对组团社进行考察，对组团社做出选择，因为组团社良莠不齐，信用不一，作为地接社，选择了合适的组团社，就成功了一半。所谓合适的组团社，就是其信用良好、信守承诺，与地接社经营理念接近、特点近似、规模类似，也就是和地接社"对路"的组团社，可以与之长期合作，营造互惠互利共赢关系。

二、地接社慎重接待低价团

付出少、得到多是旅行社和旅游者共同的美好愿望，但事实上，没有合适的价格，旅行社不能获得合理的利润，旅游者就难以得到舒服的服务。在接待低价团过程中，屡屡出现强迫消费等恶劣现象，严重损害了旅行社的形象，旅行社要为此支付大笔赔偿。低价团引起的纠纷比比皆是，接待低价团对于地接社、组团社、旅游者伤害的案例不胜枚举。因此，地接社不要只为接待量而不顾地接价格，怀着"赌"的心理做地接，否则就可能承担意想不到的后果。

三、地接社与组团社签订书面委托合同

书面确认是旅行社行业的弱项，和书面合同形式相比，许多旅行社更喜欢用口头约定，这个不良习惯应当被摒弃。地接社接到组团社的发团意向后，一定要和组团社签订书面的委托合同，在合同中明确约定为旅游者提供服务的具体内容和要求、付款方式和时间，以及地接社没有按约提供服务和组团社没有及时付款的违约责任。不仅如此，对于旅游行程的变动、旅游者人数的变化，

双方还是需要用书面形式确认。当然地接社还可以和组团社约定，旅游团队服务纠纷处理的诉讼地、违约金等内容。

四、地接社慎重选择服务履行辅助人

组团社和旅游者签订旅游合同，明确了各自的权利义务。这些约定的旅游者权利的实现，需要得到地接社的大力配合。然而，地接社向组团社做出的服务承诺，也不是由自己亲自完成，这些服务主要是由当地的服务履行辅助人直接完成，履行辅助人服务质量的好坏，决定旅游团队的服务质量，地接社主要是起到协调沟通的作用。地接社如何选择履行辅助人，如何管控履行辅助人，督促履行辅助人为旅游者提供服务，是地接社的重要职责。

五、地接社按照约定提供服务

既然地接社向组团社做出提供服务的承诺，就必须按照约定提供服务，除非发生不可抗力或者意外事件，如果地接社不能按照约定提供服务，地接社就必须按照诚实信用原则承担违约责任。即使是服务履行辅助人违约造成旅游者的损失，地接社也要向组团社承担违约责任。

六、地接社对应收款的管控

对于初次合作或者与了解不多的组团社合作，地接社一定要采取提前预付或者团到结清团款的方式；对于长期合作组团社，也要制订明确的收款计划；同时旅行社内部要对应收款有管控机制。应收款的收取和旅游者没有关系，地接社不能以牺牲旅游者权益为代价，迫使组团社支付团款。

086 旅游者可以申请旅行社质保金赔偿吗？

相关案例

周先生到旅行社报名参团出境旅游，旅行社要求周先生向旅行社交纳2000

元的预付款，用于办理签证等，同时必须向旅行社交纳 5 万元保证金，用于担保周先生会按时回国。由于周先生出境申请被领馆拒签而未能成行，周先生立即要求旅行社退还保证金及预付款，旅行社负责人承认债务关系的存在，但表示暂时没有能力偿还，只能等以后旅行社有钱后归还。双方分歧由此产生，周先生要求旅游主管部门划拨旅行社质保金，赔偿其预交的旅游费用和保证金。

 相关法律规定

1.《旅行社条例》第十五条规定，有下列情形之一的，旅游行政管理部门可以使用旅行社的质量保证金：（一）旅行社违反旅游合同约定，侵害旅游者合法权益，经旅游行政管理部门查证属实的；（二）旅行社因解散、破产或者其他原因造成旅游者预交旅游费用损失的。

2.《最高人民法院关于执行旅行社质量保证金问题的通知》规定，人民法院在执行涉及旅行社的案件时，遇有下列情形而旅行社不承担或无力承担赔偿责任的，可以执行旅行社质量保证金：（1）旅行社因自身过错未达到合同约定的服务质量标准而造成旅游者的经济权益损失；（2）旅行社的服务未达到国家或行业规定的标准而造成旅游者的经济权益损失；（3）旅行社破产后造成旅游者预交旅行费损失；（4）人民法院判决、裁定及其他生效法律文书认定的旅行社损害旅游者合法权益的情形。除上述情形之外，不得执行旅行社质量保证金。同时，执行涉及旅行社的经济赔偿案件时，不得从旅游行政管理部门行政经费账户上划转行政经费资金。

 案例分析

一、旅行社质保金的专属性

旅行社质保金是用于维护旅游者权益的专用款项，这在《旅游法》和《旅行社条例》都有明确的规定，由于旅行社在银行专户存有质保金，旅行社歇业、解散或者被吊销前，质保金永远存在。因此，在各类旅游纠纷中，包括旅行社与履行辅助人之间的债务纠纷，旅游者和履行辅助人经常要求旅游主管部门划拨旅行社质保金，用于其损失赔偿。这对于旅行社、旅游者、履行辅助人和旅游主管部门，都是必须经常面临的话题。

二、划拨旅行社质保金的基本条件

1. **请求划拨旅行社质保金的主体是旅游者** 既然旅行社质保金是维护旅游者合法权益的专业款项,只有旅游者权益受损时,旅游者才可以要求旅游主管部门划拨旅行社质保金,其他单位和个人,不论出于什么样的理由,即使提出划拨旅行社质保金,旅游主管部门对该请求也应当拒绝。

2. **旅游者必须和旅行社有合同关系** 曾经有旅游者把 2 万元旅游款汇入旅行社负责人个人账号上,旅行社没有出具发票,也没有签订书面旅游合同,旅游者要求旅游主管部门划拨质保金偿还他的团款,这样的请求当然不予支持。因为旅游者和旅行社没有合同关系,是个人之间的债权债务关系,用旅行社质保金赔偿不合适。

3. **旅行社和履行辅助人的经济纠纷不适用旅行社质保金的理赔** 由于旅行社没有及时支付团款,履行辅助人多次催讨未果后,首先想到的是要旅游主管部门划拨旅行社质保金。根据旅行社质保金的划拨规定,旅行社和履行辅助人之间的经济纠纷,不适用旅行社质保金的理赔,旅行社和履行辅助人之间的纠纷,可以通过协商、仲裁、诉讼解决。

4. **人民法院在审理旅游纠纷时,可以直接划拨旅行社质保金,用于旅游者合法权益的清偿** 只要是旅游者合法权益受损,人民法院判决旅行社应当承担赔偿责任,旅行社不愿意赔偿,或者旅行社没有能力赔偿,人民法院可以行使权力,划拨旅行社的质保金。在这种情况下,不论旅行社、银行还是旅游主管部门都应当积极配合。

5. **人民法院在审理旅游纠纷时,不可以直接划拨旅行社质保金,用于企业之间债务的清偿** 人民法院不可以直接划拨质保金用于企业之间的清偿,但人民法院可以进行财产保全,等到旅行社破产、歇业时,再进行处理。如果旅游主管部门知道法院划拨质保金,或者人民法院来旅游主管部门咨询,旅游主管部门应向法院解释,不可以划拨旅行社质保金的理由。

总之,上述案例中的周先生可以向旅游主管部门提出请求,旅游主管部门也应当采取措施,划拨质保金用于周先生权益的保护。

087 旅行社质保金扩大使用范围带来怎样的后果？

相关案例

孙先生在出境旅游途中，由于自己的疏忽，导致身体受到较为严重的伤害。孙先生家里经济条件一般，无力短期内筹到大笔医疗费，孙先生家属希望旅行社给予帮助，或者垫付或者借钱，但旅行社都给予拒绝。旅行社认为是孙先生的疏忽导致伤害的发生，旅行社没有任何责任，所以也没有赔偿的责任，也不愿意垫付或者借钱，因为旅行社担心家属的偿还能力和诚信度。孙先生求助旅游主管部门，希望旅行社帮助他们共渡难关。根据孙先生的请求，旅游主管部门要求旅行社垫付医疗费用，旅行社以无法筹到款项为由拒绝，旅游主管部门则要求旅行社启动旅行社质保金，为孙先生垫付医疗费。

相关法律规定

1.《旅行社条例》第十五条规定，有下列情形之一的，旅游行政管理部门可以使用旅行社的质量保证金：（一）旅行社违反旅游合同约定，侵害旅游者合法权益，经旅游行政管理部门查证属实的；（二）旅行社因解散、破产或者其他原因造成旅游者预交旅游费用损失的。

2.《旅游法》第三十一条规定，旅行社应当按照规定交纳旅游服务质量保证金，用于旅游者权益损害赔偿和垫付旅游者人身安全遇有危险时紧急救助的费用。

案例分析

一、《旅游法》第三十一条的积极意义

1. 本法条立意高远，前瞻性强，不仅扩大了服务质量保证金的使用范围，

更主要的是体现了以旅游者为本的精神，对于保护旅游者的合法权益起了积极的作用。在之前的《旅行社条例》有关旅行社质保金的使用范围规定十分明确，适用于旅游服务质量纠纷，但不用于旅游者人身伤害时的紧急救助。

2. 在以往的旅游者人身伤害纠纷处理中，经常会有旅游者抱怨旅行社冷血，即使旅游者伤势危重，需要紧急救援，旅行社也不肯垫付紧急医疗费用，致使旅游者损害进一步扩大。旅行社则辩称，由于伤害来自旅游者自身的疏忽，旅行社没有任何过错，没有垫付费用的义务，和上述案例中旅行社的解释如出一辙。

3. 在《旅游法》出台前，是否应当为旅游者紧急救助垫付费用，一直是旅游主管部门的纠结所在。有了《旅游法》的规定，消除了旅游者和旅行社之间的争议，也解除了旅游主管部门的困扰。当然，就《旅游法》第三十一条而言，并没有排除旅游者及其家属的自救行为，如果旅游者及其家属主动出资，救助人身受到伤害的旅游者，也在情理之中。

4. 在旅游者人身伤害纠纷处理中，如果旅行社及履行辅助人是造成旅游者人身伤害的责任人，通常情况下并不需要使用服务质量保证金，旅行社及履行辅助人都会积极采取措施，及时给予旅游者救助治疗，旅游者的权益能够得到及时的保护，旅游者的人身伤害不会因为旅行社的延误而造成进一步的损失。

5. 如果旅游者的人身伤害原因是旅游者自身的故意或者过失，按照一般的法律规定，在这种情况下，旅游者的人身伤害后果由旅游者自己承担，医疗费也应当由旅游者自己支付，但由于旅游跨地域的特点，当旅游者人身伤害事件发生后，部分旅游者可能无法在短期内筹钱，而救人又是第一要务，为了确保旅游者的损害不再扩大，《旅游法》第三十一条就规定了旅行社垫付的义务。

二、旅行社在实务操作中的困境

1. 《旅游法》第三十一条的规定本身没有任何不妥，但关键的问题是，一些此类纠纷显示，旅游者人身伤害后，即使有能力支付医疗费，许多旅游者也不愿出资，旅行社被迫垫付紧急救助医疗费。旅行社垫付了医疗费后，事后却证明旅行社及履行辅助人没有任何过错，根据法律规定，旅行社可以向旅游者或者其家属索要已经垫付的医疗费用，旅行社是债权人，旅游者为债务人。但在实践中，旅行社向旅游者索要垫付的医疗费时，愿望往往难以达成，特别是旅游者死亡或者伤残后，或者旅游者及其家属没有偿还能力，旅行社索要紧急救助的医疗费会变得更加遥遥无期。

2. 如果旅游者及其家属拒绝偿还旅行社垫付的紧急救助的医疗费用，虽然旅行社可以按照法律规定，通过民事诉讼向旅游者主张权利，但在实际中会遭遇种种困难。一家旅行社就曾向笔者诉苦：该旅行社组织了旅游者前往韩国旅游，在机场等候行李时，一位旅游者由于脑血管爆裂，被紧急送往医院救治，旅行社为旅游者垫付了医疗费高达32万元，而家属拒绝承担任何费用。旅行社不得已向当地法院提起民事诉讼，法院不予受理，5年过去了，没有任何迹象表明旅行社可以要回垫付的医疗费。

3. 与之相关，旅游者人身伤害度过危险后，旅游者就进入了平稳的治疗期，根据《旅游法》第三十一条的规定，旅行社就没有垫付医疗费用的法定义务。而在实务中，只要旅游者及其家属不愿支付医疗费用，旅行社仍然不得不继续垫付医疗费，直到旅游者能够返回家中。旅行社经常哀叹的是，旅行社不是旅行社，而是无限公司，要为旅游者在旅游行程中出现所有的伤害承担全部责任，对旅行社不公平，也不利于旅行社业的经营和发展。

4. 总之，为了防止出现旅行社质保金用于旅游者紧急救助，旅行社有强化安全意识、全面履行安全保障的义务，从而降低旅游途中意外事故的发生，也就可以不用或者少用旅行社质保金。为了更加体现公平合理，《旅游法》将来修订时，应当在第三十一条中增加"旅游者获得救助后，紧急救助费用应当根据责任大小分担"等相关内容，既体现了保护旅游者和旅游经营者合法权益的立法宗旨，又有利于快速便捷地处理垫付紧急医疗费用的纠纷。

088 旅游者可以转让自己的旅游权利吗？

相关案例

马先生到旅行社报名参团旅游，旅游团款已经交纳，旅游合同也已经签订。就在马先生等着按时出团时，马先生的母亲突然病重，马先生无法按照约定参加旅游，只能取消旅游行程。旅行社建议马先生请另外人员参加团队，就可以减少损失。马先生请他的一位表妹参加旅游，但由于性别不同，旅行社要求在原有已经交纳的旅游团款基础上，再增加500元的单房差，马先生或者他表妹承担都可以。马先生对此不能接受，投诉到旅游主管部门，要求旅行社取消增加单房差的决定。

 相关法律规定

1. 《合同法》第八十条规定，债权人转让权利的，应当通知债务人。未经通知，该转让对债务人不发生效力。

2. 《旅游法》第六十四条规定，旅游行程开始前，旅游者可以将包价旅游合同中自身的权利义务转让给第三人，旅行社没有正当理由的不得拒绝，因此增加的费用由旅游者和第三人承担。

 案例分析

一、旅游者转让旅游权利，只需要通知旅行社

旅游者交纳了旅游团款，其主要合同义务已经履行完毕，接受旅行社提供的服务，就是旅游者的权利；旅行社收取了旅游者的旅游团款，实现了旅游权利，为旅游者提供约定服务，是旅行社的义务。在这种情况下，旅游者是债权人，旅行社是债务人，根据《合同法》的规定，旅游者转让旅游权利，只需要事先通知旅行社，至于旅行社是否同意并不重要，因为旅游权利的转让不需要征得旅行社的同意，这和旅行社转让合同义务时需要征得旅游者的同意截然不同。如果旅游者没有事先通知旅行社，旅游者的权利转让对于旅行社不具有约束力，比如旅游者临时决定转让旅游权利，让他的朋友来替代出境旅游，旅游者这样的行为显然不合适，旅行社也无须提供服务。

二、旅行社不得拒绝旅游者提出旅游权利转让的要求

在旅游行程开始前，由于各种因素的制约，旅游者临时取消行程，必定给旅游者造成较大的经济损失，旅游者转让旅游权利就可以降低经济损失。由于旅行社是债务人，旅游者是债权人，只要旅游者提出旅游权利的转让，旅行社就不得拒绝，这是法律的明确规定。在旅游实务中，由于旅行社不了解法律规定，不清楚债权人和债务人在合同中不同的角色和地位，认定只要旅游者签订了旅游合同，只有旅游者本人参加旅游，其他人都不可以替代，这个观点是错

规范管理篇

误的。只要条件许可,旅行社就必须尊重旅游者旅游权利转让的要求。

三、旅行社不得拒绝旅游者的权利转让,并不意味着没有条件

旅行社不得拒绝旅游者旅游权利的转让,并不意味着没有任何条件。在实务中,并不是说旅游者提出旅游权利转让,旅行社接受旅游者的权利转让请求,旅游者权利转让就百分之百实现,这是由旅行社服务的特殊性所决定的。比如出境旅游中旅游者权利转让就存在相当大的难度,因为出境旅游涉及护照、签证、机票等因素,旅游权利的转让是一个系统工程,没有足够的时间就难以完成。在实务中,即使旅游者愿意承担额外产生的费用,有足够的时间,旅游者权利转让也不一定能够顺利完成,比如是否能够顺利按时获得签证、是否能够买到同一航班的机票等,都是能否实现旅游权利转让的重要制约因素。

四、旅游权利的转让产生的额外费用应当由旅游者承担

即便旅游者旅游权利的转让能够顺利进行,但旅行社和旅游者之间仍然存在严重分歧,即旅游者旅游权利的转让,产生的额外费用应当由旅行社还是旅游者来承担。这些额外的费用可能包括往返机票更换的费用、火车票更换的费用、签证重新办理的费用、单房差等,尤其是交通费用,往往占据旅游费用中相当的比例,如果要求旅游者来承担,旅游者会找各种借口予以拒绝;旅游者同样难以理解产生的单房差要由旅游者来承担,纠纷由此而来。只有旅游者参加短途游、一日游等线路,旅游权利的转让才可能是最为方便的,且基本不产生额外的费用。当然,按照法律规定,由于旅游者权利转让产生的所有额外费用,应当由旅游者自己承担,要求旅行社承担依据不足。

089 旅行社可以转让自己的服务义务吗?

相关案例

某旅行社和王先生签订了去内蒙古旅游的合同,王先生交纳了全额团费。

旅游合同对住宿的约定是：住蒙古包一晚，住三星级酒店三晚。合同签订后的第四天，由于旅行社未能预订到向旅游者承诺的服务，旅行社被迫取消了团队行程。旅行社通知王先生，已经将他转让给了另一家旅行社，请他随那家旅行社去内蒙古旅游，并且住宿已经变更为蒙古包二晚，住三星级酒店二晚。王先生提出，要么继续跟随合同约定的旅行社旅游，要么取消行程，旅行社承担违约责任。双方不能达成一致，王先生向旅游主管部门投诉，要求旅行社承担相应的赔偿责任。

相关法律规定

1. 《合同法》第八十四条规定，债务人将合同的义务全部或者部分转移给第三人的，应当经债权人同意。

2. 《旅行社服务质量赔偿标准》第五条规定，旅行社未经旅游者同意，擅自将旅游者转团、拼团的，旅行社应向旅游者支付旅游费用总额25%的违约金。解除合同的，还应向未随团出行的旅游者全额退还预付旅游费用，向已随团出行的旅游者退还未实际发生的旅游费用。

案例分析

一、旅行社转让服务义务概念

旅行社转让服务义务，是指旅行社依法将旅游合同义务全部转让给第三人，让第三人来为旅游者提供服务，这在旅行社行业内被称为转团。旅游合同签订后，由于出现了某种状况，旅行社无法按时出团，就面临着承担违约责任的风险。考虑到已经签订旅游合同的既成事实，为了规避风险，旅行社会采取合同转让的方式，尽可能地减少违约带来的经济赔偿损失。这里所称的第三人，是另外一家旅行社。

二、旅行社转让服务义务类型

在实务中，旅行社转让服务义务大致有三种类型：第一种类型，正如案例中描述的，旅行社原本希望自己组团，对于服务义务的转让没有预料，临时需要转让服务义务；第二种类型，是旅行社接受另一家旅行社的委托帮助收客，即使使用了本旅行社的旅游合同，但最终必须将旅游者转让给委托旅行社组团，转让服务义务也随之完成；第三种类型，就是旅行社合作联盟等旅行社联合体，经过协商开展业务合作，以自己旅行社的名义收客，然后把旅游者转让给指定的专营旅行社组团服务，旅行社在收客时就事先告知了旅游者，可能存在的转让服务义务。

三、旅行社转让服务义务有法可依

旅行社转让服务义务，是法律赋予旅行社的权利，但在旅游服务义务转让的过程中，旅行社必须遵循三个基本原则：第一，转让服务义务合同，仅仅是旅游合同主体的变化，即作为原有合同主体的旅行社，被另一家旅行社所替代。第二，转让服务义务不得改变合同原有的权利义务内容，既不能降低原有合同的服务标准，也不能通过所谓提高服务标准，向旅游者再收取费用。如果旅游合同权利义务发生变化，就不是我们所说的旅行社转让服务义务，而是旅游合同的变更。第三，也是最为重要的原则，就是旅行社转让服务义务，必须征得旅游者的同意。

四、旅行社转让服务义务必须征得旅游者同意的原因

在通常情况下，旅行社收取旅游团款后，只要不增加经营成本，是为旅游者还是其他人服务，作为债权人的旅行社并不关心，因为是旅游者还是其他人接受旅行社的，对于旅行社没有任何影响，所以，旅游者权利转让只需要通知旅行社。相反，债务人的履行义务直接关系到债权人合法权益的取得，如果债务人将义务随意转让给第三人，就存在债权人权益难以得到保障的可能，使债权人的合法利益的取得受到威胁。所以，旅行社转让服务义务，不仅要通知旅游者，而且要征得旅游者的同意。

五、旅行社存在明显的过错

按照法律规定，旅行社和王先生签订合同后，在征得王先生同意的前提下，才能转让服务义务，并不降低原合同约定的服务档次和质量。而事实上，旅行社不仅没有征得旅游者的同意，擅自将王先生转让给其他旅行社，而且对服务内容进行了实质性的变更，旅行社的行为既违反了法律强制性规定，也违反了合同约定，降低了服务标准，应当承担相应的责任。

090 旅游服务纠纷中举证的基本原则是什么？

相关案例

有旅行社负责人向旅游主管部门咨询：在旅游服务纠纷处理中，对于旅游者的投诉要求，为什么有的时候要求旅游者自己承担举证责任，比如旅游者认为所购商品质量不合格，举证责任的承担者为旅游者，但有的时候又需要旅行社来承担举证责任，比如旅游者投诉旅行社强迫购物，举证责任又必须由旅行社来承担。旅行社不理解这些举证规则，似乎毫无规律可循，希望能够得到旅游主管部门的解释。

相关法律规定

1. 《民事诉讼法》第六十四条规定，当事人对自己提出的主张，有责任提供证据。

2. 《最高人民法院关于民事诉讼证据的若干规定》第五条明确规定，在合同纠纷案件中，主张合同关系成立并生效的一方当事人对合同订立和生效的事实承担举证责任；主张合同关系变更、解除、终止、撤销的一方当事人对引起合同关系变动的事实承担举证责任。对合同是否履行发生争议的，由负有履行义务的当事人承担举证责任。

案例分析

一、"谁主张谁举证"是民事纠纷举证的基本原则

按照法律规定，每一个人要为自己的主张提供相应证据，这是法律赋予的义务。如果不能提供证据，就要承担不利后果，其提出的维护自身权益的主张

就得不到支持。比如说，旅游者在旅游途中受到人身伤害，向旅行社提出赔偿医疗费，但旅游者又不提供相关的医疗证明和费用清单，即使责任方是旅行社，旅游者人身伤害赔偿的主张也难以得到维护。又如旅游者认为在旅游购买商场所购买的商品质量低劣，旅游者就必须出示权威部门的鉴定结论，否则就不能说明商品质量的低劣，这就是"谁主张谁举证"的基本含义。

二、在一些特殊情况下，旅游者提出投诉请求，举证责任者不是旅游者，而是旅行社

在旅行社服务纠纷中，旅游者提出旅行社的服务质量有问题，至少有下列情况必须由旅行社来承担举证责任。

1. 旅游合同是否成立的举证　在没有签订书面旅游合同的前提下，旅行社主张旅游合同成立，要求违约的旅游者承担违约责任，如果旅游者认为和旅行社不存在合同关系，那么举证责任就应当由旅行社来承担，旅行社必须出示收据等证据证明合同关系成立。假如旅行社不能出具相关证据证明合同关系的存在，即使双方曾经有口头约定，只要旅游者不承认，合同关系依然不存在。而主张合同关系不成立的旅游者，不需要承担举证责任。

2. 旅游合同关系变更的举证　当旅游者投诉旅行社擅自增加自费项目、购物点、减少景点，旅行社则表示并没有擅自增减服务项目，而是双方协商一致的结果。争论的本质，就是旅游者认为旅行社强迫消费，而旅行社认为是合同变更。在此情况下，应当由旅行社证明是合同变更，而旅游者对于旅行社是否强迫消费不需要提供证明。旅行社可以借助旅游者同意变更的书面协议加以证明合同变更关系的存在，只要旅行社不能证明，就可以推导出旅行社强迫消费行为的存在。

3. 是否提供旅游服务的举证　旅游者投诉导游漏游景点，旅行社则强调没有漏游景点。旅行社有时会要求旅游者拿出证据证明景点被漏游的事实。按照上述法律规定可以看出，旅行社的观点是错误的。因为只要理解了"对合同是否履行发生争议的，由负有履行义务的当事人承担举证责任"的含义，旅行社就应该知道，旅游者是否已经游览了旅游景点，提供证据者为旅行社，而不是旅游者自己。旅行社不能要求旅游者提供证据，证明旅行社没有提供景点服务。当然旅行社提供景点服务的证明并不难找，只要出示当天的停车收费证明、景点签单或者门票等即可。因此，当发生景点是否漏游纠纷时，由旅行社承担已经按约提供了景点服务的举证责任。旅行社不能举证，就说明有漏游情况已经发生。

091 签证过期可以要求出境游补出境游吗？

相关案例

某公司20名员工和旅行社签订旅游合同，前往新加坡、马来西亚和香港旅游，旅游团从上海准备出关时，边检人员发现旅游者的新加坡入境签证已经过期，旅游团被迫滞留在上海机场。领队向组团社报告情况，同时和旅游者协商。旅行社提出可以解除旅游合同，旅游者则要求，不论采取什么措施，都必须继续完成旅游行程。旅游者提出从广州出境，行程和原合同恰好相反（此后被旅游者指责为"行程倒走"的原因所在），但更改后的行程服务档次和标准不变。经过旅行社的努力，两天后办好了签证，旅游团从广州出境，顺利完成了旅游行程，但行程比原计划延后两天。行程结束后，旅游者认为旅行社存在严重的质量违约，有欺诈行为，向旅游管理部门投诉，其赔偿的请求是："出境游补出境游"，免费组织旅游者再次出境旅游，以补偿旅游者遭受的所有损失。

相关法律规定

1. 《合同法》第七十七条规定，当事人协商一致，可以变更合同。
2. 《合同法》第一百一十三条规定，当事人一方不履行合同义务或者履行合同义务不符合约定，给对方造成损失的，损失赔偿额应当相当于因违约所造成的损失，包括合同履行后可以获得的利益，但不得超过违反合同一方订立合同时预见到或者应当预见到的因违反合同可能造成的损失。

案例分析

一、造成签证过期的原因

造成旅游者签证出错的原因有两种可能：一是旅行社向使领馆提供的材料

有误，使团队的签证日期出错；二是旅行社提供的材料准确，是使领馆的差错，导致签证日期有误。

二、旅行社存在违约行为

首先应当明确，旅游团队行程受阻，旅行社负有不可推卸的责任。不论何种原因造成签证过期，最后责任承担者应当是旅行社，因为旅行社有提供准确材料和审核签证的职责。既然旅行社没有履行审核职责，或者审核不严，就必须为此承担全部的违约责任。

三、旅行社是否存在欺诈

从案例中可以看出，旅游者出境游团队未能按时出团，是旅行社的业务员工作疏忽所致，但不存在故意和恶意。旅行社也是到了机场边检处时，才知道签证过期，旅行社没有虚构事实，也没有隐瞒真相。旅游者不能按时出团，并没有给旅行社带来利益，相反给旅行社造成了很大的经济损失，因而不存在欺诈行为。

四、所谓"行程倒走"是否应当被指责

在确定旅行社违约的前提下，被旅游者指责的"行程倒走"应当受到法律保护。当旅游团队出境受限时，旅行社提出解除旅游合同，旅游者坚持出境旅游行程，并和旅行社达成了调整行程的协议，所谓"行程倒走"完全是旅行社与旅游者协商一致的结果。旅游行程变更后，服务标准和档次也没有受到影响，旅游者的权益也没有受到损失。同时，我国相关法律规定，违约责任的承担方式有继续履行、采取补救措施、赔偿损失、支付违约金和定金等方式，当旅行社出现违约行为时，根据当时当地的具体条件，可以适用不同的责任承担方式。旅行社和旅游者双方共同采取了补救措施，促成了旅游行程的完成，基本维护了旅游者的权益，应当得到肯定。

五、"出境游补出境游"要求是否合适

民事纠纷的救济适用补偿性原则。旅行社的违约行为给旅游者造成了损失，要么根据违约金的约定进行赔偿，要么由旅游者举证，旅行社的违约行为给旅游者造成了多大的损失，然后由旅行社做出赔偿。上述案例中，旅行社给旅游者

造成的直接损失,是延后两天回国。延后两天回国,就要求旅行社再次组织出境游作为补偿,显然旅游者从中获得的利益,超出了旅游者的实际损失,旅游者的主张不应当得到支持。同时,既然是双方协商后对原合同进行了变更,旅游者作为具有完全民事行为能力人,应对合同变更可能带来的不便有充分的思想准备。

总之,旅行社应当赔偿全团旅游者的两天误工费,并给予旅游者适当补偿。

092 护照出错是旅游者扩大损失的理由吗?

相关案例

杭州陈先生夫妇参加旅行社组织的出境旅游,出发地为上海浦东机场,就在准备前往机场时,旅行社发现陈先生的妻子护照照片有误,旅行社立即给出解决方案,陈先生妻子留下,陈先生继续行程,陈先生妻子可以在方便的时间参加同样的旅游线路,若线路价格涨价,旅游者不需要支付增加的费用;如果线路降价,旅行社退还差价。陈先生夫妇不同意,陈先生妻子提出要随团去上海直接闯关出境,旅行社及时报告上海机场边检。到了机场,陈先生见妻子不能参团旅游,也拒绝出境。旅行社为他们购买了返程的大巴车票,但陈先生夫妇自己打车回到杭州,并要求旅行社报销出租费。

相关法律规定

1.《合同法》第一百零七条规定,当事人一方不履行合同义务或者履行合同义务不符合约定的,应当承担继续履行、采取补救措施或者赔偿损失等违约责任。

2.《合同法》第一百一十九条规定,当事人一方违约后,对方应当采取适当措施防止损失的扩大;没有采取适当措施致使损失扩大的,不得就扩大的损失要求赔偿。当事人因防止损失扩大而支出的合理费用,由违约方承担。

3.《合同法》第一百一十三条规定,当事人一方不履行合同义务或者履行合同义务不符合约定,给对方造成损失的,损失赔偿额应当相当于因违约所造成的损失，包括合同履行后可以获得的利益，但不得超过违反合同一方订立合同时预见到或者应当预见到的因违反合同可能造成的损失。

 **案例分析**

一、护照照片出错等同于旅行社的过错

在出境旅游服务中，最为重要的一个环节是办理护照和签证，这也是出境旅游和境内旅游最大的区别所在。在这个环节中，旅行社直接所能做的，是按照公安部门和外国使领馆的要求，向旅游者收取旅游者个人资料并上交相关部门。护照能否办理好、能否办出签证，都超出了旅行社的能力范围，旅行社唯一能够做的，就是对于旅游者个人资料的审核和证照的验收，即使是公安部门或者使领馆的工作疏忽，最终责任的承担者也是旅行社，旅行社无法向出错的部门追偿，这是旅行社的尴尬，也是旅行社所必须承受的。上述案例中也是如此，旅行社就错在没有对旅游者的证照进行严格查验，导致旅游者行程受阻。

二、旅行社的过错产生的后果

旅行社对陈先生妻子护照疏于审验，导致她不能按照约定前往目的地旅游，旅行社的过错不用回避，必须承担因此产生的损失。值得肯定的是，旅行社得知陈先生妻子想闯关出境旅游时，及时向边检部门报告，阻止了陈先生妻子鲁莽的行为。旅行社应当为此承担的损失有：陈先生妻子为了报名参加旅游团支出的交通费用、提供个人资料需要请假造成的误工费，但不包括办理护照的费用、为旅游购买的衣物食品的费用，也不包括旅游期间可能损失的商业利益、为旅游请假三天或者五天的经济损失等。总之，旅行社要赔偿陈先生妻子的损失，就是她在这次旅游前所有的直接经济损失。当然，旅行社在事发时提出了积极的赔偿方案，切实可行，但仍然不为旅游者所接受。

三、旅游者扩大的损失

在本案例中，陈先生夫妇扩大的损失包括如下几个方面：第一，当陈先生妻子不能如期出境旅游时，陈先生同时放弃出境旅游，陈先生的行为扩大了损失，应当视同为陈先生主动放弃了出境旅游的机会。从法律角度上说，当陈先

生妻子不能出境旅游时,陈先生完全可以继续旅游行程,不可以擅自取消行程,否则就是陈先生自己承担后果。从人情角度上说,陈先生夫妇参加旅游,最后需要陈先生和妻子分开行程,一般人都难以接受。第二,在前往机场前,旅行社已经发现陈先生妻子护照有问题,并且要求她取消行程,陈先生妻子从上海返回杭州的交通费用应当由她自己承担;陈先生擅自取消行程,和他妻子一同返回杭州的交通费当然也要由陈先生自己承担。按理说,旅行社可以协助陈先生夫妇从上海返回杭州,但没有必要为他们支付交通费用。第三,陈先生夫妇没有接受旅行社安排的交通,自己打的返回杭州,的士费用也是人为扩大的损失。这些是陈先生夫妇人为扩大的损失,和旅行社的违约不存在关联性,全部应当由陈先生夫妇自己承担。

093 护照出错旅行社能够鼓动旅游者出境吗?

相关案例

某旅行社组织47名旅游者赴港澳游,该团领队在机场核对旅游者证件时,发现旅游者张女士证件实为同一城市另一女旅游者的证件,除了姓名外,照片和出生时间都与本人不符。领队非但没有及时劝阻张女士取消行程,反而告诉张女士,香港海关审查不严,只要稍微装扮就可以顺利入境,并安排张女士购买假发等。张女士在过海关时被香港移民局查获,以涉嫌"持非本人有效证件企图入境罪"被拘禁,20余天后,香港法庭开庭审理。法庭认为,旅游者张女士持他人证件过境违反了香港法律,但由于她本人不存在不良动机,不构成犯罪,予以当庭释放。张女士返回后将旅行社告上法院,请求法院判令包括精神损害在内的民事赔偿。

相关法律规定

1.《民法通则》第九条规定,公民从出生时起到死亡时止,具有民事权利能力，依法享有民事权利，承担民事义务。

2.《民法通则》第十一条规定，十八周岁以上的公民是成年人，具有完全民事行为能力，可以独立进行民事活动，是完全民事行为能力人。

3.《侵权责任法》第二十二条规定，侵害他人人身权益，造成他人严重精神损害的，被侵权人可以请求精神损害赔偿。

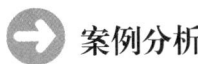
案例分析

一、在这起纠纷中，旅行社的过错同样明显

旅行社的过错主要集中在以下三个方面：

1. 没有提前核对旅游者证件。在旅游者证件的办理和核对过程中，旅行社对证件的审核至少有几个步骤，首先是要递交准确的旅游者个人信息资料，这里讲的审核是程序性的审核，对于旅游者个人信息内容的审核是初步的，因为旅行社没有能力对内容进行实质性的审核能力。其次是在旅游者签证（签注）办理完毕后，对签证（签注）有效性进行核对。再次，就是领队在证件移交过程中对证件的立即审核，而不是等到机场码头时再核对。

2. 发现旅游者证件有误时，没有立即停止旅游者的行程。任何国家和地区的出入境检查，都有严格的规定和程序，任何人不得利用假冒证件出入境，作为旅行社领队这样的专业人士，对此应该心知肚明。所以，解除和旅游者的旅游合同，承担相应的赔偿责任，是旅行社最好的选择。

3. 旅行社领队惧怕承担赔偿责任，不仅没有劝阻旅游者取消旅游行程，反而盲目鼓动旅游者继续旅游行程，还帮助旅游者乔装打扮，试图蒙混过关，更是错上加错，直接导致旅游者被香港移民局拘禁20余天，造成了严重的后果。应当说，旅行社对于旅游者被香港移民局拘禁20余天负有不可推卸的责任。

二、旅游者本身是否存在错误

旅游者证件出错，责任在旅行社，尤其是在旅行社鼓动其继续行程时，旅游者是否一味听从旅行社的安排，而缺乏自己应有的主见呢？在旅游服务中，旅游者经常以参加旅游团为由，不问青红皂白，不问是非曲直，只要有任何损害发生,都要求旅行社承担责任,这样的观点是否站得住脚,是值得进一步探讨的。旅行社固然需要为旅游者提供各种服务,但旅游者接受服务时,必须要有自己的是非判断,不能把所有的责任推给旅行社。因为旅游者是完全民事行为能力人,具备基本的法律知识,对于假扮其他旅游者出入境,在任何国家和地区都是被禁止的,更何况旅游者张女士还是教师,理应比一般旅游者更具辨别是非的能力,因此张女士自身的过失不言自明。

三、旅游者是否可以主张精神损害赔偿

出境旅游原本令人期待,给人带来愉悦和放松,但是突如其来的牢狱之灾,让张女士失去人身自由,并遭受精神折磨,按照《侵权责任法》的规定,造成张女士严重精神损害,张女士当然可以向旅行社主张精神损害赔偿。除此之外,张女士还可以向旅行社主张误工费等损失赔偿。经过法院判决,张女士大部分赔偿请求得到了法院的支持。这样的判决,对于旅行社是深刻教训,对于旅游者也是如此。

094 对护照的审核只是旅行社的义务吗?

相关案例

杨女士和女儿(未成年人)计划春节期间赴东南亚旅游,1月10日把护照交给当地一家旅行社,由旅行社办理签证。杨女士提供给旅行社的护照上注明,护照有效期至当年的1月11日,也就是杨女士上交护照给旅行社的第二天。旅行社业务员在接收护照时没有仔细核对,令人惊讶的是,旅游者的签证居然被如期办理出来。按照合同约定,杨女士和女儿乘坐航班抵达该国边境,在入关时被该国移民部门拒绝入境,理由是杨女士的护照已经过期。杨女士气冲冲地回到家里,立即向旅游主管部门投诉,要求旅行社赔偿全部损失。

相关服务标准

《旅行社出境旅游服务质量》要求，组团社应按照合同约定协助旅游者办理出境旅游证件。旅游者已取得旅游证件的，组团社应认真查验其有效期并妥善保管，以确保证件在受控状态下交接和使用。

 案例分析

一、关于办理签证的通行规则

许多国家为避免发生外国旅游者因护照过期滞留本国的情况，要求入境外国人的护照有效期必须超过 6 个月。如果不满足该条件，旅游签证将被拒绝，持有此类护照的旅游者就会被旅游目的地国遣返，航空公司负责把旅游者运回来。因此一些航空公司会拒绝这样的旅游者登机。所以，办理签证必须在护照到期前 6 个月，是许多国家的通行做法。

二、审核旅游者证件是旅行社的义务

为了确保出境旅游顺利开展，旅游者必须取得旅游目的地国家的签证，旅行社对旅游者信息资料的审核十分重要。同时，当旅游者获得签证时，由于证件的控制人是旅行社，旅行社就必须对护照和签证等进行全面审验。因为在护照办理过程中，护照的照片、有效期、完整性都有可能被破坏，如果这些环节没有严格把控，即使有护照，依然存在旅游者不能顺利出入境的问题。

三、旅游者对于自己的证件是否有审核义务

证件的合法性和完整性，关系到旅游者的切身利益。因此，为了顺利完成出境旅游活动，旅游者毫无疑问也有对自己证件审核的义务。但这里有一个可以探讨的空间，就是作为普通消费者，能否识别护照有效期，是否知晓办理签证的护照有效期必须在 6 个月以上，这些常识对于许多旅行社的业务员是习以为常，但对于许多旅游者而言，就不能用一句话简单解释。

四、杨女士是否需要承担责任

第一，如果杨女士能够证明是初次出国，出国相关知识缺乏，不知道办理

签证的基本规则,在这种情况下,虽然杨女士是完全民事行为能力人,对于护照和签证知识的欠缺,也不足为奇。第二,如果杨女士出境旅游经验较为丰富,对于护照和签证等知识了解较多,不论何种情形的存在,由于护照在被提交给旅行社的第二天就过期,只要杨女士审核,就不会发生这样的后果。杨女士疏于审核自己的护照,就要承担一定的责任。

五、旅行社是承担责任的主体

不论杨女士是否认真审核自己的护照,旅行社都应当承担责任,因为旅行社是经营者,不仅应当具备相应的知识,而且也应当具备审核能力。如果我们进一步研究和探讨,旅游目的地国家的使领馆更具审核的责任,但旅行社无法追究使领馆的责任,使领馆的疏忽后果只能由旅行社来承受。

六、旅行社应当强化证件管理

从旅游纠纷的实务看,证件管理不善已经成为旅游纠纷的重要原因之一,诸如领队遗失旅游者护照、护照破损未被及时发现、签证有效期出错、护照照片出错等,直接影响到是否需要解除旅游合同等。如果旅行社能够在拿到护照时就核对,就可以尽早发现问题,采取措施进行积极弥补,降低旅行社和旅游者的损失。

095 旅行社需要为导游的职务行为承担责任吗?

相关案例

方先生参加旅行社组织的国内旅游,在旅游行程中,由于地接社、餐馆等履行辅助人降低服务质量,漏游了两个景点,方先生等旅游者十分恼火,声称如果旅行社不给每一位旅游者赔偿1000元,就拒绝返程,并向媒体曝光。导游向旅行社请示处理方案。旅行社给导游的指示是,想方设法把旅游者带回来,赔偿最多每人500元。虽经导游和旅游者多次沟通,但方先生等坚决不让步,眼看旅游团队无法按时登机，导游被迫和方先生等旅游者签订了每人赔偿1000元的协议。旅游者持导游和他们的赔偿协议，要求旅行社予以赔偿，旅行社只愿意赔偿500元。剩余部分拒绝赔偿，理由是另外500元的赔偿是导游个人行为，旅行社概不负责。

相关法律规定

1. 《导游人员管理条例》第二条规定，导游人员是指依照本条例的规定取得导游证，接受旅行社委派，为旅游者提供向导、讲解及相关旅游服务的人员。

2. 《民法通则》第四十三条规定，企业法人对它的法定代表人和其他工作人员的经营活动，承担民事责任。

案例分析

一、什么是导游人员

按照上述规定，要成为导游人员，必须同时满足三个条件：第一，导游人员必须依法取得导游证（含临时导游证），导游证是导游人员带团的唯一资格证书，即使已经取得了导游资格证，或者取得经理资格证，都无法替代导游证，不能成为带团的资格证书，否则以无证导游论处。第二，导游必须接受旅行社的委派。取得导游证，是导游人员带团的基本条件，如果未经旅行社委派，导游带团就属于做私团。我们说导游带团是职务行为，而非个人行为，原因即在于此。第三，导游必须为旅游者提供服务，这些服务的来源是旅行社和旅游者之间的约定。

二、什么是职务行为

所谓职务行为，就是导游在履行职务时的有关行为，这个行为和旅行社赋予的职责密不可分，和导游的个人行为相对应。至于该导游是否和旅行社有劳动关系，则不在讨论的范围内。导游作为自然人，在非履行职务时的行为，即为个人行为，比如旅游者自由活动期间，导游为自己安排的休闲购物活动，就属于个人行为，即使在旅游行程中，假如在带团中口渴买了一瓶水，是个人行为，而不是职务行为。至于是职务行为还是个人行为，一定要具体问题具体分析。

三、职务行为的构成要件

判断导游的行为是个人行为，还是职务行为，必须从以下三个方面来判断：

第一，行为有法人的授权。这种授权可基于法律获得，也可基于法人的章程获得，还可基于法人机关的合法任命等获得。导游可能会说，我每一次带团，好像都没有得到总经理或者法人的明确授权，总经理从来没有明确给导游授权。在旅行社委派导游的过程中，导游仅从计调或者导游部接受了带团的指令，这样的指令就等同于总经理的委派，因为委派导游带团的计调或者导游部，本身就是代表总经理的授权。

第二，以法人名义实施。就是导游服务必须以法人的名义进行，这个条件导游应当比较容易能够理解。导游上团后，首先要自我介绍，都会向旅游者介绍自己是某某旅行社的导游，然后介绍自己的姓名，导游绝对不会只介绍自己姓名，而不介绍旅行社。导游这样的介绍就表明，导游是受旅行社的指令，来为旅游者提供服务的，而不是导游个人来为旅游者提供服务。

第三，行为应与授权的内容有关，即行为应与执行法人交办的职务有关。具体到导游，其行为应当与法人或者总经理的授权相关联，授权的具体内容包括：旅游合同约定的服务、旅游行业服务标准、法律法规规定的法定义务等，这些内容不一定每次由总经理向导游授权，但这些与导游的职务行为密切相关。判断导游是否尽职、导游的行为是否为职务行为的基本标准即来源于此。与上述内容有关的服务行为，就是导游的职务行为。如果导游的行为与此无关，就不可认定为职务行为，而是导游的个人行为，其法律后果应当由导游个人承担。

最为典型的案例是，2007年4月，云南丽江古城发生一起恶性持刀伤人事件，某旅行社一男性导游因与其他导游发生争执，挥刀连伤20人。这起刑事案件虽然发生在导游的服务过程中，但不能因此认定为导游的职务行为。因为旅行社给予导游的服务授权中，不可能授权导游可以从事刑事案件行为，导游服务中发生争执是常有的现象，但争执与持刀伤人之间没有必然的因果关系。导游持刀伤人事件是导游的个人行为，和导游的职务行为无关。

四、导游职务行为分析的意义

导游职务行为，对于旅行社和导游本人都具有十分重要的意义。

第一，对于导游而言，导游为旅行社负责，就是为自己负责。导游带团过程中，要分清职务行为和个人行为，并不是在旅游服务中的行为都是职务行为，只有和职务相关的行为，才是职务行为，其后果由旅行社承担；而在为旅游者提供服务中，如果其行为属于个人行为范畴，如违法犯罪，是个人行为，其后果由导游个人承担。即使是职务行为，如果没有按照旅行社的授权为旅游者提供服务，损害了旅游者的合法权益，或者超出了旅行社的授权，如随意承诺向旅游者做出赔偿，导致旅行社权益受损，旅行社首先要承担责任，但导游必定是责任的最终承担者。

第二，对于旅行社而言，要为导游职务行为的后果负责。旅行社承担的民事责任，包括两个部分：一是导游在带团中没有按照授权规定，损害了旅游者的合法权益，比如导游擅自增加或者减少服务项目，毫无疑问旅行社应当为此承担责任。二是导游的行为虽然不在旅行社的授权范围内，但却和旅行社授权有关联，导游这样的行为超出了旅行社的授权范围，但导游的擅自行为和带团服务的授权相关联，而且旅游者完全有理由相信导游答应赔偿的行为，已经得到了旅行社的授权。因此，旅行社加强对于公司职员的管理显得格外重要。

总之，旅行社要向方先生等旅游者赔偿每人1000元，然后向导游追偿每人500元的损失。

096 旅行社组团国内旅游必须委派导游吗？

相关案例

某旅行社组织了一个约200人大型团队参加国内旅游，由于旅游者人数众多，旅游团分为5辆大巴车送往某地，然后集中乘船前往旅游目的地。旅行社在5辆旅游车上，总共安排了2个导游、3个工作人员，但这3个工作人员没有导游证，为旅游者提供服务。旅游团分批返程后，有部分旅游者以旅行社没有委派导游，服务不周为由，要求旅行社承担赔偿责任。旅行社认为已经委派了导游，而且导游很尽职，拒绝赔偿。旅游者向旅游主管部门投诉，要求旅行社给予经济赔偿，并要求旅游主管部门对旅行社进行行政处罚，因为旅游法要求旅行社组团就要委派导游。

 相关法律规定

1. 《旅游法》第三十六条规定，旅行社组织团队出境旅游或者组织、接待团队入境旅游，应当按照规定安排领队或者导游全程陪同。

2. 《导游人员管理条例》第二条规定，本条例所称导游人员，是指依照本条例的规定取得导游证，接受旅行社委派，为旅游者提供向导、讲解及相关旅游服务的人员。

3. 《旅行社国内旅游服务规范》10.5.2要求，旅行社应当为每辆旅游车的旅游者配备至少1名导游员。

 案例分析

一、法律法规标准的含义

上述法律法规和标准中，关于旅行社委派导游领队的规定，有些内容是明确的，有些内容尚未明确，有必要加以梳理。

1. 法律已经明确的内容。《旅游法》中规定，旅行社组织入境团队旅游和出境团队旅游，必须安排全程导游和领队服务，这是法律赋予旅行社的法定义务，如果不安排导游和领队，不仅要承担民事赔偿责任，还要受到旅游主管部门的行政处罚。

2. 法律尚不明确的内容。第一，入境旅游委派的全陪，是由组团社派出，还是由地接社派出，法律没有明确规定，因此可以推断，只要是入境旅游团有全程陪同即可，组团社和地接社都可以委派全陪。同时，入境旅游是否必须委派地陪，法律没有明确规定，也就是说，在入境旅游服务中，旅行社可以委派地陪，也可以不委派地陪。第二，旅行社组织出境旅游必须安排领队，至于境外旅游目的地旅行社是否安排地陪服务也不明确，只要领队能力够强，领队全陪、地陪职责一肩挑也未尝不可。第三，国内旅游是否需要委派全陪或者地陪，法律没有规定。也就是说，在旅行社的国内旅游服务中，旅行社是否委派导游（全陪或者地陪），应当由旅行社和旅游者协商解决，而不是强制旅行社必须委派导游。至于旅游行业通常认为组团就应当委派导游，是行业习惯，国家旅游局出台的行业标准也是要求每一辆旅游车安排一个导游，但这仅仅是服务规范，不具备行政强制力。当然，还有一些地方性法规规章要求境内旅游必须委派导游，就对本地区的组团社有约束力，组团社必须按照规定委派导游。

二、给旅游者提供服务是否为导游领队的专属服务

上述案例中旅行社的组团，除了委派了2名导游之外，另外还委派了3名工作人员为旅游者提供服务是否合适呢？由于法律尚未明确要求旅行社组织境内旅游时，必须安排导游服务，这些旅游者又属于一个团队，假如旅行社以委派工作人员而非导游协助工作为由辩解，似乎也不无道理。因为导游可以从事的服务并非专属服务，导游可以从事的服务，并不必然推导出从事这样服务的人就是导游。而且法律也没有禁止旅行社工作人员为旅游者提供服务工作，尽管从内容上看，工作人员的服务与导游服务很相似。

三、旅游主管部门是否可以对旅行社组织境内旅游未委派导游进行处罚

假如旅游主管部门就此对旅行社实施处罚，理由是委派了无证导游，同时对工作人员以无证带团为由进行处罚，这样的行为是否合适？我们认为，一旦旅行社提起行政诉讼，旅游主管部门必须对旅行社的违法行为的事实承担举证责任，要对旅行社经营行为的违法性承担举证责任，还要对处罚依据承担举证责任，即旅行社委派的工作人员的确为无证导游、工作人员的确承担了导游的专属服务，且旅行社组织境内旅游未委派导游行为违法、行政处罚依据适用正确等承担举证责任。在其中任何一个环节出了错误，就导致败诉的结果。

总之，上述案例中，按照无证导游带团对旅行社及其工作人员进行处罚，依据不足。主要因为旅行社在有导游的前提下，委派工作人员协助服务，没有违反法律强制性规定，尽管旅游主管部门的直观感觉是旅行社的服务存在问题，但旅游主管部门要进行行政处罚，一定要得到法律法规的明确授权。

097 旅行社聘用的导游受地域和劳动关系的限制吗？

相关案例

旅游旺季时，某地导游短缺现象十分严重，旅行社常常为了请不到导游而发愁，甚至是放弃做地接的机会。旅行社向旅游主管部门咨询，能否借用外地的导游为本地旅行社服务，因为本地和外地旅游旺季有时间差，本地旅行社使用外地导游，既弥补了本地导游紧缺的现状，又减轻了本地旅行社"养"导游的负担，一举两得。如果坚持不能请外地导游为本地旅行社服务，旅行社的损失太大，日子很难过。旅游主管部门面对旅行社这样的请求，左右为难。

相关法律规定

1. 《旅游法》第三十八条规定，旅行社应当与其聘用的导游依法订立劳动合同，支付劳动报酬，缴纳社会保险费用。旅行社临时聘用导游为旅游者提供服务的，应当全额向导游支付本法第六十条第三款规定的导游服务费用。

2. 《旅游法》第四十条规定，导游和领队为旅游者提供服务必须接受旅行社委派，不得私自承揽导游和领队业务。

3. 《导游人员管理条例》第二条规定，导游人员是指依照本条例的规定取得导游证，接受旅行社委派，为旅游者提供向导、讲解及相关旅游服务的人员。

案例分析

一、旅行社所委派的导游现状

1. 大概有以下四种情况：第一，导游属于旅行社的职工，即导游和旅行社有劳动关系。这种类型的导游占据旅行社委派导游的比例并不是很大。第二，导游不属于旅行社的职工，但导游关系挂靠在导游服务公司（按照《旅游法》的规定，导游挂靠在行业组织，和之前相比没有实质性的变化），旅行社需要使用导游，向导游服务公司办理借用手续，导游和旅行社之间没有劳动关系。第三，旅行社或者计调人员凭借个人关系，随意叫导游服务公司的导游或者其他旅行社的导游带团。第四，外地旅行社组团旅游，没有派全陪，也没有交地接社，而是直接聘请旅游目的地的导游来提供导游服务。

2. 从上述前三种情况看，虽然名义上导游都是接受旅行社的委派，为旅游者提供服务，但究其旅行社和导游之间的关系，严格来说，只有第一种情况的导游真正属于旅行社委派的范畴，而第二种情况和第三种情况，表面上符合旅行社委派特征，但实际上为雇佣关系，导游和委派的旅行社不存在劳动关系，不能算作这种意义上的委派，而是劳务派遣。第四种情况，显然属于异地委派导游范畴，似乎更为异类，但究其实质，和第二种情况，尤其是第三种情况几乎相同。至于导游没有向所在旅行社或者导游服务公司报告，不经请示接受外地旅行社的邀请，是旅行社或者导服公司内部管理的问题，但是否直接导致旅行社委派异地导游行为的正当性值得研究。

二、旅行社直接雇用导游行为是否违法

1. 旅行社直接聘用导游服务公司的导游和其他旅行社的导游，不和导游服务公司或者其他旅行社协商借用导游，这种行为是否合法？按照我国法律规定，雇佣关系存在于企业之间、自然人之间、企业和自然人之间。旅行社作为雇主，雇佣什么样的人为其服务，旅行社有权自主决定。旅行社和导游确立雇佣关系后，根据雇佣协议，委派导游为其组织的团队服务，并没有为我国现行法律法规所禁止。

2. 导游接受异地旅行社的邀请，在本地为旅行社提供导游服务是否违法？比如杭州的导游接受南京的旅行社委托，在杭州为南京旅游者提供服务，南京旅行社的行为是否合适？杭州导游是否可以接受南京旅行社的邀请，为南京旅游者服务？为了节省成本，又为了确保旅游目的地的服务品质，一些外地旅行社就采取直接雇用旅游目的地导游的方式，是否可以跨地区雇用他人从事服务，这在我国法律中也没有禁止性规定。

按照我国旅行社的操作，在境内旅游服务中，只要旅行社认为可以为旅游

者提供到位的服务，是否交地接社和地陪都是由旅行社自己决定的。特别是在周边短线旅游活动中，组团社一揽子为旅游者提供服务，既不交地接社，也不安排地陪，全程由组团社自订服务，旅行社跨地区服务是旅行社的一种操作模式，从来没有受到质疑。旅行社跨地区雇用旅游目的地的导游，又有何不可呢？按照旅行社既定经营模式，即使旅行社雇用的导游，跨出了导游注册地为旅行社服务，也不存在法律上的障碍。

要讨论旅行社的聘用导游行为是否合法，我们考虑的角度应当是旅行社的雇佣行为是否违法，而不是旅行社和导游的行为是否合法。只要旅行社和导游的行为不违反法律法规强制性规定，旅行社和导游的经营行为均合适，不应当被禁止。

三、导游服务后果由聘用的旅行社承担

总的原则是，不论劳动关系还是雇佣关系，旅行社必须为导游的过错行为负责，责任包括民事责任的赔偿和行政责任的承担。导游的服务给旅游者造成了损失，旅行社应当为此承担民事赔偿责任；如果导游行为违反了法律法规的规定，旅游主管部门除了对导游实施行政处罚外，还会对旅行社和相关直接责任人进行行政处罚。事后旅行社可以向有过错的导游进行追偿经济赔偿。

098 组团社委托代理社收客民事责任由谁承担？

相关案例

居住在某县城的旅游者叶先生及其家人希望参加东南亚旅游，在向当地旅行社咨询的过程中叶先生得知，当地的旅行社都是接受省会组团社的委托收客，然后统一交给省会旅行社组织出境旅游。叶先生和当地旅行社签订了旅游合同，交纳了旅游团款，然后参加了旅游团的旅游。行程中境外旅行社的地陪想方设法要求叶先生等购物，购物花费达不到导游期望时，导游就给叶先生等脸色看。叶先生感觉是被强迫购物，行程结束后要求旅行社退还购物费用。当地旅行社

和组团社多次协商没有结果，叶先生认为是两家旅行社在相互推诿，拒绝承担责任，于是向旅游主管部门投诉。

 相关法律规定

1. 《民法通则》第六十三条规定，公民、法人可以通过代理人实施民事法律行为。代理人在代理权限内，以被代理人的名义实施民事法律行为。被代理人对代理人的代理行为，承担民事责任。

2. 《合同法》第四十九条规定，行为人没有代理权、超越代理权或者代理权终止后以被代理人名义订立合同，相对人有理由相信行为人有代理权的，该代理行为有效。

3. 《合同法》第四十八条规定，行为人没有代理权、超越代理权或者代理权终止后以被代理人名义订立的合同，未经被代理人追认，对被代理人不发生效力，由行为人承担责任。相对人可以催告被代理人在一个月内予以追认。被代理人未作表示的，视为拒绝追认。合同被追认之前，善意相对人有撤销的权利。撤销应当以通知的方式作出。

 案例分析

一、组团社承担代理社的民事法律后果

《民法通则》第六十三条已经明确规定，被代理人和代理人之间民事法律后果的承担规则，具体到旅行社之间的委托代理关系中，组团社是被代理人，代理社是代理人，代理社接受组团社的委托，帮助其在当地收客，民事代理关系清晰，代理社在代理过程中引起的法律后果由组团社承担。组团社为代理社的行为负责，组团社不会对这个原则存在异议，但在具体的纠纷中，旅行社是否应当承担责任、需要承担多少责任，旅行社会和旅游者产生分歧。

在民事纠纷处理的实务中，旅游者当然愿意在当地和代理社交涉，要求代理社予以赔偿，代理社出于各种因素的考虑，也会积极配合。但从法律意义上说，即使是以代理社的名义进行赔偿，实际上最终的赔偿人是组团社。当然，按照委托代理合同的约定，旅游者民事赔偿纠纷投诉处理的总原则是属地管理，这样的规定也没有大错，主要是为了方便旅游者的维权。

二、代理社超出授权范围民事责任的承担

代理社的经营行为超出了组团社的授权范围，擅自以组团社名义经营业务，组团社是否必须为此承担民事赔偿责任？

1. 通常情况下，超出授权的行为组团社不承担责任。超出授权范围的行为包括：第一，所谓的代理社并没有得到组团社的授权，而是擅自以组团社名义代理招徕的行为；第二，代理社有组团社的授权，但是代理社擅自拓展了经营范围，比如组团社授权代理社招徕境内的火车专列业务，代理社却又开展了出境游代理招徕业务；第三，组团社授权代理社招徕期限结束后，代理社继续以组团社的名义代理招徕。代理社的这些经营行为，都是超出组团社授权范围的民事行为，如果没有组团社的追认，代理行为不成立，给旅游者造成的经济损失，由代理社承担责任。当然，如果组团社对于代理社的行为予以事后追认，民事法律责任应当由组团社承担。

2. 超出授权的行为给善意的旅游者造成损失，由组团社承担责任。通常情况下，代理社超出组团社授权范围的行为，该责任要由代理社自己承担，组团社不承担责任。当旅游者为善意相对人时，代理社代理行为的法律后果仍然应当由组团社承担。所谓善意相对人，就是旅游者按照一般情况推断，有理由相信，代理社的行为是在组团社的授权范围内实施的，比如代理社为旅游者提供过境内的代理招徕服务，当代理社为旅游者提供出境游代理招徕服务时，旅游者完全有理由相信，代理社的行为有授权；又如，代理社的代理权限失效后的短时间内，旅游者同样有理由相信代理社具有代理招徕业务权限。在这样的背景下，组团社仍然必须为代理社的代理行为承担责任。

3. 代理社超出授权范围时组团社不否认，责任由组团社承担。《民法通则》第六十六条规定，本人知道他人以本人名义实施民事行为而不作否认表示的，视为同意。根据该法条的规定，如果代理社对外宣称具有组团社的代理招徕资质，而事实上组团社并没有和代理社建立委托代理关系，得知代理社在以组团社的名义对外代理招徕旅游者，组团社并没有采取制止行为，而是放任不管。一旦出现代理招徕纠纷，组团社不能以没有授权为由，拒绝承担民事赔偿责任。这从法律层面上也强调，组团社要加强对代理社行为的掌控，明确授权范围、权利义务、责任承担。

总之，叶先生的民事赔偿责任最终应当由组团社承担。

099 旅游者是否可以成为文明旅游的践行者？

 相关案例

某地旅游者到浙江北部地区旅游，该地区山清水秀，盛产竹笋。旅游者到达旅游目的地后被美景所吸引。在游览过程中，旅游者看到竹林中有诱人的竹笋，四顾无人，闯入竹园拔笋，被当地村民发现。村民要求旅游者赔偿1000元，旅游者认为被村民敲诈，双方为是否需要赔偿和赔偿额度的多少发生争执。旅游者后把纠纷经过发到网络上，引起许多网民的围观，给当地政府施加了很大的压力。

 相关法律规定

1.《旅游法》第十三条规定，旅游者在旅游活动中应当遵守社会公共秩序和社会公德，尊重当地的风俗习惯、文化传统和宗教信仰，爱护旅游资源，保护生态环境，遵守旅游文明行为规范。

2.《旅游法》第十四条规定，旅游者在旅游活动中或者在解决纠纷时，不得损害当地居民的合法权益，不得干扰他人的旅游活动，不得损害旅游经营者和旅游从业人员的合法权益。

3.《消费者权益保护法》第十三条规定，消费者应当努力掌握所需商品或者服务的知识和使用技能，正确使用商品，提高自我保护意识。

案例分析

文明旅游是一个系统工程，需要政府及相关部门、旅游企业和旅游者的共同参与和努力，缺一不可。从旅游者层面看，至少应当解决以下几个问题：

一、旅游者需要调整团队旅游理念

旅游者参加团队旅游，交纳旅游团款是旅游者最为基本的义务，除此之外，旅游者还有很多配合的义务，诸如按照导游领队的要求前往景区游览等。旅游者普遍存在错误的概念，就是只要交了旅游团款，旅游者就可以按照自己主观愿望为所欲为，旅游者怎么做都有理、都不过分，这是对旅游者权利含义的误解。事实上，旅游者参加团队旅游，需要受到许多因素的制约，因此行前要调整好观念，为旅游活动做好准备。

二、旅游者必须不断学习相关知识

对旅游者而言，旅游目的地的民俗风情是陌生的，旅游目的地的法律法规是陌生的，旅游行业的管理是陌生的，尽管旅游者可以通过互联网了解旅游目的地的情况，但毕竟旅游目的地是个陌生的地方。因此，为了旅游活动能够顺利开展，旅游者必须加强学习，通过网络的学习，通过旅行社和导游领队的告知内容来学习。旅游者如果不强化旅游目的地有关知识的学习，就有可能给自己带来意想不到的伤害。

三、旅游者言行要符合旅游目的地的规范

旅游者很多言行，在居住地习以为常，见惯不怪，也许不涉及是否文明的话题，但到了旅游目的地，由于文化背景的不同，有些行为在旅游目的地居民看来是无法容忍的，比如国人在公共场所大声讲话，有些国家就认为是不文明的。这种现象说明，有很多时候不存在对与错，而是是否与当地习惯相吻合的问题。因此，旅游者要牢记一条，到什么山上唱什么歌，是文明旅游必须遵守的最基本的原则。

四、旅游者要积极配合旅游行程

旅游活动一定是在旅游者和旅游企业密切配合下完成的，旅游者的配合是完成旅游活动的基础，旅行社对于旅游者提出的要求，诸如几点出发、几点吃饭等，是旅行社应尽的服务管理，而不是行政管理；旅游者应当按照旅行社的通知，积极配合，保持旅游团队行为的整齐划一，否则旅游行程就无法顺利开展。当然，配合旅游行程，不等于要求旅游者接受强迫消费，这是两个不同的概念。

五、旅游者不人为扩大损失

不人为扩大损失，主要是指旅游者维权要理性，不能由着自己的性子来。

规范管理篇

旅游者认为旅游企业损害其权益，提出任何赔偿都可以理解，但能否实现赔偿要求，则要按照法律法规的规定来判断。旅游者不能因为赔偿要求不能达成，就采取拒绝返程等手段，迫使旅游企业屈服，人为扩大损失；或者是由于旅行社疏忽，导致漏游了旅游景点，旅游者就要求按照欺诈标准赔偿，或者要求精神损害赔偿，这些行为是旅游者经常采取的维权手段，也是旅游者不文明旅游的特征。

总之，旅游者不仅可以成为文明旅游的践行者，而且也应当成为文明旅游的践行者。

100 旅行社是否可以成为文明旅游的推动者？

相关案例

旅游者罗女士第一次参加出境旅游，对旅游目的地的基本情况不了解，出团前也没有时间参加行前会，在旅游行程中出了数次洋相，被同团旅游者和领队嘲笑，使得她尴尬异常：第一次，早餐吃完自助餐，她怕以后旅游中肚子饿，便随手拿了两个鸡蛋，走出餐厅时被服务生拦下；第二次，在饭店大堂大声说话，结果引来周围许多旅游者的侧目。这些经历破坏了她的旅游心情，来旅游本是想放松心境，却增加了烦恼。在途中她向领队抱怨过，领队不仅不安慰她，反而认为她缺乏文明行为常识。罗女士想问问，自己的遭遇确实是由于自己不懂，难道领队就没有一点责任吗？

相关法律规定

1.《旅游法》第四十一条规定，导游和领队从事业务活动，应当佩戴导游证、领队证，遵守职业道德，尊重旅游者的风俗习惯和宗教信仰，应当向旅游者告知和解释旅游文明行为规范，引导旅游者健康、文明旅游，劝阻旅游者违反社会公德的行为。

2.《旅游法》第六十二条规定,订立包价旅游合同时,旅行社应当向旅游者告知下列事项:……(二)旅游活动中的安全注意事项;……(四)旅游者应当注意的旅游目的地相关法律、法规和风俗习惯、宗教禁忌,依照中国法律不宜参加的活动等。在包价旅游合同履行中,遇有前款规定事项的,旅行社也应当告知旅游者。

案例分析

从旅游企业,特别是从旅行社层面看,旅行社对于文明旅游有许多工作要做,主要体现在引导旅游者、以身作则和劝阻旅游者等方面。

一、旅行社要引导旅游者文明旅游

首先,旅行社在门市收客阶段,门市工作人员不但要向旅游者介绍旅游行程,还要向旅游者介绍旅游目的地的法律法规、风俗习惯、礼仪文化常识,让旅游者在报名参团时对旅游目的地有初步的印象。其次,在团队出团前,尤其是出境旅游团,旅行社应当召开行前会,详细告诉旅游者旅游行程中要注意的事项。再次,也是最为重要的一点,就是在旅游行程中,导游和领队要随着团队的进程,随时随地引导旅游者文明旅游。导游或领队在引导旅游者文明旅游时,要明确以下几点:

第一,文明是相对的,没有绝对的文明。我国一些旅游者的一些行为在自己的居住地习以为常,但换一个地方就属于不文明,如在大庭广众大声说话。在这种情况下,导游和领队既要尊重旅游者的习惯,也要提醒旅游者。这种习惯没有对与错的问题,但在旅游目的地,在一定的场合,出现这样的行为就不合适,难以被周围的人及旅游目的地的居民接受。

第二,不要以生活习惯为由,拒绝引导旅游者文明行为。导游和领队,特别是具有多年带团经历的导游和领队,要从初次参团旅游的旅游者的角度出发,考虑如何引导旅游者在旅游途中文明旅游。不要因为都是生活习惯,而不去告诉旅游者如何规范自己的行为,不去提醒旅游者一些行为禁忌。

第三,导游和领队要注意自己的语言表达。导游和领队不要以西方文明的标准,或者以大城市文明的标准,对旅游者的言行指手画脚、说三道四,不要轻易批评旅游者不文明,而要以诚恳的态度、友好的方式、委婉的语言提醒旅游者,告诉旅游者在各种场合如何注意自己的行为,在旅游目的地的言谈举止要尊重当地的习俗。这样的引导、提醒具有说服力,容易被旅游者接受。

二、导游和领队要以身作则

在为旅游者做导游服务时,导游领队自己的行为要文明,以自己的文明行为影响旅游者的行为。导游领队切忌一方面要求旅游团中的旅游者文明旅游,另一方面自己的言行、服务不文明。比如要求旅游者遵守旅游目的地的习惯,自己却在公共场所抽烟、随地吐痰。这样的导游或领队是不合格的服务人员,给旅游者一个反面的示范。

三、导游领队要劝阻旅游者不文明的行为

面对不文明旅游的旅游者,除了事先的引导之外,导游和领队还要在第一时间劝阻旅游者,这是导游领队应尽的义务。当然,导游领队劝阻旅游者时一定要注意方式方法,一定要让旅游者能够心平气和地接受,而不是教训、指责、训斥或者嘲笑。如果导游或领队采取不恰当的方式对待旅游者,即使导游领队的出发点没有错,但效果会适得其反,引起旅游者的反感,给顺利带团增加难度。

总之,罗女士在旅游行程中的遭遇,和罗女士没有参加行前会、自身知识缺乏有关,但也与领队没有及时引导和告知有关。

附录
旅游合同签订规范

2009年5月1日，新修订的《旅行社条例》（以下简称《条例》）开始实施，在各级旅游主管部门、旅行社和旅游者的共同努力下，旅游合同的推广和应用取得了明显的成效。尽管如此，旅行社在与旅游者签订旅游合同时，仍然存在不少亟待解决的问题，这些问题不解决，不仅影响旅游服务品质的提升，而且影响旅游经营的市场秩序。2013年4月25日颁布的《旅游法》，对于包价旅游合同作出了进一步的规定，旅游合同的重要性不言而喻。因此，不论各级旅游主管部门、旅行社，还是旅游者，在旅游合同的监管和使用过程中，都应当全面了解旅游合同的内涵，全面把握旅游合同的精髓，全面贯彻并签订旅游合同，全面善意履行旅游合同，切实维护旅游合同当事人的合法权益。

一、关于旅游合同文本

1. 旅游合同文本的类型

按照目前旅行社实际使用的旅游合同文本，大致可以分为自制旅游合同文本和推荐旅游合同文本。自制旅游合同文本是指格式文本由旅行社事先制作，经与旅游者协商，双方共同认可的旅游合同文本，或者是旅行社与旅游者共同制作并使用的旅游合同文本。推荐旅游合同文本是指旅游合同的文本由有关管理部门事先制作，推荐给旅行社与旅游者使用的文本。对于自制旅游合同文本和推荐旅游合同文本的优劣，很难下简单的结论。通常情况下，只要充分考虑旅行社和旅游者双方的利益，这两种旅游合同文本都具有法律效力，也都可以保护旅行社和旅游者的合法权益。

2. 旅游合同文本的选择

按照《合同法》规定的合同自愿原则，旅游合同的形式并不是最重要的，选用何种文本的旅游合同，应由旅行社和旅游者双方协商决定，法律没有明确限定。目前有关部门要求使用的旅游合同版本，仅仅是推荐性示范文本，而不是强制性文本，这也就意味着旅行社和旅游者可以根据实际需要，既可以选择使用自制旅游合同文本，也可以选择使用推荐旅游合同文本，而不是必须无条件地使用推荐旅游合同文本。当然，不论何种旅游合同文本，都必须全面涵盖《条例》规定的必备要素，具体的权利义务则由双方协商确定。

3. 旅行社使用推荐旅游合同文本为上佳的选择

从旅行社使用旅游合同文本情况看，不少旅行社愿意使用自制的旅游合同文本，尽管旅行社的做法没有被法律所禁止，但笔者仍然认为使用推荐旅游合同文本为最佳选择。因为推荐旅游合同文本由相关管理部门制作，既可以全面涵盖旅游合同诸要素，又可以客观平衡旅行社与旅游者之间的权利义务。而旅行社自制的旅游合同文本，不仅普遍存在旅游合同要素缺项问题，而且有意无意会扩张旅行社的合同权利，加重旅游者的合同义务，使旅游者的合法权益受到损害。一旦发生旅游诉讼，此类旅游合同文本涉及权利义务的条款会被认定无效，旅行社事实上也难以获得其想要的权益。

二、关于旅游合同文本的构成

1. 旅游合同文本至少应由三部分构成

就全国范围看，旅游合同文本的构成尚未有统一的规定，我们认为，按照相关的法律规定，一份完整的旅游合同，大体上应当由三部分构成，这也是旅行社必须履行的法定义务。至于这三部分体现在一份旅游合同文本中，还是分为三个相对独立的文本，旅行社可以按照各自需要实施。当然，由于旅行社业务操作的特殊性，在签订旅游合同时，旅游六要素尚处于旅行社的预订和确认过程中，无法给旅游者明确的答复，旅游行程滞后提供给旅游者的可能性较大。因此，目前在实际操作过程中，旅行社往往采用三部分文本相对独立的做法，即第一部分是旅游合同文本，第二部分是旅游行程，第三部分是注意事项。

2. 旅游合同三部分文本的主要内容

从目前旅游合同文本的使用情况看，不论使用推荐的旅游合同文本还是自制的旅游合同文本，都属于第一部分的内容。该部分主要解决旅游合同中相对固定的程序性或者技术性的问题，如旅游合同的主体、旅行社的背景信息、违约责任、旅游保险等。第二部分更多的是实体性内容，以旅游行程中旅行社和旅游者之间的权利义务为主，涉及旅游服务全过程的服务档次和标准，如旅游者住宿、游览、交通、购物、餐饮等六要素的服务等级，是旅游合同最为重要的组成部分。第三部分的注意事项本质上就是旅行社履行安全告知义务，旅行社把旅游行程全过程中的安全注意事项，通过书面的形式告诉旅游者。如果有旅游购物和自费项目，旅行社就必须再与旅游者签订补充协议，就购物和自费项目作出书面约定。这样，一方面可以提高旅游者的自我保护意识；另一方面，如果发生了民事诉讼，旅行社举证较为方便。

3. 必须确保旅游合同文本的完整性

虽然我们认为旅游合同文本由三部分构成为好，但这并非意味着，只要有这三部分文本,旅行社就万事大吉了。旅行社仍然必须确保旅游合同文本的完整性,否则即使有这三部分,旅行社的权益保障依然存在隐患,这就需要解决一些技术层面的问题。第一,旅游合同文本的填写必须规范和完整。填写不规范、不完整是目前旅行社业务人员最容易犯的错误、旅行社管理层最容易疏忽的部分。第二,每份文本都应当有旅行社和旅游者的签名。许多旅行社会和旅游者签订书面旅游合同,但是旅游行程和注意事项都是由旅行社分发的,没有旅游者的签名。第三,相对独立的三份文本应当盖上骑缝章。大部分旅行社没有加盖骑缝章的意识。上述问题不解决,旅游服务纠纷发生后,旅行社就会面临举证难的局面。

三、关于旅游合同的形式

1. 旅游合同必须是书面形式

按照《合同法》的规定,合同可以采取口头形式、书面形式或者其他形式,这体现了合同自愿原则,即旅行社和旅游者可以就合同的形式等要素进行协商,但《旅游法》、《条例》根据旅行社服务的特点和现状,对旅游合同的形式作出了较为严格的规定:旅游合同必须是书面形式。在《条例》颁布实施前,旅游合同的形式基本处于自然状态。从旅行社的服务实践看,旅行社和旅游者经常为服务纠纷的解决各执一词,对旅游者合法权益的保护都极为不利。因此,旅行社组织旅游者参团旅游,必须与旅游者签订书面旅游合同,这是行政法规赋予旅行社的法定义务,否则旅行社将受到旅游主管部门的行政处罚。有旅行社经常抱怨,旅行社提出签订旅游合同后,而旅游者不愿签订。如果出现这样的情况,就应当由旅行社来举证,旅行社要求旅游者签订书面旅游合同,除非的确是旅游者拒绝签订,否则旅行社就要承担相应责任。

2. 旅游合同填写必须完整详尽

书面旅游合同的签订固然十分重要,但这仅是保护旅游者合法权益的起点。从某种意义上说,旅游合同填写完整才是签订旅游合同的目的所在。旅行社必须把旅游服务各个环节的档次和标准填写完整且详尽,如住宿标准、交通标准、游览时间、地接社详细信息等,必须在旅游合同中标明。和以前旅行社相关管理规定相比,这些规定既是《旅游法》、《条例》较为引人注目的部分,也是促进旅行社规范经营、提升服务品质的重要手段,更是转变旅行社服务理念的助推器和催化剂。旅行社提供的旅游合同不完整、不详尽,使用含糊不清、模棱两可的语言,是旅行社服务工作不到位的表现,将受到旅游主管部门的行政处罚。

3. 旅游合同不规范的行政处罚

在《条例》颁布实施前,虽然有些管理规定也强调,旅行社应当与旅游者签订书面旅游合同,但缺少与之呼应的行政处罚。也就是说,即使旅行社没有按照规定与旅游者签订旅游合同,旅游主管部门对此也没有强有力的管理措施,这样的规定有与没有是一样的。《条例》特别是《旅游法》,对于旅行社没有与旅游者签订书面旅游合同,或者签订的书面旅游合同缺项,作出了明确的处罚规定。《条例》第五十五条规定:旅行社有下列情形之一的,由旅游行政管理部门责令改正,处2万元以上10万元以下的罚款;情节严重的,责令停业整顿1个月至3个月:①未与旅游者签订旅游合同;②与旅游者签订的旅游合同未载明《条例》第二十八条规定的事项。

四、关于旅游合同的内容

按照《旅游法》、《条例》的规定,与旅游者合法权益直接相关的,且必须在旅游合同中明确的合同内容,主要与《旅游法》的第五十八条、《条例》的第二十八条和三十六条有关。虽然《旅游法》、《条例》都已全面实施,但对于这些法条,时至今日,仍然有少数旅行社存有怨言,认为《旅游法》、《条例》对于旅行社的经营规范,包括旅游合同的规定过于超前和细致,处罚条款过于严格和苛刻,与时下的经营环境及旅行社的操作习惯不相吻合,限制了旅行社的发展步伐。而笔者的观点恰恰相反,旅行社服务纠纷率居高不下,原因之一就是旅游合同的签订不规范,旅游者在出团前不知道服务标准和档次,只要出现不符合期望值的服务,投诉就会产生。《旅游法》、《条例》有关旅游合同形式和内容的规定,恰恰击中了旅行社服务品质徘徊不前的要害,对于规范旅行社实际操作,实现明明白白消费的目标具有重要意义。笔者在此对旅游合同内容做详尽的分析。

1. 关于旅行社的基本信息

《旅游法》第五十八条第1款、《条例》第二十八条第1款规定,旅游合同必须载明"旅行社的基本信息、旅行社的名称及其经营范围、地址、联系电话和旅行社业务经营许可证编号"。

(1)必须填写旅行社的基本信息

《旅游法》、《条例》规定的旅行社必须填写的这些信息,都是和旅游者合法权益息息相关的基本信息。旅游者到旅行社报名参团，首先必须了解旅行社的主体合法性及其经营范围。现在社会上打着经营旅游旗号的单位和个人不在少数，旅游者受骗上当的案例也时有发生；即使到合法旅行社报名，也必须留意旅行社的经营范围，特别是参加出国旅游和赴台湾旅游时，都必须查看旅行社的经营范围。至于旅游合同中必须具备旅行社的名称、地址等信息，更是作为民事主体的旅行社在旅游合同中必不可少的信息，否则该旅游合同缺少合同主体，既不能向旅游者行使权利，也无法向旅游者履行义务。

（2）如何更好地填写旅行社信息

有旅行社抱怨，旅行社信息过于烦琐，填写起来非常复杂、费时。要消除旅行社的抱怨，第一，必须调整旅行社经营人员的理念。许多旅行社十分重视销售，只要有一分希望，就会付出百分努力，而在签订旅游合同等具体服务中，似乎总愿意打折扣，能省则省。只有旅行社真正意识到服务的重要性，这些抱怨才会消失，更何况填写这些信息是旅行社的法定义务。第二，从技术层面说，旅行社既可以通过把这些信息印刷在合同文本的方法加以解决，也可以通过加盖含有旅行社基本信息图章的办法加以解决。只要旅行社调整服务理念，信息过于烦琐、不便填写的问题就迎刃而解。

2. 关于旅行社经办人员的信息

《条例》第二十八条第2款规定，旅游合同必须载明"旅行社经办人的姓名、联系电话"。

旅游合同签订后，旅游者仍然可能就旅途中相关事宜向旅行社咨询，或者遇到突发事件不能成行时，自然会向旅行社报告，要求解除旅游合同等，旅游者都会和经办人取得联系，希望经办人为其排忧解难。特别是签订委托合同或者自由行合同出行后，旅行社既没有委派全陪，也没有地陪服务，旅游者在旅游途中遇到一时无法解决的问题，会第一时间和旅行社联系，寻求帮助，旅游合同的经办人就成了解决问题的关键人物。以往的服务纠纷中，就有旅游者批评旅行社，出团前或者在旅游途中，旅游者需要组团旅行社的帮助或者咨询时，往往找不到可以给予帮助的人，被咨询的人总是推说不知道。可见，旅行社经办人的联系信息并非可有可无，而是必须详尽体现在服务内容中。

3. 关于旅游合同签订的信息

《条例》第二十八条第3款规定，旅游合同必须载明"签约地点和日期"。

一般而言，旅游合同的签订地点与服务品质没有直接的关系，旅游合同的签订日期和服务品质也没有直接的关系，《条例》之所以如此规定，主要是考虑日后民事纠纷的处理。按照我国《民事诉讼法》的规定，人民法院对于民事诉讼的管辖，与旅游合同的签订地点有关，旅游合同签订地的人民法院具备管辖权；同时，人民法院是否同意旅游合同诉讼立案，与旅游合同签订日期直接相关。我国《民法通则》规定，原告向人民法院请求保护民事权利的诉讼时效期限为两年，如果旅游者认为旅行社损害其权益，必须在两年内向人民法院提起诉讼，超过两年其诉讼权将彻底丧失。同样，旅游者的投诉权在一定期限内也会丧失，这样客观上可以促使旅游者在最短的时间内，通过协商、投诉、仲裁或者诉讼维护自己的合法权益。

4. 关于旅游合同行程的信息

《条例》第二十八条第4款规定，旅游合同必须载明"旅游行程的出发地、途经地和目的地"。

从表面看，在旅游合同中载明旅游行程的出发点和目的地，仅仅是想说明旅游行程的具体内容，如旅游行程从何处开始，旅游目的地在哪里等，其实，这样的规定还有更为深层的含义。旅游者和旅行社签订了旅游合同，按照合同约定，旅游者将在旅行社指定的地点集合，登上旅行社安排的交通工具前往旅游目的地。从此刻起，旅游者开始享有旅游权利，旅行社开始履行合同义务，如果在此之前旅游者发生权益受损事件，旅行社不需要承担任何责任，而在这之后，旅游者权益受损事件的发生，旅行社承担责任的风险就较大。因此，旅行社在填写旅游行程的出发地时，应当特别注意，要把出发地写得较为详细，如出发地仅仅填写"杭州"不妥，而应当写明出发地为"杭州萧山国际机场2号楼"。只有这样才可能最大限度地降低经营风险。如果单单约定出发地为杭州，就意味着，旅游者出团当日前往旅游目的地的途中发生的任何损害事件，旅行社都存在承担责任的可能。进而言之，虽然《条例》没有对旅游行程的结束地作出规定，但笔者建议旅行社还应当在旅游合同中增加内容，明示旅游行程的结束地，且该结束地不是泛化的城市，而是明确的地点，如结束地不能约定为上海、北京等，而是应当约定为上海南站、北京首都机场等，旅游者从上海南站返回家里的途中发生的损害，旅行社也不需要承担责任，最多提供一些协助性的服务和帮助。

5. 关于旅游交通的信息

《旅游法》第五十八条第4款、《条例》第二十八条第5款规定，旅游合同必须载明"旅游行程中交通服务安排及其标准"。

到目前为止,关于旅游交通尚缺乏统一的服务标准,一些旅行社按照自己的理解,对旅游交通随意描述,这些描述存在的主要问题是,旅行社为了吸引旅游者的眼球,总是喜欢用夸张的语言来描述交通工具,如豪华空调大巴等,而实际提供的却是设施陈旧老化、不能满足旅游者基本需求的旅游车;或者承诺旅游者乘坐豪华飞机,实际提供的是普通飞机;或者承诺旅游者乘坐皇家豪华邮轮,而实际提供的是客货混装游轮,令旅游者大为不满。

(1) 关于汽车的服务安排和标准

通常可以描述为空调旅游车。旅行社必须保证旅游车车况良好,空调设施当旅游者需要时,必须能够正常运行。有些旅行社为了表明自己的诚信,会把旅游汽车约定为"40座金龙空调旅游车",还会在旅游行程上约定旅游汽车的行车时间。旅行社的做法并不是法规的要求,如此操作是再好不过了,固然值得肯定,但也可能给旅行社带来意想不到的麻烦。如果旅行社提供了其他型号的旅游车,即使没有降低服务标准,甚至是超过了原来约定的服务标准,旅行社的行为仍然属于违约范畴。行车时间的约定也是如此,如果旅游车行车时间超出了约定的时间,除非发生了不可抗力,旅行社将承担违约责任。

(2) 关于飞机的服务安排和标准

通常只需要注明航班号及起飞时间,不必特别说明乘坐的是经济舱,因为航班中除了商务舱外,基本都属于经济舱的范畴。少数旅行社别出心裁地承诺旅游者将乘坐"豪华飞机"。"豪华"是一个主观性很强的词汇,是消费者个人感受和体验,而且民航业中没有对飞机进行"豪华"等级划分,旅行社无法对其承诺履行举证责任。该承诺的危害性在于,大大提升了旅游者的期望值,而在服务品质确定的前提下,旅游者的期望值越大,旅游者的满意度会相应降低。当旅游者觉得其乘坐的飞机并不是想象中的"豪华飞机"时,他/她不可避免地要投诉。

(3) 关于火车的服务安排和标准

通常需要注明车次和发车时间,同时说明旅游者乘坐的是硬座、硬卧还是软卧,如果乘坐的是动车或者高铁也一并注明。

(4) 关于轮船的服务安排和标准

通常需要注明轮船的名称,旅游者住宿的是几等舱,或几人房。如果轮船有星级,也可以同时说明。如果是邮轮,除了上述内容外,还要注明邮轮的名称，是否为海景舱等。

6. 关于旅游住宿的信息

《旅游法》第五十八条第4款、《条例》第二十八条第5款规定，旅游合同必须载明"旅游行程中住宿服务安排及其标准"。

就全球范围来说，旅游饭店的服务标准最为权威。从理论上说，旅行社与旅游者签订旅游合同时最为容易，然而事实上，对于旅行社而言，确定旅游住宿服务标准最为棘手。第一，虽然在我国实行饭店星级评定制度，但这个制度是推荐性的，总体来说，饭店经营者对于高星级较有兴趣，而对于低星级的评定兴趣不大，近年来这种趋势更加明显，非星级饭店占据饭店中的绝大多数。对于大部分旅游团队而言，住宿的饭店恰好以中低档的为主，这些饭店多数没有星级。第二，也并不是世界上所有国家和地区的饭店都实行星级评定制度，即使在香港特区，也没有实施星级评定制度，旅行社在描述饭店服务档次和标准时，的确存在很大难度。第三，旅游者对将要住宿的饭店十分在意，旅行社也希望能够在出行前，明确告知旅游者所住宿饭店的档次和标准，客观现状和旅游需求存在矛盾。旅行社处于两难境地：不明确标准，旅游者不答应，而明确标准，非旅行社能够做到，于是只好变着花样来描述饭店的档次和标准，最为典型的就是所谓的住宿"准三星"饭店。为了解决目前的困境，旅行社约定旅游饭店的档次和标准时，应当符合以下基本原则。

（1）旅游合同必须如实告知旅游饭店名称

告知旅游者住宿饭店的名称，不管该饭店是否为星级饭店，这是最合乎规范的表述，如果该饭店有星级，可一并注明。许多旅行社认为只有收客之后，旅行社才开始联系住宿，因此没有办法立即告知旅游者；《旅游法》、《条例》对于饭店档次和标准的规定过于严格，旅行社在实际操作中无法实现。其实，旅行社可以通过预先准备几家饭店，在出团前确定所住宿的饭店，并书面告知旅游者即可。现实情况是，现在已有部分旅行社在出团时的旅游行程中，能够明确告知旅游者所住宿饭店的名称。实践证明，只要旅行社抱着对旅游者负责任的态度，该难题是可以得到妥善解决的。

（2）旅游合同对住宿饭店的约定不能含糊其辞

有关住宿饭店的纠纷，主要原因是旅游合同的表述含糊不清，留给旅行社很大的余地，而旅游者住宿后总是认为旅行社不诚信，损害了自己的权益。一些旅行社在组团时不能或者不愿把准确信息告知旅游者，旅游者在出团前只知道饭店为"三星或同级",或者"准三星"。即使是告知住宿三星级的饭店,旅行社的操作空间也很大。以"上海三星级饭店"为例,是安排住在上海市中心的三星级饭店,还是安排在上海郊区三星级饭店,旅行社可以自行决定,旅游者对此没有任何决策权。现实中,旅行社不会把旅游者安排在市中心住宿,因为市中心房价和郊区房价相差甚远。"三星或同级"也是如此,三星级的表述已经问题多多,加上同级,旅游者权益更是难以保证。"准三星"的表述十分离谱,是一个极不规范的说法,遇到比较较真的旅游者,旅行社无法举证证明其说法的准确性,无形中给自己设置了难以跨越的陷阱,旅行社应当避免这样的表述。

7. 关于旅游餐饮的信息

《旅游法》第五十八条第4款、《条例》第二十八条第5款规定,旅游合同必须载明"旅游行程中餐饮服务安排及其标准"。

在所有旅游服务纠纷中,旅游餐饮的纠纷比例非常低,这并不意味着旅游餐饮品质很好,旅游者对此满意度很高。从餐饮标准看,普通旅游团的正餐价格多年一直在每人20元上下徘徊,因价格上涨,旅游餐饮标准实际已大大降低。旅游餐饮投诉少,只能说旅游者在出团前对旅游餐饮的期望值不高,只要其餐饮环境、菜肴质量不太恶劣,旅游者也就接受了。因此,在现有条件和环境下,旅行社在安排餐饮时,至少要达到下列要求:

(1) 旅游合同可以按照惯例对餐饮标准进行表述

按照旅行社行业的服务惯例,餐饮标准基本有两种表述方式,既可以表述为八菜一汤,也可以注明餐标是每人正餐20元。尽管这样的表述并不一定是最合理和科学的,仍然存在一些不尽如人意之处,但大致能体现餐饮标准,旅游者也能有一定的了解。现在有些旅行社在制定餐饮标准时,仅仅表述为"一早三正",或者"二早五正"。这样的表述不是餐饮标准,而只是告诉旅游者在旅游途中用餐的次数,比起行业惯例来说,其随意性和不可控性更大。

(2) 旅游合同安排的餐饮必须体现人本精神

虽然《条例》对此没有明确规定,但从旅游者与旅行社签订旅游合同的目的看,旅行社安排的餐饮至少要满足三个条件,第一,餐饮服务企业必须是合法经营。旅行社不能为了节约成本,安排旅游团到无证餐馆就餐。第二,餐饮企业的卫生条件要符合国家有关规定,在不符合卫生条件的餐馆就餐,其危害性不言而喻。这也是旅行社选择服务供应商的基本条件。第三,餐饮企业提供的菜肴和食物能够让旅游者吃饱。少数旅游者批评餐馆菜肴数量供应少，总是有让旅游者吃不饱的感觉，这应当引起旅行社的高度关注。

8. 关于游览项目的信息

《旅游法》第五十八条第 5 款、《条例》第二十八条第 6 款规定，旅游合同必须载明"旅行社统一安排的游览项目的具体内容及时间"。

旅游者对于游览项目的批评，主要集中在漏游景点、游览时间过短及诸如"漫步白堤，远眺雷峰塔"的安排。从理论上说，除了漏游景点外，游览时间短和"远眺"景点似乎很难说有明显的违规。仔细分析后，我们不难发现，游览时间短和"远眺"景点两者之间有共同的背景，即旅行社之间价格的激烈竞争，导致旅行社总是缩减旅游服务项目，包括许多著名的景点被旅行社排除在普通线路之外，以降低旅游线路的直观价格，以吸引更多的旅游者参团。如此操作以后，旅游线路中游览景点数量减少，但为了让旅游线路不至于太难看，旅行社想方设法让线路"丰满"起来，就只能用"车览"、"外观"、"远眺"等增加旅游项目的"内容"。价格竞争也导致了旅行社千方百计压缩游览时间，尽可能多且长时间地安排购物和自费项目，以获取一定的利润空间。有关部门看到了问题的严重性，为了确保旅游者游览权益不受损失，对于旅行社安排游览项目作出明确规定，要求旅行社认真对待：

（1）旅游合同必须填写游览景点名称

对于单体旅游景点而言，旅行社对于旅游景点的描述较为简单，而对于体量较大，或者是旅游景区而言，由于其总门票由多个景点门票组成，如杭州灵隐景区就由飞来峰、灵隐寺等景点组成，旅行社对于旅游景点的描述就必须清晰明了，把旅游景点名称一一列出。同时，旅行社必须明确告诉旅游者，旅游团款包含的旅游景点究竟有哪些，是第一道门票还是景区内所有景点。如果旅行社没有事先明确告知，旅行社应当为旅游者提供全景区的服务，并支付所有门票的费用。

（2）旅游合同必须明确景点游览的时间

当前旅行社比较喜欢采取"游览时间约 1 小时"的方式表述，旅行社以为这样可以减少纠纷，而事实恰好相反。按照规定，旅行社在旅游合同中，可以把旅游者的游览时间表述为"1 小时"，或者是"游览时间不少于 60 分钟"等。旅游者对于游览时间短一直反应强烈，希望旅游主管部门严加管理，遏制旅游服务中这股愈演愈烈的风气；而旅行社对此规定也是颇多微词，认为对于旅行社的操作过于苛刻,甚至认为难以操作,尤其是旅游者自身原因缩短游览时间时,处罚旅行社就不公平。其实,按照《旅行社条例实施细则》(以下简称《实施细则》)第三十六条的规定,旅行社及其委派的导游人员和领队人员减少游览项目或者缩短游览时间的,属于擅自改变旅游合同安排行程。也就是说,只有旅行社及其导游和领队擅自缩短游览时间,其行为才具有违法性,如果旅游者自己主动缩短游览时间,旅行社又能够提供证据的,旅行社不需要承担责任,而不是像旅行社想象的那样,旅游主管部门会不分青红皂白,随意对旅行社进行处罚。

9. 关于自由活动的信息

《旅游法》第五十八条第6款、《条例》第二十八条第7款规定,旅游合同必须载明"旅游者自由活动的时间和次数"。

在许多国内长线团和少数出境旅游团中,如旅行社会安排旅游者自由活动,按照上述规定,如果有自由活动的安排,旅行社应当在旅游合同中明确,在本次旅游行程中,旅行社将安排的自由活动是半天还是全天,总共有几次自由活动,在自由活动期间是否包含餐饮服务。在安排自由活动过程中,旅行社及导游和领队有一项重要任务,就是要告知旅游者在自由活动时的注意事项,防止旅游者人身和财产损害事件的发生。

10. 关于旅游者交纳旅游费用的信息

《旅游法》第五十八条第7款、《条例》第二十八条第8款规定,旅游合同必须载明"旅游者应当交纳的旅游费用及交纳方式"。

旅行社组织旅游者旅游,其最大的初衷,就是从组织活动中获得利润,旅游者向旅行社交纳旅游团款,是旅游合同的核心内容之一。先付款、后旅游,是旅行社服务的通常操作模式,但随着近年来旅行社市场竞争的加剧,旅游团款的交纳方式也发生了很大的变化,因此旅行社必须与旅游者就旅游团款交纳的方式进行约定。目前,旅行社的经营风险之一,就是团队旅游者为了制约旅行社,防止旅行社服务品质降低,时常要求在旅游团行程结束前,只交纳部分旅游团款,余款必须等到旅游团行程结束后,且服务品质得到认可才付清,旅行社为了组团,也只能接受旅游者的条件。有些旅游者往往以服务品质差为借口,拒绝支付余款,旅行社的经营风险陡然增加。旅行社有权利决定与旅游者约定何种旅游团款的交纳方式,因此不能因为旅游行程结束后收款不到位,向有关管理部门抱怨,甚至要求管理部门帮助收款。笔者认为,旅行社应当对旅游团款的交纳方式采取审慎的态度，对于拒绝支付余款的风险要有足够的认识。

11. 关于旅游购物的信息

《旅游法》第三十五条规定，旅行社组织、接待旅游者，不得指定具体购物场所，不得安排另行付费旅游项目。但是，经双方协商一致或者旅游者要求，且不影响其他旅游者行程安排的除外。因此，假如旅行社和旅游者就购物签订了补充协议，或者导游和领队在行程中和旅游者签订购物协议，就应当按照《条例》第二十八条第9款的规定，必须载明"旅行社安排的购物次数、停留时间及购物场所的名称"。

旅游购物本是旅游六要素之一，是为旅游者购买旅游目的地特产提供的服务，但旅游购物一直受到旅游者的质疑和诟病。旅游购物的时间和频率、所购商品的质量和价格，已经成为旅游者投诉的焦点。有些旅游团行程总共6天，排除往返交通所耗费的时间，在旅游目的地实际时间只有4天左右，而旅行社安排的购物多达6次至8次，每次购物时间都超过1小时，而且安排的一些所谓特色参观点，其实就是变相的旅游购物商场。所以旅游行程结束后，旅游者经常发出参加旅行社组团旅游到底是参加游览还是参加购物的疑问。因此，旅行社在和旅游者约定旅游购物活动时，对于相关事项要作出明确的约定：

（1）旅游合同必须约定旅游购物次数

这是《条例》增加的新规定，在旅游合同中，旅行社应当把旅游行程中的购物次数作出约定。从某种层面上说，能够明确约定旅游购物次数，就能基本保障旅游者在购物中的基本权益，因为服务品质的高低与购物次数有直接的正比关系，购物次数越多，旅游服务品质随之下降。为了防止旅行社随意安排购物，《条例》要求旅游购物次数在旅游合同中事先约定。尽管规定如此，但仍然令旅游主管部门感到较为困惑的问题，是目前没有法律法规对旅游购物次数作出明确规定，而按照《合同法》相关规定，只要旅行社和旅游者在合同中对于旅游购物次数作出约定，不论旅游购物次数是多少，都没有违反法律规定，不对旅游购物次数作出限制性的规定，是《条例》关于旅游购物规定存在的漏洞。

（2）旅游合同必须约定旅游购物时间

明确购物时间也是《条例》的新规定，旅行社在约定购物时间时，既可以表述为"每次旅游购物时间为1小时"，也可以表述为"每次旅游购物时间不超过60分钟"。旅行社同样认为该规定具有不可操作性，其理由就是旅行社难以控制旅游者的购物行为,有时是旅游者延长了购物时间。对于旅行社在何种情况下属于违法,《实施细则》也给予了明确认定,《实施细则》第三十六条规定,旅行社及其委派的导游人员和领队人员增加购物次数或者延长购物时间,属于擅自改变旅游合同安排行程,应当受到相应的行政处罚。显然,只要旅行社及其导游和领队不擅自延长购物时间,即使购物时间延长,旅行社也没有责任。

(3)旅游合同必须约定购物场所的名称

按照旅行社以往的操作习惯,旅行社对于旅游购物商场的约定基本上是"珠宝店"、"茶叶店"、"展览中心"等,一直以来不注明旅游购物商场的名称。这样的约定给了导游、领队很大的机动性,他们有时可以根据自己的需要和喜好,来确定旅游者的购物商场。《条例》的新规定要求旅游合同中的购物商场要有名称,该名称要与购物商场营业执照上的名称一致,否则也属于违规。这就意味着单单注明"茶叶店"等方式已经成为历史,取而代之的是"杭州西湖龙井茶叶店"等的标准表述方式。

12. 关于自费项目的信息

《旅游法》第三十五条规定,旅行社组织、接待旅游者,不得指定具体购物场所,不得安排另行付费旅游项目。但是,经双方协商一致或者旅游者要求,且不影响其他旅游者行程安排的除外。因此,如果旅行社和旅游者就自费项目签订了补充协议,或者导游和领队在行程中和旅游者签订自费项目协议,就应当按照《条例》第二十八条第10款的规定,必须载明"需要旅游者另行付费的游览项目及价格"。

另行付费项目的出现,有其合理性和科学性,并且能够体现旅游者自主选择权的行使,但恰恰是所谓给予旅游者选择权的自费项目,成为旅游者众口一词的批评对象。究其原因,是旅行社利用其合法的外在形式,让旅游者作出选择,在旅游途中实施第二次消费,实现其难以明言的目的。旅行社在安排旅游线路时,组团社和地接社达成默契,故意把通常为旅游者必游的重要景点排除在旅游线路之外,如杭州旅游不含西湖景区和灵隐景区,游览巴黎不含卢浮宫、巴黎圣母院等,降低直观旅游报价,挖掘旅游者参团动机。

旅行社组织旅游者参加旅游,其中重要的一项任务,就是传播旅游目的地的文化,而各地著名的旅游景点,往往是当地政治、经济、文化、历史的重要载体。而当旅游者参团之后,导游或者领队就会竭力向旅游者推荐这些景点,对于许多旅游者而言，外出旅游一次也要筹划多年，觉得既然到了旅游目的地，放弃这些景点实在可惜，只能再次掏钱，参加自费项目。旅行社既吸引旅游者参团，又使获得较好利润的目的得以实现，欢喜异常，但谁又能否认，旅行社的操作具有一定的变相强迫消费的成分在内，只不过旅行社利用其熟练的行业技巧罢了。有些旅游者不愿参加自费项目，导游或者领队便威逼、利诱，迫使旅游者参加自费项目，或者冷落那些不参加自费项目的旅游者，对他们正当和合理的要求不闻不问，这引起旅游者的强烈不满。关于旅游自费项目的安排，在目前的旅游环境中，旅行社必须做到：

（1）旅游合同对自费项目事先推荐

既然自费项目需要旅游者另行付费，旅行社应以书面的形式向旅游者推荐，由旅游者根据需要作出选择，旅游者作出这种选择才是自愿的，而不是被强迫的，这个原则至关重要。旅游者的投诉往往是认为旅行社有强迫或者变相强迫行为，违背了自愿选择精神；同时，旅行社的这种推荐必须在旅游者出团前完成，避免旅游团队行程中，旅游者受制于导游或者领队。

（2）自费项目的价格必须明码标价

旅游者对于自费项目提出批评的另一个原因是，旅游者认为，很多时候自费项目的价格在行程中由地陪确定，导致自费项目的价格偏高甚至是虚高，导游等从业人员从中获取了很大的利润。所以，为了给予旅游者公平的消费环境，旅行社有义务在提供自费项目时，必须同时明确每一个自费项目的价格，供旅游者自愿选择。

（3）自费项目由旅游者自愿选择

旅行社经常为旅游者提供套票服务，从表面上看旅游者可以选择，但事实上无法选择单个自费项目，要选就是一组自费项目；同时，旅行社不能设置最低消费标准。旅行社在销售低价产品时，往往要求旅游者确保在旅游目的地的消费底线。旅行社这些行为，似乎和旅游者已经进行了协商，但归根结底仍然没有摆脱变相强迫的桎梏。

13. 关于合同解除或者变更的信息

《旅游法》第六十七条规定，因不可抗力或者旅行社、履行辅助人已尽合理注意义务仍不能避免的事件，影响旅游行程的，按照下列情形处理：（一）合同不能继续履行的，旅行社和旅游者均可以解除合同。合同不能完全履行的，旅行社经向旅游者作出说明，可以在合理范围内变更合同；旅游者不同意变更的，可以解除合同。《旅游法》第六十六条规定，旅游者有下列情形之一的，旅行社可以解除合同：（一）患有传染病等疾病，可能危害其他旅游者健康和安全的；（二）携带危害公共安全的物品且不同意交有关部门处理的；（三）从事违法或者违反社会公德的活动的；（四）从事严重影响其他旅游者权益的活动，且不听劝阻、不能制止的；（五）法律规定的其他情形。

《条例》第二十八条第11款规定，旅游合同必须载明"解除或者变更合同的条件和提前通知的期限"。

签订旅游合同的目的，在于履行旅游合同，使得旅游者和旅行社各自的权益得到保护，但在旅游实践中，旅游合同签订后，可能存在三种结果：一是旅游合同按照约定全面履行；二是旅游合同虽然得到了履行，但旅游合同约定的服务项目没有得到全面履行；三是由于某种状况的发生，旅游合同被解除了。为了确保旅游合同顺利履行，旅游合同应当设置一些条件，以降低旅游合同解除或者变更行为发生的概率。

（1）旅游合同应当约定解除或者变更合同的条件

根据合同自愿原则，旅行社和旅游者可以就解除或者变更合同约定各种条件，只要该条件的设置与我国法律法规强制性规定不抵触。在设置解除或者变更合同条件时，必须掌握的基本原则是，要体现旅行社与旅游者权利义务对等关系。旅行社不能利用其熟练的专业技术，对于旅行社解除或者变更合同几乎不设置限制，而对于旅游者解除或者变更合同设置严格的限制。如旅游合同可以为旅行社设立旅行社因为公司的原因解除旅游合同的条件，与之相对应的是，就必须为旅游者设立因为旅游者个人原因可以解除旅游合同的条件，否则就是不公平，损害了旅游者的合法权益。当然，即使在旅游合同中设立了权利义务分配明显不公平的条款，也会被认定无效。

（2）旅游合同应当约定解除或者变更合同提前通知的期限

当旅行社或者旅游者其中一方当事人需要解除或者变更旅游合同时，必须先尽快通知对方，以减少因此造成的经济损害。旅游合同的约定中，最为重要的仍然是如何将平等精神贯穿于旅游合同中，为双方当事人解除或者变更合同提前通知设置同等的期限，做到不偏不倚。如旅游合同可以为旅行社设置提前5天解除旅游合同，可以不承担违约责任的约定，同样，也必须为旅游者设置提前5天解除旅游合同，也可以不承担违约责任的约定。

14. 关于违约责任的信息

《旅游法》第五十八条第8款、《条例》第二十八条第12款规定，旅游合同必须载明"违反合同的纠纷解决机制及应当承担的责任"。

由于主客观因素的制约，从旅游合同的签订开始，到旅游合同履行、变更、解除的全过程，旅行社和旅游者都可能发生各式各样的违约行为。为了防止违约纠纷的发生及快速解决违约纠纷，在旅游合同中，应当对旅游合同纠纷解决机制及违约责任加以明确。现在有些旅游服务纠纷难以在短时间内解决，主要原因就是双方当事人没有对违约责任进行约定，作为受损害方的旅游者又不能举证直接经济损失，旅游者对于旅行社的赔偿不满意，旅游服务纠纷的处理久拖不决。

（1）旅游合同应当明确解决纠纷的机制

从理论上说，对旅游服务纠纷的处理，不外乎旅行社与旅游者自行协商、旅游者向有关管理部门投诉、旅游者向当地仲裁委员会申请仲裁、旅游者向当地人民法院提起民事诉讼，个别情况也有旅行社向人民法院起诉旅游者。旅游合同中应当把上述四种纠纷解决的方式纳入其中，以方便旅游者维护自己的合法权益。

（2）旅游合同应当确定公平的违约责任

违约责任关乎旅行社和旅游者双方合法权益的保障，如果使用的是旅行社制定的旅游合同文本，旅行社应当特别注意，在同一情况下，旅行社和旅游者承担的违约责任相一致，不能只约定旅游者的违约责任，对旅行社的违约行为放任自流；也不能对于旅游者的违约行为严苛以待，而对旅行社的违约行为视而不见，如约定旅行社解除旅游合同不承担违约责任，而旅游者解除旅游合同则要向旅行社赔偿。旅行社也不能制定减轻或者免除旅行社违约责任条款，更不能把自己的违约行为与不可抗力混为一谈，如旅行社经常单方约定，"因航空机械故障等不可抗力给旅游者造成损失的，旅行社不承担责任"等。

15. 关于监督电话的信息

《条例》第二十八条第13款规定，旅游合同必须载明"旅游服务监督、投诉电话"。

旅游服务监督、投诉电话的设置，是每一家旅行社必须配备的硬件设施，至于旅行社设置一部电话还是两部电话，由旅行社根据自己的需要确定。最为重要的是，只要旅行社对外公布了旅游服务监督、投诉电话，就必须确保旅游合同中公布的服务监督、投诉电话24小时畅通，且对旅游者的求助或者投诉有快速反应，旅行社不能有任何电话不畅通的理由。特别是旅游团队遇到重大问题，且导游、领队无法解决时，旅游服务监督、投诉电话会发挥意想不到的作用。

16. 关于地接社的信息

《旅游法》第六十条规定，旅行社依照本法规定将包价旅游合同中的接待业务委托给地接社履行的，应当在包价旅游合同中载明地接社的基本信息。

《条例》第三十六条规定，"旅行社需要对旅游业务作出委托的，应当委托给具有相应资质的旅行社，征得旅游者的同意"。

旅游者常常投诉的话题之一，就是参加旅游团后，"经常被旅行社卖来卖去"，指的就是旅游者每到一个新的旅游目的地，就会有新的地接社来接待服务。我们不能要求旅游者对于旅行社的服务规则有了解，但旅行社可以通过事先约定解决旅游者的抱怨和担忧，这既是满足旅游者知情权的要求，也是明明白白消费的具体体现。

（1）组团旅行社可以决定是否交地接社

按照旅行社的经营规则，组团旅行社组团后，根据旅游团队的需要，决定是否要交地接社接待，这是旅行社业内的服务共识，长线旅游团基本上都交地接社服务，因为组团旅行社对于旅游目的地的服务没有掌控能力。考虑到经营成本，短途旅游一般不交地接社，而是由组团旅行社直接派出全陪，同时兼任地陪的任务。还有一种经营方式，如北京组团旅行社组织旅游者到华东地区旅游，组团工作完成后，组团旅行社把团队的接待服务打包，一并交由华东地区的一家旅行社全权接待，该地接旅行社事实上成了旅游团华东地区组团社兼地接社。不论是否交地接社，也不论长线旅游还是短途旅游，组团旅行社必须保证旅游者的服务品质。

（2）地接旅行社的信息必须准确详细

组团旅行社可以不交地接社，但如果交了地接社，就必须遵循有关规定的要求。按照《条例》的规定，组团旅行社需要将旅游服务作出委托的，应当征得旅游者的同意。《实施细则》进一步规定，旅行社对接待旅游者的业务作出委托的，应当将旅游目的地接受委托的旅行社的名称、地址、联系人和联系电话，告知旅游者。不论征得旅游者同意还是告知旅游者，对于组团旅行社而言，最好的办法就是在书面旅游合同中把地接旅行社的信息加以固定，而不仅仅是征得旅游者的口头同意或者口头告知旅游者。因为一旦发生纠纷，即使旅行社已经事先告知或者征得旅游者的同意，旅游者若不承认，旅行社的举证就难以完成。同时，组团旅行社必须在旅游合同中填写旅游行程中所有地接社的名称、地址、联系人、联系电话四项内容，这和旅行社固有的操作模式有本质区别。以旅行社组团参加云南昆明、大理、丽江旅游线路为例，《条例》颁布实施之前，组团旅行社最多告知旅游者，云南的地接社为云南某旅行社，即使没有披露这些信息也不属于原则性错误，而现在要求不仅必须书面告知旅游者，在昆明的地接社为昆明某旅行社，在大理的地接社为大理某旅行社，在丽江的地接社为丽江某旅行社，同时要分别注明各地接社的地址、联系人、电话。

（3）旅游合同转让时仍然必须注明地接社信息

旅行社经常把已经签订旅游合同的旅游者转让给其他旅行社，除非原旅游合同解除，由旅游者和接受转让的旅行社重新签订旅游合同，否则原签订旅游合同的旅行社仍然必须按照规定，逐一把地接旅行社的名称、地址、联系人、联系电话填写在旅游合同中。在旅游行程中旅游者权益受损，签订旅游合同的旅行社必须承担相应的法律责任。

17. 关于其他需要约定的信息

《条例》第二十八条第14款规定，旅游合同必须载明"双方协商一致的其他内容"。

这是旅游合同中的兜底条款。上述合同条款都是旅游合同中必须明确的内容，只要能够明确这些内容，总体来说，旅游者和旅行社的权益都能够得到基本保障。但是，不论旅行社自制的旅游合同文本，还是管理部门推荐的旅游合同文本，很难涵盖旅游者的特殊需要，也就是说，这些合同文本都存在这样或那样的不足。为了给予旅行社和旅游者足够的自由空间，凡是上述旅游合同中尚未包含的权利义务，根据旅游者不同的需求，经过双方协商一致，旅行社与旅游者都可以在旅游合同中进行约定。这就是本条款规定的意义所在。

18. 关于旅游者的基本信息

《旅游法》第五十八条第1款规定，旅游合同应当包括"旅行社、旅游者的基本信息"。除了旅行社的基本信息外，旅游者的基本信息也应当被纳入合同中。旅游者的基本信息应当包括姓名、性别、身份证号码、民族、联系方式和地址等，还可以包括职业、学历、爱好、专长、宗教信仰等。对于旅行社而言，掌握旅游者的信息越全面，越可以为旅游者提供有针对性的服务。当然，出于对个人私密性的理解，旅游者愿意填写的信息可能会很少；旅行社也应当以服务获得旅游者的信任，同时严格为旅游者的信息保密。

19. 关于旅游行程安排的信息

《旅游法》第五十八条第 2 款规定，旅游合同应当包括"旅游行程安排"。旅游行程安排就是旅游合同的标的，旅游者支付旅游团款的目的，就是为了获得旅游行程的服务，所以，旅行社要将旅游行程安排提供给旅游者，让他们心中有数。现在通行的做法是，在签订旅游合同时，给旅游者一份行程单，在行程单上注明旅游服务的内容，即旅游者的主要权利。行程单必须得到旅游者的签字确认才能有效。

20. 关于旅游团成团的最低人数的信息

《旅游法》第五十八条第 3 款规定，旅游合同还应当包括"旅游团成团的最低人数"。这个规定是《旅游法》关于旅游合同最有特色的亮点。按照这个规定，旅行社可以事先和旅游者约定，旅行社出团的最低人数，如果旅游者人数达不到最低出团人数，旅行社可以解除合同，或者将旅游者转让给其他旅行社。这样的规定，对于旅行社的组团活动减轻了压力，但对于旅游者来说则是一个麻烦。也就是说，如果旅行社组团达不到最低人数，旅游者是否能够顺利成团就成为未知数。因此，旅行社在组团时如果将此条款纳入其中，一定要特别告知旅游者该规定的后果，以减少纠纷隐患。

21. 关于导游服务费用的信息

《旅游法》第六十条规定，安排导游为旅游者提供服务的，应当在包价旅游合同中载明导游服务费用。该规定主要还是针对旅行社行业地低价竞争现象而设定。按照规定，旅行社和旅游者签订包价旅游合同时，就应当在合同中明确约定导游的报酬。旅行社行业之所以能够低价竞争，其中之一的原因是，旅行社为了降低成本，不为导游包括领队的提供基本的劳动报酬，导游只付出劳动，不收获报酬。为了获得劳动报酬，导游在带团过程中强迫旅游者购物、强迫旅游者自费，从中获得回扣等不正当利益，导致服务品质下降，服务纠纷增多。立法者希望通过明确导游的劳动报酬，改变导游报酬的现状，提高旅游者的满意度。

五、关于旅游合同内容的特别说明

《旅游法》第五十八条、《条例》第二十八条和第三十六条的规定，是针对传统的包价旅游合同而设定的。换句话说，如果旅行社和旅游者签订的不是包价旅游合同，而是委托合同，或者是自由行合同，和传统的包价旅游合同相比，由于其服务项目并不是面面俱到，因而在签订这些合同时，只需要根据旅行社和旅游者双方约定的内容进行填写，而不必完全拘泥于上述规定。同时，即使是包价旅游合同，也可能出现并不需要完全按照上述规定填写旅游合同的情形，比如海南4晚5天的纯玩团，由于本身不含有购物服务，旅游合同就没有必要对旅游购物作出约定，如果对旅游购物作出约定，该旅游团就不是纯玩团了；又如短途旅游，组团旅行社普遍不提供地接服务，而是由组团旅行社自己提供地接服务，也不必在旅游合同中对地接旅行社进行约定，即使跨省市的长三角旅游，也基本取消了地接旅行社的服务，也就没有必要对地接社进行约定。总之，不论包价旅游合同，还是委托合同，只要是旅游合同中包含的服务项目，就必须作出约定，旅游合同中没有的服务项目，就不必再作书面约定。

由此引申出另外一个话题，随着旅游者个性化服务的需要，旅行社除了为旅游者承担包价服务外，还需要提供大量的委托服务、自由行服务。为了减少旅行社由于旅游合同的签订而引起的纠纷和矛盾，旅行社除了使用包价旅游合同文本外，还必须根据旅行社自身经营需要，制定委托合同和自由行合同，避免在签订委托合同时，使用包价旅游合同。因为在包价旅游合同和委托合同中，旅行社行使的权利不同，所要承担的义务也大不相同。如果千篇一律使用包价旅游合同，旅行社会为此承担额外的风险。

六、关于旅游合同争议的解决

《条例》第二十九条第1款规定，旅行社在与旅游者签订旅游合同时，应当对旅游合同的具体内容作出真实、准确、完整的说明。第2款规定，旅行社和旅游者签订的旅游合同约定不明确或者对格式条款的理解发生争议的，应当按照通常理解予以解释；对格式条款有两种以上解释的，应当作出有利于旅游者的解释；格式条款和非格式条款不一致的，应当采用非格式条款。

1. 旅游合同内容必须真实、准确、完整

不论《消费者权益保护法》还是《条例》都要求对旅游合同内容作出真实、准确、完整的说明，这是旅行社必须履行的法定义务，确保旅游者在出团前就能够对其旅游权益心知肚明。如果旅行社与旅游者签订旅游合同时，没有按照这一规定操作，旅行社将承担的法律后果，第2款规定清楚明白地回答了这个问题。

2. 旅游景点争议的解决

旅游合同约定游览项目为"北京故宫"，由于旅游合同没有明确约定是否仅仅含第一道门票,旅行社与旅游者会为支付第二道、第三道门票发生争执,旅行社的观点是,只需要为旅游者支付第一道门票,理由是:这是旅行社业务操作的惯例。与此相反,旅游者坚持要求旅行社支付故宫所有门票,理由是旅行社没有事先作出约定。笔者认为,按照"旅行社和旅游者签订的旅游合同约定不明确或者对格式条款的理解发生争议的,应当按照通常理解予以解释"的规定,由于旅行社没有事先明确说明,只要旅游者前往游览,旅行社应当支付故宫内所有门票。

3. 旅游住宿争议的解决

旅游合同约定旅游全程"住三星或同级",当旅行社把旅游团队安排在杭州郊区三星级饭店时,旅游者拒绝入住,而是要求入住西湖周边的三星级饭店。旅行社认为已经安排旅游者入住了三星级饭店,旅行社的行为符合旅游合同的约定,而旅游者拒绝入住就是违约,应当为其自身行为负责。旅游者则认为,既然旅游合同仅仅约定住三星级饭店,并没有具体说明入住的饭店名称,要求入住西湖周边三星级饭店符合旅游合同的约定。单纯从旅行社或者旅游者角度出发,他们的观点都有道理,但双方观点的分歧较大。按照"对格式条款有两种以上解释的,应当作出有利于旅游者的解释"的规定,旅行社应当安排旅游者入住西湖周边的三星级饭店,否则便退还差价,并承担违约责任。

4. 旅游购物争议的解决

旅游行程为4晚5天,旅游补充协议约定平均每天购物不超过两次,而旅行社与旅游者在旅游行程中,用非格式条款特别注明5个购物商场。旅行社实际安排了7个购物商场,旅游者认为非格式条款已经明确5个购物商场,而实际安排的商场超过了约定,旅行社违反了旅游合同的约定,要求旅行社承担违约责任。而旅行社认为,旅游合同已经约定平均每天不超过两次购物,旅行社可以安排10个购物商场,实际安排的购物只有7个,低于旅游合同约定,旅行社没有违反旅游合同的约定。按照"格式条款和非格式条款不一致的,应当采用非格式条款"的规定,旅行社安排7个购物商场,的确与非格式条款冲突,应当按照非格式条款约定处理,承担违约责任。

七、关于旅游合同的管理

旅游合同的管理,大致包括管理部门的管理、旅行社自身的管理、旅游者的监督及旅游合同使用过程中的法律后果四个方面,只有对旅游合同实行全方位的综合管理，才有可能确保旅游合同规范签订和顺利履行，才能最终实现旅行社和旅游者权利义务各得其所、旅游市场经营规范有序、旅游服务品质提升、旅游环境和谐协调的目标。

1. 各级管理部门是规范旅游合同的有力推动者

各级管理部门，尤其是旅游主管部门必须统一思想，充分认识旅游合同的作用和意义，克服消极懈怠情绪，从大处着眼，从小处着手，既要积极指导和服务，又要加强监管和处罚，推进旅游合同在旅行社的实施和推广，并为旅行社提供及时有益的指导和服务。同时，按照《旅游法》、《条例》的规定，对于旅行社违反规定，不与旅游者签订旅游合同，或者旅游合同填写不规范，或者擅自改变旅游行程、降低服务标准和档次的，旅游主管部门应及时纠正，并给予适当的行政处罚。

2. 旅行社是实施旅游合同的积极参与者

《旅游法》、《条例》实施以来，虽然旅行社对于旅游合同的相关规定有各种各样不同的看法，但我们认为，目前旅行社要做的是，放弃固有的陈旧的理念和习惯，认真学习《旅游法》、《条例》的规定，结合旅行社业务操作实际，制定出适应《旅游法》、《条例》规定的业务流程和规范，而不是停留在抱怨层面上。在此基础上，可以提出对《旅游法》、《条例》修订的建设性建议，以备将来《旅游法》、《条例》修订之用。

3. 旅游者是规范旅游合同的直接受益者

旅游者必须牢固树立合同意识，在参加旅游团时，一定要与旅行社签订旅游合同，维护自身的合法权益。同时，旅游者在旅游过程中，必须按照合同约定享受其权利，履行其义务。在这个过程中，旅游主管部门肩负着传播旅游知识和法律知识的重任，所谓旅游者缺乏法律意识，或者维权过当，都与旅游者自身素质有关，也与旅游主管部门引导服务不到位有关系。

4. 旅游合同不规范引发的法律后果

旅行社没有与旅游者签订书面旅游合同，或者签订的旅游合同缺项，不论旅游者是否投诉，旅游主管部门都应当依照其职责，对旅行社实施行政处罚。旅游合同不规范，对于旅行社还存在一种隐患，有些旅游者以旅游合同不规范为由，要求旅行社给予高额赔偿，否则便向旅游主管部门举报，要求其对旅行社实施行政处罚。在此情况下，即使旅行社给予了高额赔偿，旅游主管部门一旦发现旅行社有违规行为，仍然要对旅行社作出处罚，否则就是行政不作为。

因为旅行社的赔偿属于民事责任范畴,可以按照"不告不理"的原则处理,而旅游主管部门的处罚属于行政责任范畴,必须按照"不告也理"的原则处理,既不能因为旅行社已经向旅游者作出赔偿,就不作行政处罚,也不能因为旅游主管部门已经给予旅行社行政处罚,旅行社就可以不再赔偿旅游者,两者之间不可相互替代。

在旅游合同的签订和履行过程中,对于旅行社和旅游者而言,诚信最为重要。双方当事人任何一方缺乏诚信,即使旅游合同签订十分完备,旅游合同的履行也会阻碍重重,异常艰难,虽然《旅游法》、《条例》对于旅游合同的规定较之以往有了明显的加强和完善,但仍然存在许多漏洞和不足。如果旅行社不诚信,利用其专业知识,依然可以作出实质上损害旅游者权益的行为,让旅游者无话可说,让旅游主管部门无可奈何;如果旅游者不诚信,即使旅游服务完全符合旅游合同的约定,旅游者仍然可以寻求各种借口,要求旅行社给予赔偿,或者拒绝支付余款,旅行社很难作出诉之于法院的决定,旅游主管部门也只能摇头叹息。因此,旅游合同得以规范签订、顺利实施,固然依赖规范签订旅游合同、管理部门强有力的监管、旅游者的理性消费等多种因素,但旅游合同双方当事人的诚信合作至关重要。

后 记

2014年年初出版了我的第九本书——《旅游法实务详解》后，以为不会再发表旅游法研究心得的文章了，因为我的工作岗位已经转换。

再次提笔写作旅游法研究的文章，是出于依然坚守在质监岗位朋友们的信任，他们不断地向我提出一些旅游纠纷处理的问题，这些问题都围绕着《旅游法》法条的理解和运用而展开，我必须做更多深入的思考。在回答问题的同时，我把想法整理成文字，发布在我的实名新浪博客上。经过一段时间的积累，文章已达数十篇之多。再次促成我出版本书念头的是中国旅游出版社编辑的鼓励，此前我已在中国旅游出版社出版了三本专著，直到十年后的今年10月9日，我才有机会登门拜访致谢。

于是，集中了一段时间整理和完善自己的博客，最终得以出版发行，这是自己一年来继续坚持学习研究旅游法的额外回报，又一次体会到有付出不一定有收获，但有收获一定要有付出的道理。

作者

于杭州美都新村寓所

2014年10月31日

主要参考书目

1. 谢怀栻等. 合同法原理. 法律出版社,2000.
2. 梁慧星. 民法总论(第四版). 法律出版社,2004.
3. 王利明. 违约责任论(修订版). 中国政法大学出版社,2000.
4. 刘凯湘. 合同法. 人民法院出版社,2003.
5. 张新宝. 侵权责任法原理. 中国人民大学出版社,2005.
6. 王泽鉴. 民法学说与判例研究. 中国政法大学出版社,1998.
7. 王泽鉴. 法律思维与民法实例. 中国政法大学出版社,2001.
8. 侯国跃. 契约附随义务研究. 法律出版社,2007.
9. 熊进光. 侵权行为法上的安全注意义务研究. 法律出版社,2007.
10. 周江洪. 服务合同研究. 法律出版社,2010.
11. 刘劲柳. 旅游合同. 法律出版社,2004.
12. 王健. 旅游法原理与实务. 南开大学出版社,1998.
13. 黄恢月. 旅游合同纠纷实务解析. 中国旅游出版社,2004.
14. 黄恢月. 常见旅游纠纷防范与应对指南. 旅游教育出版社,2011.
15. 黄恢月. 旅游法实务详解. 中国旅游出版社,2014.

责任编辑：刘志龙
责任印制：冯冬青
封面设计：中文天地

图书在版编目（CIP）数据

旅游法律纠纷答疑100例/黄恢月著. —北京：中国旅游出版社，2015.1（2020.11 重印）
ISBN 978 – 7 – 5032 – 5154 – 2

Ⅰ.①旅…　Ⅱ.①黄…　Ⅲ.①旅游业—经济纠纷—处理—中国—问题解答　Ⅳ.①D922.296 – 44

中国版本图书馆 CIP 数据核字（2014）第 301368 号

书　名	旅游法律纠纷答疑100例
作　者	黄恢月　著
出版发行	中国旅游出版社
	（北京静安东里6号　邮编：100028）
	http://www.cttp.net.cn　E – mail：cttp@ mct.gov.cn
	营销中心电话：010 – 57377108，010 – 57377109
	读者服务部电话：010 – 57377151
排　版	北京旅教文化传播有限公司
印　刷	北京明恒达印务有限公司
版　次	2015 年 1 月第 1 版　2020 年 11 月第 6 次印刷
开　本	720 毫米×970 毫米　1/16
印　张	18.5
字　数	298 千
印　数	14501 – 15500 册
定　价	35.00 元

ISBN 978 – 7 – 5032 – 5154 – 2

版权所有　翻印必究
如发现质量问题，请直接与营销中心联系调换